AF538145

Eveline Schulze

Görlitzer Goldbroiler

Die packendsten Fälle der Miss Marple aus der Neißestadt

Das Neue Berlin

Über dieses Buch:
In den sechs Geschichten dieses Buches werden Tatvorgänge und Ermittlungsarbeit bei Gewaltverbrechen geschildert, darunter der Fall eines 28-Jährigen, der seine Freundin mit Klingeldraht erdrosselt, als sie ihn vor die Wahl stellt: ich oder deine Mutter; der Fall einer Frau, die aus Rache an ihrem Ex die eigene Tochter zu Tode quält; und auch der einer Jugendbande, die Görlitz terrorisiert und junge Frauen entführt.

Über die Autorin:
Eveline Schulze, geboren 1950, studierte Journalistik und war bei der Kriminalpolizei Görlitz tätig. Sie legte nach ihrem ersten Buch, »Mordakte Angelika M.« (2007), acht weitere erfolgreiche Sammlungen authentischer Kriminalfälle vor. Inzwischen folgen Reiseunternehmen den Spuren der Autorin und besuchen von ihr behandelte Tatorte in der Neißestadt, wo man sie die »Miss Marple von Görlitz« nennt.

Görlitzer Goldbroiler

»Der Ossi ist tot!« Der Schrei rollt durch den Zellentrakt der JVA Nürnberg. »Diese dumme Nuss!« Der junge Beamte, der die Ausgabe des Frühstücks überwacht und die Verwahrräume aufsperrt, hat die drittletzte Tür im Gang geöffnet. Am Fenster hängt ein Mann. Sein Kopf neigt sich zur Schulter, der Mund ist leicht geöffnet, der Hals steckt in einer Schlinge, die aus Streifen des Bettlakens geknüpft ist. Die Beine baumeln schuhlos. Im Schritt ist die Hose dunkel gefärbt, die Schließmuskeln haben ihren Dienst quittiert, als das Herz seine Tätigkeit einstellte. Das scheint schon vor einigen Stunden gewesen zu sein.

»So eine dumme Nuss!«

Der Wärter ist gleichermaßen konsterniert wie betrübt, doch das Mitleid gilt weniger dem offensichtlich Dahingegangenen – wobei: von Gehen kann bei einem Erhängten schlechterdings die Rede sein – sondern mehr sich selbst. Er weiß nun, was auf sie zukommt. Das ganze Prozedere der Ermittlungen und Schuldzuweisungen mit anschließender Auswertung hat er schon einmal durch. Danach würde es wieder einen Lehrgang über Suizidprävention in Justizvollzugsanstalten geben. Sie müssten dann wieder irgendwelchen Psychoscheiß über sich ergehen lassen, damit sie künftig verhinderten, dass sich jemand in seiner Zelle auffädelte. Mein Gott, dass lässt sich nun mal nicht verhindern. Es sei denn, man installierte in jedem Verwahrraum eine Kamera, und rund um die Uhr starrten JVA-Beamte auf eine Monitorwand und verfolgten jede Bewegung der Knackis. Hier in Nürnberg, im gleichen Knast, hatte sich der fette Göring selbst unter den Augen seiner Bewacher mit Zyankali aus dem Leben gestohlen. Er war weder der erste noch der letzte Verbrecher, der dem Henker den Daumen zeigte, indem er diesem die Arbeit ersparte. Der Ossi hier saß wegen Mordes schon knapp zwei Jahre. Heute war der 18. Juli 2005. Bei guter Führung wäre er 2010, 2011 wieder draußen. Warum also dieser Abgang? Warum machte der ihnen in der JVA noch solchen Ärger? Ach, diese Ossis: Nicht nur lebend waren sie ein Problem.

Der Beamte sperrte die Tür ab. »Weitermachen«, sagte er zu den Essenverteilern, »ich informiere nur die Leitung. Ein Frühstück könnt ihr heute sparen.«

»Hat Bath die Flatter gemacht?«

Der Mann in Uniform nickte. »Aber richtig.«

Dann machte er sich eiligen Schrittes davon. Der Arzt muss ran, die Kriminalpolizei, der Staatsanwalt, der ganze Rattenschwanz von Wichtigtuern und Bedenkenträgern, Innenministerium inklusive. Dann würden sie eine Meldung an die Presse herausgeben, dass der 61-jährige Dietmar B., wegen Mordes und anderer Delikte in der JVA Nürnberg einsitzend, sich in seiner Zelle das Leben genommen habe.

Nürnberg. Nürnberg? Die Naseweisen würden wieder sagen: Das ist doch der Knast hinter dem Justizpalast in der Fürther Straße, wo nach dem Krieg das Internationale Militärtribunal über die Nazigrößen und ihre Helfer aus der Wirtschaft, über Militärs, Mediziner und Bankiers zu Gericht saß. Ja, gibt es denn tatsächlich dieses Gefängnis noch? Natürlich gibt es das noch. Zwar sicherheitstechnisch modernisiert, aber im Wesentlichen ist es der alte Knast. Das hatte auch Dietmar Bath gleich bemerkt, als er von München-Stadelheim hierher verlegt worden war. Nach Prozess und Urteilsverkündung in Bayerns Landeshauptstadt war er in diesen Kasten nach Franken abgeschoben worden. Das empfand er als demütigend, als sozialen Abstieg. Das hatte er einfach nicht verdient. Ein Narziss wie er brauchte Aufmerksamkeit. Und keinen historisch belasteten Ort.

Wie stets hatte Bath auch hinter dieser Entscheidung böswillige Absicht vermutet. Sein Vater war schließlich Hauptmann in der Wehrmacht gewesen. Da wollte offenbar einer von den Winkeladvokaten, von diesen juristischen Flohknackern, dass sich der Kreis schlösse. Natürlich, er war so wenig ein Nazi-Verbrecher wie vielleicht sein Vater, an den er im Übrigen keinerlei Erinnerung hatte. Doch wie jener hatte auch er getötet. Aha, wird der Münchner Richter gedacht haben, dann schicken wir den folgerichtig nach Nürnberg, wo schon einmal zwölf Schwerverbrecher zur Hölle geschickt worden waren.

Dietmar Bath, 2002

Bath war durchaus im Bilde. In den wenigen Tagen, die er hier zubrachte, hatte er sich ausführlich in der Gefängnisbibliothek informiert. Ribbentrop, Hitlers Außenminister, war als erster am frühen Morgen des 16. Oktober 1946 zum Galgen geführt worden und hatte, der Henker hielt schon die Schlinge, mit Pathos ausgerufen: »Gott schütze Deutschland, Gott sei meiner Seele gnädig! Mein letzter Wunsch ist, dass Deutschland seine Einheit wieder findet, dass eine Verständigung zwischen Ost und West zustande kommt und Frieden in der Welt regieren möge.« Dann öffnete sich die Falltür unter seinen Füßen, doch in der Eile hatten die Zimmerleute die Fallhöhe zu niedrig angesetzt, so dass beim Sturz in die Tiefe nicht das Genick des Strangulierten brach, sondern der Strick ihn erwürgte. ›Wie bei Hanna‹, dachte Bath, als er das las. Bei Ribbentrop war es nach einer Viertelstunde vorbei, bei Hanna dauerte es vermutlich ein wenig länger.

Auch der letzte Satz Ribbentrops hatte ihm zu denken gegeben. Dessen frommer Wunsch war 1990 in Erfüllung gegangen, Deutschland hatte »seine Einheit« wieder gefunden, was ihn, Bath, jedoch in Görlitz damals aus der Bahn geworfen hatte. Deutschland war ganz, aber er kaputt. Es konnte kein Zufall sein, dass ausgerechnet damals der Ärger anfing.

In dieser Nacht, seiner letzten, lag Bath auf seiner Pritsche und dachte über sein Leben nach, das er nunmehr zu Ende bringen wollte. Woher dieser Wunsch rührte, vermochte er nicht zu erklären, wie er auch anderes sich nicht erklären konnte. Bath war allenfalls bauernschlau, nicht aber intelligent. Er konnte sich so wenig erklären, weshalb ihm das Heft des Handelns aus der Hand geglitten war, wie er auch die Wurzel nicht zu lokalisieren vermochte, woher sein persönliches Unglück rührte. Ihm war auch nicht bewusst, dass der von ihm geplante Abgang jene öffentliche Aufmerksamkeit verursachen würde, welche er zeitlebens gesucht hatte. Zumal er nichts davon bemerken würde. Nein, Dietmar Bath, der

Ossi, war in seiner Eitelkeit irgendwie gekränkt, er wollte darum nicht mehr, Schluss und Aus, er sah für sich keine Perspektive mehr. Käme er raus, wäre er Mitte 60, Rentner, und ziemlich im Arsch. Wovon sollte er leben? Wie würde er leben? Wo könnte er leben? In Görlitz? Nie! Bei den Bayern? Niemals. Die hatten ihn schließlich in dieses erbärmliche Loch gesteckt. In Delitzsch in Sachsen, wo er im Januar 1944 das Licht der Welt erblickt hatte? Wohl kaum.

Seine freudlose Kindheit dort hatte im Prozess eine gewisse, aber keine zentrale Rolle gespielt. Der Vater Rudolf, ein erfolgreicher Konstrukteur von Industrieanlagen vor dem Kriege, hatte es vorgezogen, als Offizier der Luftwaffe Industrieanlagen in anderen Staaten zu zerstören. Als seine Frau Ilse niederkam, war er auf dem Bauernhof, in den er eingeheiratet hatte. Wohlgelitten war er in der Großfamilie nicht, er blieb ein Fremder, war eben kein Landwirt. Er stand lieber am Reißbrett als im Rinderstall, das sah ihm die bodenständige Verwandtschaft nicht nach. Rudolf Bath war auf Urlaub daheim, als sein Sohn kam. Er drückte diesen und dessen erschöpfte Mutter kurz, dann kehrte er nach Frankreich zurück, um seine vaterländische Pflicht zu erfüllen. Dreimal noch kam er zu Besuch, auch Weihnachten war er auf dem Bauernhof, es sollte das letzte Mal gewesen sein. Ende März '45 kam die Nachricht, dass Hauptmann Bath bei schweren Abwehrkämpfen am Rhein gefallen sei.

Drei Jahre später folgte die Mutter dem Vater nach. Im April 1948, keine 28 Jahre alt, starb sie an einem Tumor im Kopf. Die Großmutter trat an ihre Stelle, ein Onkel kümmerte sich um Dietmar und dessen zwei Schwestern. Die Großmutter ging dahin, von der Bürde der Verantwortung und den Kümmernissen der Zeit niedergestreckt, als der Enkel in die 3. Klasse der Grundschule kam. Der Onkel konnte den Hof nicht mehr halten und gab die Kinder in ein evangelisches Heim in der Nähe. Dort wuchs der Vollwaise zum vollen Mann heran, indem er lernte, wie man andere beherrschte und ihr Tun bestimmte. Er dominierte jede Runde und dirigierte nicht nur die Gleichaltrigen im Stift. Unter denen war er der »Bestimmer«, wie so einer genannt wurde, der in einer Gruppe das uneingeschränkte Sagen hatte. Seine Autorität war unbestritten. Bath war kräftig, durchsetzungsstark und umtriebig. Wegen seines Organisationstalents wurde er selbst von den frommen Schwestern bewundert.

Das Heim entließ ihn nach fünf Jahren in die Welt. Er begann eine Lehre als Betriebsschlosser in der Farbenfabrik Wolfen. Die absolvierte Bath mit links. Mensch, sagte der Lehrmeister, du hast doch mehr drauf. Mach die 10. Klasse, und dann wird man schon sehn! Die Botschaft erreichte den Richtigen. Bath hatte wenig Neigung, in dieser stinkenden Chemiebude sein ganzes Berufsleben zuzubringen und es auch dort zu beenden. In der Tiefe seines Herzens träumte er von einer Arbeit, wie sie sein Vater ausübte, bevor er in den Krieg zog. Die Großmutter hatte ihm gegenüber regelmäßig geschwärmt, wobei sie verschwieg, wie wenig sie seinen Vater, diesen Zugezogenen, mochte. Sie äußerte sich nach dem Grundsatz »de mortuis nil nisi bene«, über die Toten nur Gutes, und darum war Rudolf Bath ein erfolgreicher Architekt, der in einem großen, lichtdurchfluteten Büro mit weißem Kittel am Reißbrett stand, Respekt und ein hohes Gehalt verdiente und auch sonst kein Kind von Traurigkeit war. Danach strebte auch er, Dietmar Bath.

Der Weg dorthin schien jedoch weit und beschwerlich, zumindest in der DDR. So folgte er denn den plötzlichen Rufen von jenseits des Harzes. Die Verwandtschaft des Vaters lebte mehrheitlich in Hannover und hatte es dort zu etwas gebracht. Ein Onkel besaß sogar ein Kaufhaus. Nun lockte dieser den 17-jährigen: Junge, komm doch 'rüber!

Die Frage stellte der Richter in München nicht, weshalb

dieser Onkel die sächsischen Vollwaisen nicht nach Niedersachsen geholt hatte, als diese ins Kinderheim mussten. Da hätte man doch Mitmenschlichkeit und Familiensinn beweisen können. Die Sirenenklänge wurden merkwürdigerweise erst angestimmt, als Baths Ausbildung in der DDR abgeschlossen und er eine vollwertige Arbeitskraft war, die er in den Dienst des Familienunternehmens stellen konnte.

So machte sich Dietmar Bath auf nach Berlin wie Tausende andere aus der Republik auch, um mit der S-Bahn für 20 Pfennig von Ost- nach Westberlin zu fahren. Von dort wollte der Betriebsschlosser Bath nach Hannover fliegen. Er hatte Urlaub genommen, damit es nicht auffiel. Es war die zweite Woche im August des Jahres 1961.

Am Sonntag, so hatte er beschlossen, würde er sich aus der DDR verdrücken. Doch als er am Morgen die Jugendherberge in Treptow verließ, um die Sektorengrenze nach Neukölln zu überschreiten – dahinter nämlich lag der Flughafen Tempelhof, von dem er in die Freiheit starten wollte –, stellte Bath überrascht fest, dass er nicht der Einzige war, der zu dieser frühen Stunde auf den Beinen war. Dort, wo die imaginäre Grenze verlief, standen sogar Leute in Uniform und mit einer MPi vor der Brust. Überall waren Polizisten aufmarschiert und blickten mit wilder Miene in Richtung Westen. Was war denn hier los?

Bath ließ sich jedoch nichts anmerken und lief auf die Mauer aus Menschen.

»Eh, junger Mann«, rief einer der Polizisten, »hier kannst du nicht durch.«

»Wieso nicht«, antwortete Bath reichlich trotzig und naiv und ließ sich nicht aufhalten. »Ich kann doch hier spazieren, es ist Sonntag!«

»Mit einem Rucksack?« Der Polizist langte nach ihm. Bath entging dem Zugriff und beschleunigte seinen Schritt. »Bleib stehen!« vernahm nicht nur er. Denn als er die Menschen-

Als Bath über die Grenze wollte, standen dort welche

kette erreichte und sich durch diese hindurchzwängen wollte, erwartete ihn bereits einer der Kampfgruppenleute mit gestrecktem Bein. Bath flog über den Stiefel und landete auf dem Pflaster. Er weiß nicht mehr, was ihn damals mehr schmerzte: der harte Sturz aufs Pflaster oder das Gelächter der Männer, die ihn fallen sahen.

Wenige Tage später landete er vor einem Richter, der ihn wegen versuchter Republikflucht für neun Monate in den Torgauer Jugendwerkhof steckte. Mit dem Personal in der Einrichtung kam der umgängliche junge Mann klar, sein Zeugnis, welches sie ihm nach dem Dreivierteljahr ausstellten, war bestens, und er selbst verließ ohne Groll die Einrichtung, weshalb er in der Stadt an der Elbe blieb und sich eine Arbeit suchte. In einem der vielen Betriebe der Kreis- und Garnisonsstadt nahm man den Schlosser mit Kusshand.

Eine Tante von Bath betrieb in Binz auf Rügen eine kleine Pension. Im Sommer bot sie ihm, nicht ganz selbstlos, Quartier. Doch er wollte sich in der piefigen Pension auf Dauer nicht niederlassen, wie es ihm die herrschsüchtige Tante nahelegte. Ihn zog es in die Strandgaststätte, dort half er gelegentlich beim Kellnern aus, wenn er bei der Verwandten zu Besuch war.

Man bescheinigte ihm dort Talent und schlug ihm vor umzusatteln. Bath selbst hatte schon längst bemerkt, dass diese Tätigkeit nicht nur abwechslungsreicher, sondern auch lukrativer war als die Betriebsschlosserei. Die Urlauber gaben großzügig Trinkgeld.

Und dann gab es noch einen zweiten Grund, der ihn die Zelte in Torgau und Binz abbrechen ließ: Monika. Es war Liebe auf den ersten Blick. Die hübsche Blondine, zwei Jahre jünger als er, machte Urlaub auf Rügen. Sie kam aus Görlitz und arbeitete dort bei der Dewag als Werbegestalterin, wie er schon bald von ihr erfuhr. Am Ende der Ferien stand fest: Er würde ihr nicht nur ans Ende der Welt, sondern sogar bis in den letzten Zipfel der DDR folgen, dorthin, wo der 15. Breitengrad verläuft, jener Meridian, der alle Mitteleuropäer zwang, die gleiche Zeit auf ihren Uhren einzustellen, die MEZ. Monika war fortan der Mittelpunkt in Baths Leben.

Nachdem er auf Rügen seine Kellnerlehre erfolgreich abgeschlossen hatte, wurde aus ihrer Fernbeziehung eine feste. In Görlitz wurde geheiratet, im ersten Hause am Platze, dem Hotel »Stadt Dresden«, gab es eine Feier. Da wölbte sich der Leib der Braut bereits merklich. Schon bald kam René zur Welt, ein strammer Stammhalter.

Nicht unerwartet gestaltete sich die Wohnungssuche in Görlitz ein wenig schwierig. Doch auch hier setzte Bath seine Überzeugungs- und Überredungskunst keineswegs erfolglos ein.

Nur mit der Arbeit ging es nicht so recht voran. Zwar war

Görlitz mit Restaurants und Kneipen reich gesegnet, doch bei den meisten handelte es sich um traditionelle Stampen, in denen nicht viel zu verdienen gab. Wer Bratkartoffel mit Spiegelei oder Bockwurst mit Salat zu sich nahm, ein Helles für 40 Pfennig trank oder auch zwei, der ließ kaum Trinkgeld springen, wie er es in Binz gewohnt war. Obgleich Bath bis zum Umfallen arbeitete, blieb der Ertrag mäßig. Was tun?

Die Idee, wie dem bescheidenen Dasein zu entrinnen war, bescherte ihn ein Besuch bei einem Onkel in Thüringen. Der Bauer hatte sein Land der ortsansässigen LPG übertragen und sich auf die Hühnermast verlegt. Dort läge die Zukunft der Ernährung, erklärte er seinem Neffen. Erstens wäre das Hühnerfleisch gesünder als Schweinefleisch, und zweitens würden die Hennen schneller wachsen als andere Nutztiere. In acht bis zehn Wochen kämen sie auf den Spieß.

Auf den Spieß?

Genau. Der Onkel berichtete von einer Schnellrestaurantkette, die im benachbarten Bayern rasend expandierte. »Heute bleibt die Küche kalt, wir gehen in den Wienerwald«, heiße es dort. Gesunde Ernährung und geringer Arbeits- und Materialeinsatz in der Küche wären eine profitable Verbindung eingegangen. Das Huhn werde gegrillt, dazu Pommes und drei Salatblätter als Deko: fertig ist die Laube.

Mensch, sagte Bath, das können wir doch auch. Aber Wienerwald konnte man das Ding nicht nennen, und Brathähnchen oder Brathuhn wäre auch nicht der Bringer. Nenn's doch Broiler, schlug der Onkel vor, die Bulgaren sagten zu ihren goldbraun gegrillten Brathähnchen »Broiler«.

Darauf Bath: Goldbroiler, das ist es!

Zurück in Görlitz steuerte er umgehend die Verwaltung der HO an. Die betrieb die meisten Geschäfte und Gaststätten in der Stadt. Doch dort hob man die Hände. Gab es nicht schon genügend Restaurants, und warum sollte ein Laden laufen, der ausschließlich Brathähnchen im Angebot hatte? Brat- oder Bockwurst kannten die Leute und würden davon nicht lassen. Nee, winkten sie ab, das sei nichts für sie, Bath solle besser bei seinem Leisten und weiter Kellner bleiben.

Also ging Dietmar Bath zur Konsumgenossenschaft, die ebenfalls in diesem Gewerbe aktiv war. Die Chefs dort zeigten sich aufgeschlossener und experimentierfreudiger als ihre Kollegen von der HO. Warum nicht, hieß es, probieren Sie es aus, junger Mann. Man wies ihm ein leerstehendes Ladenlokal in der Nähe des Theaters zu. Das lag an einem verkehrsreichen Platz, Kundschaft flanierte reichlich. Und er wäre der erste am Ort, der sich mit Hähnchen vom Grill auf den Markt wagte. Beste Voraussetzungen also, um groß rauszukommen oder eben grandios zu scheitern.

Nun, Bath kam an und groß raus. Das Haus war bald die erste Adresse am Platze, das Geschäft brummte und der Rubel rollte. Wenn Monika um 11 Uhr die Pforte unter dem geschwungenen Leuchtröhren-Schriftzug »Zum Goldbroiler« öffnete, drehte sich bereits die erste Batterie goldbrauner Brathähnchen vor den Heizspiralen. Das wenige Fett tropfte zischend in die Bratpfanne, die Haut wurde dunkler und dunkler, kross und knusprig. Sie gingen im Viertel, als halbes oder ganzes Hähnchen über den Tisch, mit Fritten oder ohne, aber stets mit einer speziellen Note. Denn darin bestand die eigentliche Kunst: dem Broiler einen pikanten Geschmack zu verleihen. Das besorgte Monika mit einer Gewürzmischung, die sie mit Öl und Honig zu einer Masse verrührte, welche sie dann den Hähnchen in- und auswändig auftrug. Und wem dies nicht genügte, der konnte mit Knorrs Gewürzmischung Nr. 3 aus der Streudose nachlegen. Die stand auf jedem Tisch, denn die Verwandtschaft im Westen hatte sich nicht lumpen lassen und das Zeug in größeren Mengen nach Görlitz geschickt.

Renovierung Anno 2010. Hier befand sich in den 80er Jahren Baths Lokal »Zum Goldbroiler«

Bath wurde schon bald Vorzeigeunternehmer in der lokalen sozialistischen Planwirtschaft, ein löbliches Beispiel, wie man mit Fleiß und Engagement der Monotonie von Einheitssoße und fader Gastronomie entrinnen konnte. Es hagelte Urkunden und Orden, freundliche Berichte in der Presse und dergleichen Anerkennung mehr. Das Volk hatte demokratisch entschieden und mit Füßen und Gaumen abgestimmt, das Volk verkehrte mehrheitlich im »Goldbroiler«.

Nach zwei Jahren schon hatten die beiden Baths so viel verdient, dass sie es wagen konnten, sich ein Eigenheim zu errichten. Am Fuße der Landeskrone, des Hausbergs der Stadt, erwarben sie Bauland. Diese Gegend galt als die bessere von Görlitz. Dort waren die Anwesen, zumeist älteren Datums, größer und großzügiger und grüner. Sie wurden vorwiegend von Ärzten, Anwälten, den Nachfahren einstiger Fabrikbesit-

Der »Goldbroiler« erwies sich als Goldgrube

zer und anderer betuchter Leute bewohnt. Arbeiter waren dort so wenige zu finden wie etwa Angestellte des Konsums, wie Bath einer war. Entsprechend naserümpfend quittierte man den proletarischen Einbruch in die bürgerliche Idylle.

Die Abneigung war wechselseitig. Das Bauland befand sich neben einem Grundstück, das zur gleichen Zeit an einen Süßwarenfabrikanten gegangen war. Seit Jahrzehnten produzierte die Familie Hoinkis winzige farbige Dragees aus Zucker. Rudolf H. hatte sie 1908 erfunden und zu seiner Frau gesagt, er liebe sie wie diese Perlen, worauf sie dem Zuckerzeug den Namen gab, unter dem es bis heute, inzwischen in dritter Generation, weltweit in Babyfläschchen vertrieben wird: »Liebesperlen«.

Der Süßwarenfabrikant war vermutlich als Komplementär ausbezahlt worden, als der Staat als Mitunternehmer in die Firma einstieg, weshalb Hoinkis sehr liquide war und sich auf seinem Anwesen ein ordentliches Haus errichten konnte.

Das nahm Bath als Herausforderung. Er ließ sich einen formidablen Flachbau mit Swimmingpool im Untergeschoss errichten. Die Nase trug er höher als das Dach, der Neureiche unter den Anrainern galt als kulturloser Emporkömmling, zumal er sich auch abfällig über die Nachbarschaft äußerte.

Hoinkis sei ein Mann von gestern, seine Zeit abgelaufen, höhnte er öffentlich. Die Zukunft gehöre den Goldbroilern, nicht den Liebesperlen.

Jedoch, auch diesmal bewies sich die alte Regel, dass Hochmut vor dem Fall kommt. Als sich die 80er Jahre ihrem Ende näherten, waren auch Baths fette Jahre vorüber. Das Finanzamt kam ihm auf die Schliche. Eine Kontrolle ergab »Unregelmäßigkeiten«. Von Mai 1988 bis April 1989 hatte er als Gaststättenleiter wiederholt Mitarbeiter pauschal entlohnt, ohne dass Leistungen erbracht worden waren, wie es hieß, und deren Unterschriften gefälscht. Mit anderen Worten: Er hatte sich kapitalistisch und kriminell bereichert. Bath wurde zu einer Geldstrafe von 7.000 Mark verdonnert, die er ohne Mühe bezahlte. Ob der Konsum seinem Pächter nahelegte zu gehen oder ob Bath aus freien Stücken den Bettel hinwarf, steht in den Sternen, jedoch nicht in den Akten. Tatsache bleibt: Bath kündigte im August 1989.

Der Neuanfang fiel in die Wendewirren. Mit seinem Sohn baute er einen heruntergekommenen Imbisswagen auf. Doch auf diese Idee waren längst auch andere gekommen. Die Straßen landauf, landab wurden gesäumt von Buden aller Art, es gab mehr Schnellimbisse in der siechen Republik als schnelle Esser. Nicht nur der wirtschaftliche Neubeginn erwies sich für Bath als Flop, Ärger löst auch sein Nachbar aus. Hoinkis übernahm wieder seinen Familienbetrieb und stieg wie Phoenix aus der DDR-Asche. Der Mann von gestern machte heute glänzende Geschäfte, und der vermeintliche Mann der Zukunft flog auf die Nase.

Also suchte sich Bath ein neues Geschäftsfeld. Mit der D-Mark kam auch die »freie Marktwirtschaft«. Und auf dem Markt wurde mit allem gehandelt. Auch mit Liebe. Selbst diese war nun käuflich. Also beschloss Bath, in seinem Haus ein Bordell zu eröffnet. Er ließ den Pool trockenlegen, spannte darin weinroten Samt und besorgte sich Mädchen

Baths ehemaliges Haus (links) im Jahre 2010

aus Polen. Baths beide Kinder waren bereits aus dem Haus, ihre Zimmer standen leer und wurden nun zu »Liebesgrotten«.

Die Stadtverwaltung genehmigte ihm das Betreiben einer Partnerschaftsvermittlung, wie der Puff in Beamtendeutsch hieß, man kannte den erfolgreichen Ex-»Broilerfritzen« und hatte nichts dawider. Erst als sich die Nachbarn beschwerten, wurde die Sache auch im Rathaus anrüchig. Der Auto- und anderer Verkehr nahm in der sonst ruhigen, bürgerlichen Gegend auffällig zu, was den Anrainern merklich in die Nase stach. Und angeblich würden »die Damen« auch auf der Straße anschaffen, meldeten sie, was nachweisbar üble Nachrede war. Die jungen Frauen aus Polen und bald auch aus Tschechien trauten sich nicht auf die Straße und wurden, wenngleich nicht in sklavischer Abhängigkeit, wohl aber in einem Angestelltenverhältnis gehalten, was gemeinhin als menschenwürdig gilt.

Als sich die Gerüchte verdichteten und erste Anzeigen eingingen, schwärmten die Görlitzer Kriminalpolizei und der Staatsanwalt aus. An einem Morgen in früher Stunde erfolgte der kollektive Besuch in der obskuren Partnervermittlung. Die Razzia war ein Schlag ins Wasser, obgleich dieses doch aus dem Pool abgelassen war, und offenbarte die Unerfahrenheit der Polizei auf diesem Felde. Das war zu großen Teilen auch dem Umstand geschuldet, dass die Umformierung, wie man den Rauswurf alter und angeblich belasteter Kader aus dem einstigen VPKA nannte, etliche neue und wohl auch inkompetente Kader nach oben gespült hatte. Die weiße Weste galt als hinlängliche Qualifikation. Politisch mochte dies vielleicht noch angehen, fachlich in den wenigsten Fällen.

Gegen 3 Uhr also trampelten die Ex-Genossen durch das Haus von Bath, doch bis auf zwei 18-jährige verängstigte Mädchen, das eine aus Polen, das andere aus Tschechien, und das Hauseigentümer-Ehepaar fanden sie keine Kunden und Freier vor. Die Papiere der überprüften waren in Ordnung, und außer unzweifelhaft pornografischen Bildern und Utensilien, deren Verwendungszweck selbst dem dämlichsten Dorfpolizisten klar war, gab es nichts, was justitiabel war. Der mit Recht erboste Bath hielt dem Staatsanwalt Gewerbeschein und andere Papiere vor, die seinem Unternehmen Legalität bescheinigten, doch dieser zeigte sich unbeeindruckt und beharrte darauf, Bath führe ein »bordellartiges Geschäft mit ausländischen Prostituierten«, was verboten sei. Er schließe hiermit die Agentur und werde ein Strafverfahren gegen Bath als Betreiber einleiten.

Gesagt, getan. Zum zweiten Mal war somit der Geschäftsmann Dietmar Bath in Görlitz auf die Nase geflogen. Und es sollte zwei Monate später, da aller schlechten Dinge bekanntlich drei sind, wie es heißt, eine weitere persönliche Niederlage folgen. Seine Frau Monika, die ohnehin nur widerwillig dem Puff-Projekt zugestimmt hatte, trennte sich von ihm. Die Scheidung wurde ohne viel Federlesens vollzogen. Es war wohl nicht allein die Geschäftsidee als solche, die zum Bruch dieser Beziehung führte. Die Frau konnte sich des Verdachts nicht erwehren, dass ihr Mann die jungen Dinger nicht nur für die Kunden, sondern auch zur eigenen Erbauung über die Grenze holte. Gewiss, sie hatte ihn nie erwischt, er fühlte sich auch nicht in der Rolle des Zuhälters, der seine Stuten zuritt, ehe er sie auf die Koppel ließ. Aber dass ihr Mann kein Kind von Traurigkeit war, hatte sie in den vielen Ehejahren durchaus bemerkt. Er gab den Charmeur und sich unverklemmt locker, und sobald sich ihm eine Gelegenheit zum Seitensprung bot, ließ er diese selten ungenutzt verstreichen. Darüber schaute sie eine Zeit lang großzügig hinweg.

Ihr gegenüber hatte er sich stets normal verhalten, er liebte nicht die Extreme, seine Experimentierlust hielt sich in erträglichen Grenzen. Als der ganze Beate-Dingsbums-Scheiß über die Grenze bis nach Görlitz flutete, hatte er sich zunächst auch einigen Trödel schicken lassen, der angeblich die Sinne stimulierte und das Glücksgefühl steigerte. Bald schon hatten sie beide festgestellt, dass sie eigentlich schon erheblich zu alt und in Liebesdingen auch zu erfahren waren, um an Dildos und Liebeskugeln, Latex-Wäsche und Handschellen, Liebesschaukeln und Peitschen wirklich Vergnügen zu finden. Es war alles abartig und albern. Nur weil die Werbung versprach, damit in eine »neue Dimension der Liebe« vorzustoßen, tat es diese noch lange nicht. Die einzigen, die mit dem Spielzeug gewannen, waren die Produzenten und Händler.

Das aber war nun alles Geschichte. 1993 trennten sich die Wege von Monika und Dietmar Bath für immer.

Bath hatte jedoch schon längst die Schuldigen für seinen tiefen Sturz ausgemacht: die missgünstigen, kleinkarierten Nachbarn, jene verklemmten Geldsäcke, die sich nun dafür rächten, dass er in ihr grünes Refugium eingebrochen war.

Neid und Missgunst hatten sie veranlasst, ihn bei der Obrigkeit anzuschwärzen. Sie hatten ihm die Kriminalpolizei und den Staatsanwalt auf den Hals gehetzt. Die Haftstrafe, zu der man ihn verurteilte, wurde zur Bewährung ausgesetzt, doch ihm schien nicht bewusst, dass er sich damit auf ziemlich dünnem Eis bewegte.

Statt sich ruhig und angepasst zu verhalten, schlug er fortgesetzt Krawall. Die Nachbarschaft überzog er systematisch mit Schmähschriften. Die Beleidigungen jagte er durchs Telefon oder über den Gartenzaun, die Wellen seines Psychoterrors erreichte in Gestalt diverser Anzeigen auch die Görlitzer Polizei. Noch überschritt er die Grenze nicht, um die Bewährung aufzuheben, doch er war dicht dran.

Ehe das Maß aber voll war und die Polizei zugreifen musste, hatte sich Bath nach Spanien abgesetzt. Das Haus hatte er verkaufen müssen, denn so flüssig war er nicht, um den Anteil der Frau in bar auszahlen zu können. Seinen Teil aus dem Erlös hatte er auf verschiedenen Konten eingezahlt, etliche befanden sich im Ausland, darunter auch eines in Luxemburg. Damit suggerierte er sich Weltläufigkeit.

Zunächst ließ er sich in Altea an der Costa Brava nieder, später wechselte er auf die Kanaren. Teneriffa: Das klang nach Ferne und Luxus. Viele Rentner aus Deutschland verbrachten dort die Wintermonate in der Sonne. Und Bath, jenseits der 50 bereits, heuerte bei einem Reiseunternehmen an und kümmerte sich um die Alten, die jetzt Senioren hießen. Vor allem die Damen waren ihm zugetan, und er diesen, wobei er mehr auf ihre Börsen als auf ihre Busen schaut. Sein Gehalt war nicht eben üppig, doch mit dem Zubrot als Gigolo kam er gut über die Runden. Die Unternehmensleitung war ebenfalls zufrieden mit ihm und schob dem umtriebigen Ossi mehr und mehr Aufgaben und Verantwortung zu. Schließlich schickte man ihn gar als Repräsentant in seine alte Heimat.

In Sachsen mietete er sich eine kleine Einraumwohnung gleichsam als Dienstsitz. Er akquirierte Mitarbeiter für Ferienanlagen in Spanien und Anleger. Als erfolgreicher Touristikmanager schrieb er sich in die Herzen der westdeutschen Unternehmensleitung wie auch in die zufriedener Urlauber. Doch er selbst war unglücklich. Hinter der Fassade des zufriedenen Biedermannes brodelte der Unmut, der sich zu Hass verdichtete. Seinen Privatkrieg mit den Görlitzer Nachbarn setzte er unverändert fort. Dieser eskalierte und bekam zunehmend pathologische Züge. Bath terrorisierte inzwischen nicht nur die vermeintlichen Görlitzer Geldsäcke, die ihm seine Existenz zerstört hatten, sondern auch andere, die angeblich »auf der Sahne« schwammen. Gewiss hatte er nicht Unrecht, dass in Deutschland große Ungerechtigkeit herrschte. Es gab tausende und noch mehr Gründe, sich dagegen zur Wehr zu setzen, wie es auch tausende legale Möglichkeiten gab, dieses zu tun, ohne mit dem Gesetz in Konflikt zu geraten. Doch Bath, blind vor ungestümer Wut und ohne Freunde, die ihm ins Gewissen hätten reden können, focht weiter mit unlauteren Mitteln.

So meldete er sich beispielsweise in Hamburg in der Zentrale von Edeka. Er sei vom Lebensmittelamt Berlin, erklärte der selbsternannte Doktor, man habe bei Stichproben der Liebesperlen der Firma Hoinkis aus Görlitz extreme Belastungen mit krebserregenden Substanzen festgestellt. Man wisse ja, die ostdeutschen Produzenten hätten noch Probleme mit den deutschen Gesetzen, nicht wahr, die haben noch viel zu lernen, erklärte er vertraulich-augenzwinkernd am Telefon. »Nehmen Sie sofort alle Produkte der Firma Hoinkis aus den Regalen und stellen Sie diese sicher. Wir müssen sie untersuchen.« Der Anrufer wirkte sehr überzeugend, der Angerufene ließ sofort die Liebesperlen aus Ostdeutschland indizieren. Bitte sehr, bitte gleich, natürlich, selbstverständlich.

In einem großen Unternehmen hat der Wasserkopf jedoch viele Etagen, so auch der von Edeka. Der Chef des Chefs, mit dem Bath telefoniert hatte, erwies sich als standhafter und abwägender. Nichts da, solange uns nichts Schriftliches vorliegt, räumen wir nichts aus den Regalen, erklärte er und revidierte die erste Entscheidung.

Das aber war zugleich ein verhängnisvoller Hinweis: Schriftliches müsse vorliegen! Bath kopierte den Kopfbogen des Amtsgerichts Dresden und Dienstsiegel des Freistaates. Darauf platzierte er die Meldung, dass die Erzeugnisse des Süßwarenherstellers Hoinkis hohe Dioxin-Werte enthielten (Dioxin war damals ein Reizwort), vor dem Verzehr müsse abgeraten werden. Diese fürsorgliche Warnung (»Gefahr für die Gesundheit«) schickte er an Nachrichtenagenturen und Zeitungsredaktionen. Er öffnete sogar einige Tütchen mit »Power Pearls« aus dem Hause Hoinkis und gab ein wenig Rattengift hinein. Die Tütchen sandte er mit der Warnung an dpa, Bild und den Kinderkanal der ARD, schließlich war das die Zielgruppe. Doch dort fiel man auf den Blödsinn nicht herein, woran auch die Görlitzer Kriminalisten nicht ganz unbeteiligt waren. Sie hatten Bath bereits im Visier und warnten wiederum die Journalisten, die bekanntlich dazu neigen, Mücken zu Elefanten aufzupusten und vermeintliche Lebensmittelprobleme gern zu skandalisieren. In diesem Falle behielt die Vernunft die Oberhand, kein Krawallblatt machte Krawall und schlug Alarm.

Das ärgerte Bath maßlos, der nun jedes Maß verlor. An einem Silvesternachmittag rief er im größten Bestattungshaus in Görlitz an und teilte das Hinscheiden von Frau Hoinkis mit, die nunmehr zur Beisetzung vorbereitet werden müsse. Schon bald fuhr der schwarze Kombi bei Hoinkis vor, was dort eine gewisse Verwunderung auslöste. »Hat der sich verfahren?«

Als es klingelte, öffnete man die Tür. Die Sargträger legten das Gesicht in vorgeschriebene Falten und murmelten etwas, das wie »Herzliches Beileid« klang, und erkundigten sich nach der selig Dahingegangenen, die sie abholen sollten.

Zur gleichen Stunde bestieg Bath das Flugzeug, das ihn zurück nach Teneriffa brachte. Er malte sich die entsetzten Blicke der Hoinkis aus und kriegte sich kaum ein vor Begeisterung für seine tolle Idee.

Jetzt reichte es Polizei und Staatsanwaltschaft. Inzwischen hatte man 51 »rechtlich selbständige Handlungen« registriert, will heißen: so oft hatte Bath geltendes Recht verletzt. Der Görlitzer wurde international zur Fahndung ausgeschrieben. Er habe, so hieß es in der Suchmeldung, ein »gemeingefährliches Verbrechen« angedroht und den öffentlichen Frieden durch Verleumdungen und Drohungen gestört.

Die Kollegen auf den Kanaren machten in Santa Cruz auf Teneriffa den Gesuchten in einer Bar dingfest. Nach zweimonatiger Auslieferungshaft wurde Bath nach Deutschland abgeschoben. Die Urkunde hatte König Carlos unterzeichnet, was wohl weniger der Bedeutung des Ganoven geschuldet war, sondern den spanischen Regeln bei internationalen Rechtshilfeersuchen entsprach. Nach einem Zwischenstopp in München, wo ihn Beamte des sächsischen Landeskriminalamts in Empfang nahmen, ging es gleich weiter nach Dresden-Klotzsche. Baths Reise endete schließlich in der JVA Görlitz.

Bevor die Große Strafkammer des Landgerichts in Dresden im Dezember 2000 verhandelte, ordnete sie ein psychisches Gutachten an. Denn diese Frage stellte sich: Tickte der Mann richtig? So blöd könne doch einer allein gar nicht sein?

Doch die Fachleute der Forensischen Psychiatrie in Arnsdorf hoben die Schulter. Ergebnislos brachen sie die Untersuchung vor der Zeit ab. Am Ende des Verfahrens verkündeten die Richter im Namen des Volkes, dass Dietmar Bath wegen Verleumdung für vier Jahre hinter Gitter müsse. »Er hatte einen Görlitzer Geschäftsmann bezichtigt«, zitierte die

Bild Staatsanwalt Till Neumann, »2000 auf der Autobahn einen Polizisten erschossen zu haben«.

Auch wenn die vier Jahre nicht in Gänze abgesessen wurden – nach zwei Dritteln kam Bath wegen guter Führung wieder frei –, stellte sich die Frage nach der Verhältnismäßigkeit durchaus. Andere Delinquenten bekamen für weitaus schwerere Straftaten weniger aufgebrummt.

Wie auch immer: Dietmar Bath ließ Görlitz und Sachsen hinter sich und zog nach Bayern. In Bad Wiessee am Tegernsee mietete er eine kleine Wohnung, später nahm er auch eine in Wörgl, einer Kleinstadt jenseits der österreichischen Grenze und keine hundert Kilometer von München entfernt. Nirgendwo meldete er sich jedoch polizeilich an, mit der Obrigkeit wollte er nichts mehr zu tun haben. Er lebte von dem Geld, das er auf diversen Konten hatte, legte sich ein Wohnmobil zu und ging als Arbeitgeber und Hochstapler auf Reisen. Er beschäftigt zeitweise eine illegal eingereiste Russin als Putze, die er im Rausch vergewaltigte, danach suchte er mal wieder das Weite. Dann verlegte sich schließlich auf ein neues Geschäftsfeld: Heiratsschwindel. Natürlich nannte er das nicht so, er schaltete lediglich Kontaktanzeigen in diversen Blättern. Im Unterschied zu den meisten anderen Hochstaplern, die an ihren Geburtsdaten frisierten, machte er sich älter. Denn das hatte er bald bemerkt: Die vermögenden Damen, deren Nähe er suchte, waren stets angenehm überrascht, wenn statt des erwarteten alten Zausels ein relativ junger Witwer zum Rendezvous erschien. Natürlich, ganz taufrisch war Bath auch nicht mehr, dessen war er sich bewusst. Doch der Mittfünfziger vermochte mit Garderobe, Frisur und anderen Kniffen sich erheblich jünger zu präsentieren. Allein das machte Eindruck.

Unter jenen, die auf seine Kontaktanzeigen reagierten, war eine Hallenserin namens Hanna, Anfang 50, geschieden. Nach Geld sah sie nicht aus, zumal sie in einem der als »Arbeiterschließfächer« bezeichneten Neubaublöcke wohnte. Doch der Ossi Bath, nunmehr diesseits der Weißwurstlinie lebend, schlüpfte plötzlich in eine andere Rolle: in die des großzügigen, gönnerhaften Wessis. Damit entfernte er sich zwar von seiner ursprünglichen Absicht, sich von reichen Witwen aushalten zu lassen, aber von einer Ostdeutschen als eloquenter, großzügiger Westdeutscher angehimmelt zu werden, trug zur Stärkung des angeschlagenen Selbstbewusstseins bei. Und das war mehr als Nichts! Hanna, so erfuhr er schon bald, hatte noch nie Ostdeutschland verlassen. Sie träumte seit Jahren von einer Italienreise. Bitte sehr, bitte gleich: Wann soll es losgehen? Er habe ein Wohnmobil und keine Verpflichtungen, man könne jederzeit über die Alpen und in den Süden reisen. »Wir treffen uns in Garmisch.«

Dort, in einem noblen Restaurant, ließ Bath es bei ihrer ersten Begegnung richtig krachen. Er gab den weltläufigen Lebemann und quittierte dankbar die bewundernden Blicke der Ostbraut. Die Sause setzte sich im Wohnmobil fort.

Anderentags ging es über die Alpen ins Land, wo die Zitronen blühen, Richtung Genua. Dort, an der Ligurischen Küste im Norden Italiens, wollte Bath seiner Braut zeigen, wie schön die Welt und was für ein toller Hirsch er war. Die Hallenserin schien überwältigt von Landschaft, Architektur und Menschen. Der Himmel war weit und blau, das Mittelmeer salziger als die Ostsee und das Essen von anderer Beschaffenheit als am Dönerstand in Haneu, wie die Einheimischen gleichermaßen liebevoll wie distanziert ihren Stadtteil Halle-Neustadt wortspielerisch nannten. Hanoi sah anders aus und war auch weiter weg.

Der Reiz des Entdeckens vermochte jedoch auf Dauer nicht jedes Bedürfnis zu befriedigen. Hanna war, wenngleich nicht mehr taufrisch, keineswegs so altbacken, wie ihr Geburtsjahr hätte vermuten lassen. Zunächst fand sie es ein

Im Wohnmobil an der ligurischen Küste entlang

wenig merkwürdig, dass ihr Galan nicht Hand an sie, sondern an sich legte, um seinen Hormonspiegel zu senken. Sie hatte, das gestand sie sich ein, mit dieser Reise auch andere Erwartungen verbunden. Die geschiedene Chemielaborantin, Mutter zweier erwachsener Kinder, war keineswegs frei von sexuellem Verlangen und nicht die vertrocknete Jungfer, für die Bath sie offenkundig hielt. Sie stellte ihn freundlich-wohlmeinend zur Rede, weshalb er es sich immer selbst besorge und nicht ihr. Nicht fordernd, aber durchaus verständlich. Das, so schien ihr, traf ihn sichtlich. Er stotterte, sein Gesicht färbte sich rot. Mit so viel Selbstbewusstsein kam er nicht klar. So tief also war Deutschland bereits gesunken, dass Frauen Bedürfnisse anmeldeten, die nicht im Grundgesetz fixiert waren. Noch diktierte der Mann, wann und auf welche Weise er seine Partnerin beglückte, nicht umgekehrt.

Seine Antwort befriedigte weder ihn noch sie. Doch anders als Bath, der sich selbst nicht im Klaren war, was ihm geschah und was mit ihm war, reflektierte die Hallenserin die Sache kritisch. Und ruderte zurück. Kann ja noch werden, beruhigte sie sich, vielleicht war der Witwer nur ein wenig gehemmt und den Frauen entwöhnt, zudem auch nicht mehr der Jüngste. Bei Männern sollte es dem Vernehmen nach mit der Libido abwärts gehen, wenn sie denn die Mitte des Lebens überschrittenen hatten. Vielleicht glaubte er, dass ihn nur noch die eigene Hand liebte und keine fremde Frau? Aber war sie ihm denn noch immer fremd, nachdem man schon eine ganze Woche im Wohnmobil aufeinander hockte? Vielleicht war es gerade das? Sie beide hatten sich in den letzten Jahren ans Alleinsein gewöhnt. Jeder war sein eigener Kosmos. Und nun drängte sich ein zweiter Fixstern hinein. Da musste es Probleme geben. Ließen sie sich noch regeln?

Die Spannungen nahmen von Tag zu Tag zu und nicht ab. Morgens, wenn sich beide wie gerädert von der Matratze erhoben und sich in die winzige Toilette zwängten, dachten sie wehmütig an ihr Badezimmer daheim. Danach saßen sie mürrisch und schweigsam beim Frühstück. Über ihren Köpfen spannte sich der ewig blaue Himmel und die Sonne hing dort wie ein Spiegelei, es war wie an jedem Tag und stinklangweilig. Genua, San Remo, Alassio, Savona … Im Grunde sahen die mittelalterlichen Gassen und Plätze überall gleich aus. Renaissance, schön und gut, nur abends und des Nachts fand keine Wiedergeburt statt. Wenn sie wach lag, hörte sie ihn in seiner Koje japsen bis zu jenem unterdrückten Schrei, der ihr verriet, dass er seinen Spaß gehabt hatte. In diesen Momenten fühlte sie sich missachtet und beleidigt.

Irgendwann reichte es ihr.

»Ich will nach Hause«, sagte sie beim Frühstück. »Ich habe am 30. September einen Arzttermin.«

»Das ist in fünf Tagen«, quittierte er dankbar diesen Vorschlag. »Das werden wir schaffen.« Bath war froh, dass sie ihm die Entscheidung abgenommen hatte, denn auch ihm war sie inzwischen lästig geworden. Das welke Fleisch ekelte ihn an, die weiße, weiche Haut mit den aufbrechenden Mauerblümchen, jene hässlichen Pigmentflecken, die den Körper zu überziehen begannen, wenn man dem Tag des Todes näher war als dem der Geburt. Diese bis zum Nabel hängenden Schläuche, deren Spitzen sich einst straff und keck nach vorn reckten: alles unappetitlich und wenig dazu angetan, mit den Händen danach zu langen. Es war, als griffe man in Teig. Fehlte nur noch, dass es staubte. Die Vorstellung machte ihn grausen. Bath steckte die Nase in die Kaffeetasse und nahm einen Schluck. Er muss damals bescheuert gewesen sein, dieser Zicke eine Reise nach Italien vorzuschlagen. In seinem tiefsten Innern verfluchte er jenen Tag, als er Kontakt zu dieser Chemietussie aufgenommen hatte. So etwas würde ihm nicht noch einmal widerfahren, da war er sich ziemlich sicher. Nein, nie wieder würde er sich so etwas antun. Er wollte auf Kosten reicher Witwen leben. Dass sie ihn aushielten, würde ihn verschmerzen lassen, dass er sich das Bett mit einem formlosen Fleischberg teilen müsste. Aber mit der hier doch nicht: Die hatte nichts und bereitete ihm zudem Ärger. Er konnte nicht sagen, was ihn besonders abstieß. Vielleicht lag es auch nur an der Chemie, die zwischen ihnen nicht stimmte. Wieso aber hatte er das nicht gleich gemerkt? Warum musste er mit dieser Träne auf Reisen gehen?

Stumm und mit verkniffenem Gesicht hockte er hinterm Lenkrad. In Mailand wollten sie noch einmal stoppen und sich die Stadt ansehen. So lange musste er noch durchhalten.

Hanna saß auf dem Beifahrersitz und plapperte. Jedes Wort tropfte wie Salzsäure auf sein Trommelfell. Konnte die Alte nicht ihre Klappe halten, musste sie unentwegt auf diese Aussicht und jenen Pferdewagen hinweisen, den sie gerade überholten? Bath kochte. Wie ließ sich dieser Redefluss stoppen, wie bekam er diesen Mund zum Schweigen?

Irgendwann fiel ihm ein, dass er in seiner Bordapotheke ein Fläschchen Belladonnysat zu stehen hatte. Das Zeug half gegen Magen-Darm-Krämpfe und Gallenkoliken, es war ein probates Mittel gegen klassische Reisekrankheiten wie Übelkeit und Stress. Er hatte es wiederholt schon benutzt und dabei bemerkt, dass er schläfrig wurde, wenn er mehr Tropfen ins Wasser hatte fallen lassen als vorgeschrieben. Das lag wohl an dem Wirkstoff. Belladonna, wie die giftige Tollkirsche in Italien hieß, es war ein Narkotikum, das man nur in homöopathischen Dosen vertrug. Wie Wein eben: in kleinen Mengen Medizin, in größeren Mengen Gift.

Der Gedanke nahm Gestalt an, je länger er in Baths Kopf kreiste. Als sie die Stadtgrenze von Milano passierten, wusste er genau, was er tun würde. Sein Entschluss stand fest.

Bevor sie sich ins Großstadtgetümmel stürzten, rasteten sie auf einem Parkplatz. Ungeachtet des Verkehrs und der vielen anderen Fahrzeuge holte er die Campingstühle und den Tisch aus dem Fahrzeug. Sie sollten sich erst einmal stärken, sagte er zur Verwunderung von Hanna. Denn solche Art Fürsorge hatte sie in den Tagen ihres Zusammenseins nie erlebt. Es ging immer nur stur nach seinem Kopf. Sie durfte nur zustimmen und ihm folgen.

Warum also nicht: Picknick in Mailand.

Während er den Tee einfüllte, forderte er sie auf, die Marmelade aus dem Kühlschrank zu holen, er habe sie vergessen. Sie erklomm die drei Stufen, und als sie im Wageninneren verschwunden war, holte Bath das Fläschchen aus der Hosentasche.

Es dauerte nicht lange, bis der Redefluss versiegte. Hanna wurde zunehmend stiller und schläfriger, dann sackte sie auf dem Klappstühlchen weg. Bath quittierte dankbar den Abgang und trug sie ins Wohnmobil. Dort legte er sie sanft auf die Koje, derart rücksichtsvoll hatte er sie noch nie behandelt. Er zog sie aus, bedeckte sie mit der Schlafdecke und hoffte auf sechs bis acht Stunden Ruhe. Dann wären sie in Garmisch, er setzte sie in den Zug und wäre frei. Frei von diesem rauschenden Wasserfall und den Wortkaskaden.

Der Motor summte durch die norditalienische Tiefebene, bald schon würde Bath in Bozen sein, dann über den Brenner und kurz durch die Alpen. Er kannte die Route bestens, schon oft war er sie gefahren. Doch noch nie mit solcher Erleichterung und Hoffnung. Die Aussicht auf ein eigenes Leben ließ sein Herz beben, er freute sich auf die Dolomiten wie ein kleiner Junge auf Weihnachten.

Doch noch ehe er Südtirol erreichte, hörte er Geräusche aus dem Innern des Fahrzeugs. Verärgert blickt er nach hinten, seine Vermutung bestätigte sich. Die Kuh, er nannte Hanna inzwischen nur noch so, saß tatsächlich in der Koje, sie wirkte benommen und war offenkundig nicht ganz bei Sinnen. Bath lenkte das Fahrzeug an den Straßenrand, stoppte und kletterte nach hinten, nachdem er die Handbremse angezogen und die Warnblinklichter angeschaltet hatte.

»Wo bin ich, was ist los?«, brabbelte Hanna und versuchte auf die Beine zu kommen, doch sie sackte immer wieder zurück. »Was hast du mit mir gemacht?«

»Nichts«, sagte Bath und holte aus dem Küchenschubfach eine Rolle breiten Tesafilm. Er hatte das Kreppband einmal gekauft, als er außen den Lack ausbesserte und den Chrom abdecken musste. »Nichts habe ich gemacht. Du bist müde geworden, und ich habe dich schlafen gelegt. Nun aber bist du wieder wach und gehst mir tierisch auf den Kranz.«

Er griff nach ihren nackten Beinen und schlang das Band um ihre Fesseln, ehe sie dessen gewahr wurde. Erst als sie die Beine nicht mehr bewegen konnte, wehrte sie sich. Da aber war es bereits zu spät. Und als er ihr die Hände auf dem Rücken zusammenband, kehrten ihre Sinne vollends zurück.

»Bist du völlig bescheuert? Binde mich sofort los!«, herrschte sie ihn an und schüttelte Beine und Knie, soweit sie dazu fähig war. Offenkundig hielt sie alles für einen Scherz, denn der Widerstand war zwar auffällig, doch ihr Schreien nicht unbedingt angstvoll. Erst als sie in das verkniffene Gesicht von Bath blickte, schwante ihr, dass der keinen Spaß machte. Ihr Rufe wurden spitzer und lauter. »Du hast wohl ein Rad ab! Ich zeig dich an, wenn du nicht sofort aufhörst. Hilfe! Hilfe!« Nun begann sie panisch zu reagieren.

»Halt die Schnauze«, brüllte jetzt Bath und schlug ihr ins Gesicht. »Wenn du still bist, schmeiße ich dich in Garmisch am Bahnhof aus dem Auto, dann kannst du dich nach Halle verpissen. Ich will meine Ruhe haben, verstehst du! Dein Gekreische geht mir auf die Nerven.«

»Hilfe, Hilfe!«, schrie Hanna trotzig weiter. Draußen rauschte der Verkehr vorüber, wer sollte sie überhaupt hören? Doch Logik und Angst schlossen einander aus. Wenn es ans Leben geht, stirbt als erstes der Verstand. Ging es ihr ans Leben? Es sah nicht unbedingt so aus. Er fesselte und er schlug sie, mehr nicht. Das war schlimm genug, doch Bath wollte vielleicht wirklich nicht mehr als seine Ruhe.

Ehe sich der Gedanke in ihrem Kopf festsetzte, begann Bath bereits, ihr den Mund zu verkleben. Mit wilder Entschlossenheit umwickelte er den Kopf, nur die Nase ließ er frei, damit sie atmen konnte. Geräuschvoll zog sie die Luft ein, der Kreppstreifen vorm Mund vibrierte. Bath legte noch eine Lage darüber und riss das Band erst nach der fünften oder sechsten Schleife durch. Die Frau strampelte und streckte sich weiter, so dass er sich entschloss, mit einer Paketschnur auch noch die Arme an den Oberkörper zu fesseln.

Bath sprach unterdessen kein Wort. In ihm breitete sich mit jedem Knoten Ruhe und Zufriedenheit aus, keine Befriedigung, bewahre, denn die Fesselung diente keinem sexuellen

Zweck, sondern einzig der Liquidierung eines Problems: der Ruhigstellung einer Nervensäge.

Nachdem ihm das gelungen war, ließ er die Gefesselte zurück und würdigte sie keines weiteren Blickes. Er zwängte sich auf den Fahrersitz, schaltete die Warnblinkleuchte aus, startete den Motor und schaute in den Rückspiegel. Dann gab er Gas und klinkte sich in den Fahrzeugstrom ein, der Richtung Grenze floss.

Unweit des Brenners trieb ihn ein menschliches Rühren auf einen Parkplatz. Außerdem hatte er Durst und Hunger. Vielleicht wollte auch die Zimtzicke etwas trinken und essen, dachte er, wobei ihm in diesem Moment erstmals bewusst wurde, dass es im Wageninneren auffallend still geworden war. Er meinte, dass Hanna eingeschlafen sei und wollte sie darum wecken. Sollte sie wieder zu zetern beginnen, so nahm er sich vor, würde er sie gleich hier raussetzen, nicht erst in Garmisch. Soll sie doch zusehen, wie sie durch Tirol käme, dachte er trotzig. Bath kletterte nach hinten. Die Frau lag bewegungslos in der Koje, das Klebeband war zur Hälfte in den aufgerissenen Mund gerutscht und bedeckte die untere Zahnreihe, dadurch drückte es die Zunge von unten an den Gaumen. Die Augen waren offen und blickten starr. Dieser Anblick irritierte Bath.

»Eh, was ist los«, sprach er sie an und hob den Oberkörper, um das Band vom Kopf zu entfernen. Doch der Körper war kalt und steif. Entsetzt ließ er ihn zurückfallen. Nach einer Schrecksekunde legt er zwei Finger an den Punkt, wo er die Halsschlagader vermutete. Da pulste nichts. Die ist tot, schoss es ihm durch den Kopf. Mausetot. Wie konnte das denn passieren?

Wütend erhob er sich. Jetzt brauchte er einen Schnaps, um seine Nerven zu beruhigen. Er langte nach der Flasche im Kühlschrank und setzte sich die Flasche an den Mund. Scheißescheißescheiße, was machte er jetzt bloß? Entsorgen, er muss die Alte loswerden. Und ihren ganzen Trödel. Im Wagen durfte nicht ein Stück von ihr bleiben, nichts, was ihn belasten könnte, falls man seinen Wagen durchsuchen sollte.

Als erstes holte er einen blauen Müllsack aus dem Schrank und zog diesen der Toten über den Kopf. Er reichte bis zu den Knien. Also noch einen zweiten über die Beine gezogen. Dann verschnürte Bath mit jagendem Atem das blaue Paket. Wohin damit? Er würde schon einen Platz finden, wo er es unauffällig würde entsorgen können.

Hastig sammelte er schließlich alle Kosmetika in eine Plastiktüte, den Kulturbeutel stopfte er in eine zweite. Damit stapfte er zu einem Mülleimer auf dem Parkplatz, weg damit. Wieder im Wohnmobil stopfte er Hannas Kleider in mehrere Tüten, die würde er auf den folgenden Parkplätzen sukzessive entsorgen, schließlich auch ihre Tasche, aber diese völlig entleert. Fort, alles weg. Es durfte keine Verbindung zu Hanna und deren Kleider und zu ihm hergestellt werden.

Nachdem alles getan war, kehrte Ruhe in ihm ein. Jetzt verspürte auch wieder Hunger und den Drang im Darm, der ihn hatte halten lassen.

Er stieg aus, sperrte das Wohnmobil ab und schlenderte gelassen zur Raststätte hinüber. Das Selbstbedienungsrestaurant war gut gefüllt, es herrschte lärmende Ausgelassenheit. Niemand beachtete Bath. Er schnappte sich ein Tablett und musterte die Auslage. In aller Seelenruhe stellte er sich ein Menü zusammen, zahlte und suchte sich einen Tisch am Fenster. Nach einer halben Stunde setzte er die Fahrt fort. Aufmerksam musterte er jede Abfahrt, jeden Abhang. Besonders wilde Müllkippen weckten sein Interesse. Schon bald wurde er fündig. Unweit der Straße entdeckte er einen Hang, an dem schon Dutzende Autofahrer ihren Dreck abgeworfen hatten. Bath nahm die nächste Abfahrt und steuerte die Kippe an. Bevor er das blaue Paket aus dem Wohnmobil zerrte, vergewisserte er sich, dass niemand ihn beobachtete. In der Ferne rollte der Straßenverkehr, von dort war er kaum zu erkennen. Er zog Hanna aus der Tür, schulterte sie und trug das Bündel bis an die Kante. Dorf warf er es in hohem Bogen zu Tal. Es schlug auf dem alten Müll auf, rollte weiter und blieb an einer Baumwurzel hängen. Das aber sah Bath schon nicht mehr. Er war bereits auf dem Weg zurück zum Wagen.

Nach einer Stunde passierte er Innsbruck, für die aufragenden Türme hatte er keinen Blick. Nur weiter, nur weg hier. Er wollte möglichst rasch viele Kilometer hinter sich bringen. Und je weiter die Tote und ihre Habseligkeiten hinter ihm lagen, desto besser fühlte er sich. Mit jedem Kilometer nahm sein Wohlbefinden zu. Er fühlte sich erleichtert und befreit. Schon bald erreichte er Bad Wiessee.

Mit großer Aufmerksamkeit studierte er in den folgenden Tagen die Presse, dort insbesondere die Polizeimeldungen. Befriedigt registrierte er das Ausbleiben einer Nachricht, dass man eine tote Frau in blauen Plastiksäcken in Tirol gefunden habe, deren Identität nicht bekannt sei. Mit jedem neuen Tag kehrte er zu seinem gewohnten Rhythmus zurück. Auch nahm er wieder seine »Arbeit« auf, denn von irgendetwas musste er ja schließlich leben.

Vier Tage nach der unfreiwilligen Trennung von Hanna traf sich Bath zum Rendezvous mit Theresia. Auch sie hatte er nach Garmisch einbestellt, man könne ja einen Abstecher nach Österreich machen. Reinhard Walter, so nannte er sich, deutete galant einen Handkuss an, als sie ihm die Hand zum Gruß reichte. Bath hatte sich in Schale geworfen und punktete, wie erwartet, bei der gepflegten und trotz ihrer Jahre attraktiven Bayerin. Sie war ihm in jeder Hinsicht überlegen, eine echte Herausforderung. Der Besuch eines Cafés im österreichischen Seefeld und das Abendessen im »Residenz« strengten Bath wegen der Konversation merklich an. Die kultivierte Witwe wahrte die Contenance, solange sie nüchtern war. Doch Bath vermochte diesen Zustand bald zu beenden. Man trank sich durch die Karte.

Theresia, voll des süßen Weines, bot ihm schließlich das »Du« und den spitzen Mund zum Kusse an, wovon er sofort Gebrauch machte. »Ich heiße Resi«, sagte Resi, und zog ihren vermeintlichen Galan auf die Tanzfläche.

Auf Wolke 7 und mit etlichen Promille im Blut schwebte man Mitternacht entgegen. Resi zückte gelegentlich ihre Digitalkamera, Kopf an Kopf lächelten sie in die Linse und amüsierten sich anschließend über die Aufnahme. Gegen 1 Uhr, die Kellner blickten schon ein wenig genervt, entschlossen sich die beiden endlich zum Gehen. Die Situation glich bis dahin jener aus »Manche mögen's heiß«, als Daphne den alten Osgood mit stundenlangem Tangotanzen von der Rückkehr auf seine Yacht abhalten musste, weil eben dort sein Freund und Kupferstecher Joe alias Josephine es mit Sugar trieb. In einer Endlosschleife schlurfen Daphne und Osgood übers Parkett, an dessen Rand die verärgerten Kellner standen und das Ende des Tanzes herbeisehnten. Doch im Unterschied zum Filmpaar waren »Reinhard« und Resi zwar berauscht, aber keineswegs ermattet. Erst die Einsicht, dass auch das Personal Anspruch auf einen Feierabend hatte, ließ sie aufbrechen.

»Na denn«, fragte sie, »fährst du mich noch nach Hause?«

Auch ohne diese explizite Aufforderung, gegen Gesetze und Regeln des Straßenverkehrs zu verstoßen, schwang sich der trunkene Bath hinters Lenkrad seines Hyundai, nachdem er – charmant, charmant – ihr die Beifahrertür gehalten hatte.

Auf der Landstraße fuhr er mit gedrosseltem Tempo. Bath wollte nicht das Schicksal in Gestalt einer Verkehrskontrolle herausfordern und schlich dem Ort am Fuße der Zugspitze entgegen. Doch nachdem sie das Dorf Leutasch passiert hatten, überkam es Bath mit einem Mal. In seiner Hose regte sich etwas, was nicht so oft mehr geschah, aber wenn einmal doch, dann brachen alle Deiche. An der nächsten Abfahrt bog er ab und steuerte dem Wald entgegen. Resi kicherte und gackerte und bemerkte die Kursänderung nicht. Erst als Bath hielt und sich ihr zuwandte, wachte sie auf. »Musste mal pinkeln«, erkundigte sie sich ein wenig gewöhnlich.

Doch Bath antwortete nicht und versuchte stattdessen, sie zu küssen.

»Na, lass das«, wehrte die Begehrte ab, »i mag nich, i will nur noch in mein Bett.«

Bath jedoch hielt nicht inne, was die Witwe in jeder Hinsicht ernüchterte. Mit forscher Stimme, die keinen Widerspruch duldete, forderte sie erst »Reinhard«, dann »Herrn Walter« auf, »den Quatsch« zu lassen, den sie noch immer für Quatsch, also eine Entgleisung, hielt. Ein solch schöner Abend konnte doch kein derart billiges Ende nehmen.

Doch je stärker ihr Widerstand wurde, desto heftiger bedrängte sie der schwanzgesteuerte Bath, was, zugegeben, in dieser Position nicht nur blöd ausschaute, sondern auch blöd war: Der Tunnel mit dem Schaltknüppel zwischen den beiden Sitzen wirkte wie eine Barriere, so dass, was sich als Glück für die Beifahrerin erwies, Bath in seinem Drang hinreichend behindert wurde. Er wurde wütend auch darüber, dass sich die alte Jungfer so leidenschaftlich widersetzte. Wieso gab die Ziege sich ihm nicht leidenschaftlich hin, das wollte ihm nicht in den trunkenen Schädel.

»Hör auf, du Sau«, brüllte die Frau und suchte im Dunkeln den Türgriff, nachdem sie bereits den Gurt gelöst hatte. »Hau ab!«

Dann spürte sie Reizgas auf der Zunge, das ihr Bath ins Gesicht gesprüht hatte. Gottlob ging es nicht in die Augen. Sie hustete und röchelte dennoch. Bath drückte weiter auf die Spraydose, doch die war bereits leer. Hatte er nicht noch den Elektroschocker im Handschuhfach? Während er mit der einen Hand an der Klappe fingerte und sich kurzzeitig darauf konzentrierte, entwich Theresia seiner Rechten. Ihr war es gelungen, die Tür zu öffnen. Sie rollte sich aus dem Wagen. Der Waldboden war dumpf und feucht.

Doch ehe sie sich erheben konnte, war Bath bereits über ihr.

Er drückte sie zu Boden und hangelte zugleich nach der Handtasche. Es ging ihm nicht um die Geldbörse, wie die vermögende Frau vermutete, sondern um die Kamera. Bath war wieder so weit bei Verstand, dass er wusste: Ich muss die Bilder vernichten, die mich zeigen. Ein besseres Beweismittel konnte die Polizei nicht kriegen – wofür auch immer. Die Sicherheitsreflexe funktionierten, alles andere nicht. Er drückte und würgte und versuchte gleichzeitig der Tasche habhaft zu werden, was aber auch nicht unbedingt logisch war: Tötete er sie, hätte er alle Zeit der Welt, die Spuren zu beseitigen. Da aber waren auch die Kellner in Seefeld, die sie zusammen gesehen hatten. Bath dachte darüber nicht nach, er wollte nur die Tasche.

Plötzlich schlug der Blitz in seinen Schritt ein. Der Schmerz fuhr bis in die letzte Haarwurzel, für einen Moment schwanden ihm die Sinne. Mit ganzer Kraft hatte ihm Resi in die Eier getreten, dass ihm schwarz vor Augen wurde. Wimmernd kippte er zur Seite, automatisch gingen die Hände zum Gemächt, als könnte er dadurch den Schmerz lindern.

Blitzschnell erhob sich die Frau und flüchtete ins Unterholz. Zweige und Büsche peitschten ihren Körper, sie rannte ins Dunkel und achtete darauf nicht. Nur weg. Sie hatte einige Augenblicke Vorsprung, die wollte sie nutzen. Mit rasendem Atem fegte sie orientierungslos in den Wald und fürchtete fast, im Kreis und ihrem Peiniger in die Arme zu laufen. An einem dicken Stamm verharrte sie, der Puls jagte, ihr Herz vibrierte geradezu. Da. In den Ohren rauschte das Blut. Hatte sie richtig gehört oder spielten die Sinne ihr einen Streich? Das klang wie ein Motor. Dann sah sie in der Ferne einen Widerschein. Fuhr der Mistkerl etwa weg? Sie starrte wie gebannt in die Richtung, aus der das Licht kam. Kein Zweifel: Der fuhr den Waldweg ab und hoffte sie auf diese Weise zu entdecken. Keine Chance, da war sie sich ziemlich sicher. Mit dem Rücken rutschte sie am Baumstamm zu Boden. Sie spürte das Moos so wenig wie das Brennen der aufgerissenen Haut. Ihr Blick verfolgte die langsame Bewegung des Lichts. Zwei-, dreimal wendete der Wagen, dann fuhr er davon. Das rote Licht der Rückstrahler wurde von der Nacht geschluckt.

Nun spürte sie auch die Kälte, die langsam in ihr aufstieg. Sie schob sich am Stamm in die Höhe. Was tun? Am besten zur Polizei. Die nächste Wache war in Seefeld, das waren sechs oder sieben Kilometer. Die Pumps hatte sie bei dem Gerangel verloren, sollte sie danach schauen? Doch vielleicht wartete das Schwein aus eben diesem Grunde dort auf sie? Dass er weggefahren war, konnte auch eine Finte gewesen sein? Eventuell hatte er den Wagen woanders abgestellt und war zurückgekehrt an den Ort, wo sie ihre Schuhe verloren hatte.

Das Risiko schien ihr unvertretbar hoch. Zudem konnte sie mit den hohen Absätzen ohnehin nicht durch den Wald laufen. So taumelte sie denn barfuß gen Süden, in jene Richtung also, aus der sie gekommen waren und in der sie Seefeld wähnte.

Am frühen Morgen, es begann bereits zu dämmern und Nebel lag auf den Wiesen, passierte sie das Ortsschild. Seefeld war eine Gemeinde, die wenig mehr als dreitausend Einwohner, aber übers Jahr, und dort insbesondere im Winter, über eine Million Urlauber zählte. Sie hatte folglich auch eine ordentliche Gendarmerie.

Der Diensthabende nahm ihre Anzeige auf und schickte sie umgehend zum Arzt, dem er sein Kommen anzeigte. Er solle, so der Gendarm, die Frau untersuchen und behandeln. Das tat dieser auch und vermerkte im Protokoll: zwei Schürfwunden an der Hand und Prellungen am rechten Fuß, der Brustbereich feuerrot als Folge von Reizgas.

Nein, eine Vergewaltigung im üblichen Sinne habe es nicht gegeben, aber die Verletzungen bestätigten die Darstellung der Geschädigten: Sie hatte den Vollzug erfolgreich verhindert. Der Rest sei Sache des Gerichts – so man den Täter ausfindig machte.

Nunmehr begannen die Mühlen der Justiz zu mahlen. Die Ermittler hatten wunderschöne Fotos des Täters. Auch wenn Namen und sonstige Angaben gewiss gelogen waren, so gab es sein Abbild und seine DNA, die man unter den Fingernägeln des Opfers fand. Auf der anderen Seite: Es war kein Gewaltverbrechen nach den Buchstaben der Strafgesetze, nur eine versuchte Vergewaltigung, notfalls gab es einen versuchten Totschlag her. Mal sehn. Unterdessen waren auf der E 45, die den Brenner überquerte, die Putzkolonnen der Straßenmeisterei unterwegs. In regelmäßigen Abständen sammelten sie den Müll ein, den die Autofahrer links und rechts der internationalen Piste fallen ließen. Österreich achtete auf eine saubere Umwelt und räumte den Dreck weg, den Zeitgenossen zurückließen, wenn sie Tirol eilig passierten. Gelegentlich schauten sie auch in die abgelegten Säcke in der meist illusionären Annahme, sie würden dort die Adresse des Umweltsünders oder einen Hinweis finden, dem man nachgehen konnte. Denn es war nicht ganz billig, den Müll zu beseitigen, und wen man jemanden erwischen konnte, den ließ man zahlen, und war nicht zu knapp.

Mit der Präzision eines Uhrwerks arbeitete sich das Räumkommando auch bis zu jener wilden Deponie am Abhang vor, die einige Tage zuvor von einem Wohnmobilfahrer aus Bayern aufgesucht worden war. Unter den stichprobenartig geöffneten Müllsäcken war auch ein blauer.

Schon bald lag der Leichnam auf einem Tisch in der Gerichtlichen Medizin der Innsbrucker Universität. Die Polizei hatte zunächst alle Vermisstenmeldungen diesseits und jenseits der österreichischen Grenzen durchforschen lassen. Eine Frau war nicht darunter, die annähernd so ausschaute wie die aufgefundene Leiche. Wer also war die unbekannte Tote? Die Gerichtsmediziner obduzierten sie nach allen Regeln ihrer Kunst und fanden heraus, dass die Frau, wozu gewiss keine großen Fähigkeiten gehörten, bereits vor fünf, sechs Tagen gewaltsam ihr Leben verlor, und zwar nicht an jenem Ort, an welchem man sie zufällig entdeckt hatte. Zwar fanden sie im Blut Spuren der pflanzlichen Gifte Atropin und Scopolamin, doch die waren nicht die Todesursache. Die Frau musste erstickt sein, wie die feingeweblichen Untersuchungen ergaben. Die Mediziner konstatierten einen Mangel an Sauerstoff, der über längere Zeit geherrscht habe, mithin sei die Frau nicht rasch, sondern langsam hinübergedämmert. Spuren im Gesicht wiesen auf eine Art Knebelung hing, auch an Händen und Fußen stellten sie Male von Fesseln fest, aber diese waren entfernt worden, bevor man die Frau in den Sack steckte. Da war sie offenkundig bereits tot.

Die Suche nach fremder DNA war erfolgreich. Unter den Nägeln der Toten fand man reichlich Hautpartikel, die von einer anderen Person stammten. Ein Abgleich mit einschlägigen Datenbanken jedoch förderte nichts zutage. Es wäre auch zu einfach gewesen.

Die Polizei war, wie meist in solchen Fällen, anfangs ratlos und konzentrierte sich zunächst auf die Feststellung der Identität. Wie immer schaltete sie Meldungen in der regionalen Presse, in denen gefragt wurde, ob jemand die unbekannte weibliche Leiche kenne oder gesehen habe, als sie noch lebte. Sie verteilte Aushänge an Tankstellen und Supermärkten, das Regionalfernsehen griff gern diesen Fall auf, er sorgte schließlich für eine gewisse Abwechslung im sonst so langweiligen Nachrichtenteil. »A Leich« findet man selten im Straßenrand.

Doch überall Fehlanzeige. Die Hinweise aus der Bevölkerung, abgegeben von Wichtigtuern und Trittbrettfahrern, erwiesen sich ausnahmslos als irrig. Daraufhin entschloss sich der Chef der Kriminalabteilung des Landesgendarmeriekommandos Tirol, kurzfristig das Zweite Deutsche Fernsehen in Mainz einzuschalten. Dort lief seit Jahren »Aktenzeichen XY ungelöst«, und oft schon stieß man auf diesem Wege auf eine heiße Spur. So auch in diesem Falle. Es gingen ernstzunehmende Hinweise ein.

Die polizeilichen Ermittlungen förderten schließlich sogar den Reisepass von Hanna zutage, den Bath in der Hektik mit Kosmetika und Kleidungsstücken in Abfallbehälter entlang der Autobahn entsorgt hatte. Damit begann sich der Ring um Bath langsam zu schließen. Die Kriminalisten in Görlitz und Halle leisteten Amtshilfe und lieferten Angaben zur Person von Hanna und der von Bath, der wahrlich kein unbeschriebenes Blatt war.

Im Zuge der Ermittlungen wurde auch bald klar, dass es eine Verbindung zum Fall der versuchten Vergewaltigung bei Leutasch gab. Die DNA-Spuren unter den Fingernägeln stimmten überein. Die den Zeugen im Mordfall vorgelegten Bilder aus Resis Digitalkamera überführten Bath ebenfalls. Das sei der Mann, den sie mit der später Ermordeten gesehen hätten, erklärten etliche der Beobachter übereinstimmend.

Aber wo hielt sich dieser Dietmar Bath auf? Er war weder in Deutschland noch in Österreich polizeilich gemeldet, war also offenbar ohne festen Wohnsitz. Und das Wohnmobil und das Auto: Wo waren sie zugelassen worden? In Bad Wiessee am Tegernsee, bekam man schließlich heraus.

Dort, kaum zu glauben, hielt sich in jenen Tagen auch Bath auf. In seiner Wohnung griff er sogar zum Hörer, um bei »Resi« in Garmisch anzurufen. Er wollte feststellen, ob sie zu Hause angekommen sei, würde er später dem Richter erzählen. Gleichsam aus Fürsorge, wie er glauben zu machen versuchte. Schließlich habe er ihr nichts getan.

Das Vergewaltigungsopfer nahm den Hörer tatsächlich ab. Als Bath »Resis« Stimme vernahm, legte er auf – und sann auf Rache. Er wollte ihr eine Abreibung verpassen, die sich gewaschen hatte! Doch bevor er aufbrach, schaute er sich die österreichischen Regionalnachrichten im Fernsehen an. Diese brachten ein Bild von Hanna und die Kunde, dass inzwischen die Identität der Frau ermittelt werden konnte. Die Ostdeutsche stamme aus Halle, eine alleinstehende Chemielaborantin.

Das veranlasste Bath zur Korrektur seiner Pläne. Eine zweite Tote wollte er nun denn doch nicht seinem Sündenregister hinzufügen, und vielleicht ging die Sache mit Hanna auch als Unfall durch. Denn er hatte sie ja nicht umbringen wollen. Also verharrte er gleichsam in Schockstarre in seiner Wohnung in Bad Wiessee und hoffte, die Sache verliefe im Sande. Irgendwie. Mit diesem Verhalten offenbarte Bath nachdrücklich, dass er nicht einer der Hellsten war.

Am 5. Oktober 2003 klingelte es an der Tür.

»Sind Sie Herr Dietmar Bath?«

Das bestätigte er.

Dann klickten die Handschellen.

Bei den ersten kriminalpolizeilichen Vernehmungen bestritt Bath, die Tote überhaupt zu kennen. Nein, nie und nimmer habe er diese Frau gesehen, behauptete er ebenso dreist wie doof. Dann legte man ihm die Beweise vor. Stück für Stück. Nichts hatte man vergessen, selbst das Fläschchen mit den Beruhigungstropfen nicht, das man im Wohnmobil fand. Die Medizin nehme er auf Anraten seines Arztes zur Beruhigung, erklärte Bath, was solle daran kriminell sein? Dann aber brach es aus ihm raus.

Er habe sie nur ruhig stellen und keineswegs umbringen wollen. Und sie wäre auch nicht erstickt, wenn sie nicht so gezappelt hätte, wodurch der Klebestreifen in den Mund gerutscht wäre. Vielleicht hatte sie auch etwas am Herzen oder mit dem Kreislauf, und ihm wolle man nun den Tod der Frau in die Schuhe schieben, weil man doch einen Mörder für die Massen brauche. Bath geriet in Fahrt, er redete sich nicht nur in Rage, sondern auch um Kopf und Kragen.

Und die Kriminalisten knallten wie beim Skat eine Anzeige nach der anderen auf den Tisch: von Frauen, denen er an die Wäsche oder ans Portemonnaie gewollt hatte, Urkundenfälschungen, Betrügereien, Diebstahl, gefährliche Körperverletzung, Exhibitionismus. Zack, zack, zack und noch eins …

Exhibitionismus, hä?

Sie haben ihr Ding Leuten gezeigt, die es nicht sehen wollten! Hat Sie das erregt? Warum machen Sie so was? Der Vernehmer schüttelte genervt den Kopf.

Irgendwann war Bath so weit.

Auch dem Ermittlungsrichter gestand er schließlich den Mord an der Hallenserin und die versuchte Vergewaltigung von Theresia. Später würde er sich nicht mehr äußern. Dem Prozess in München wohnte er schweigend bei. Kein Wort kam über seine Lippen.

Psychologen stellten Bath auf den Kopf und diverse Gutachten für das Verfahren zur Verfügung. Anders als damals in Sachsen vermochte er es nicht, sich diesen Untersuchungen zu entziehen. Die Experten bescheinigten ihm volle Schuldfähigkeit. Er sei weder krankhaft seelisch gestört noch irgendwie sonst abartig veranlagt, eine durchschnittliche Intelligenz führe nicht zwanghaft auf die schiefe Bahn. Eine »endogene Psychose oder andere psychische Störungen« zur Tatzeit könnten mit Bestimmtheit ausgeschlossen werden.

Bath sei extrovertiert, ein Selbstdarsteller, der mit Aufgeschlossenheit und Eloquenz durchaus zu überzeugen wisse. Mit Renommiergehabe überspiele er Unsicherheit und Versagensängste. Und: Er sei unfähig, stabile Beziehungen aufzubauen. Die Verbindungen besäßen keine emotionale Tiefe, er sei nicht in der Lage, eine andere als seine subjektive Perspektive einzunehmen. Er habe nicht nur ein übersteigertes Selbstbild, sondern versuche dies auch zu behaupten. Psychologisch gesehen habe er zwar ein »normales Aggressionspotential«, doch wenn seine dominante Art auf Widerspruch stieße, dann versuche er sich auch durchzusetzen. Das sei nachweislich in einigen Fällen geschehen.

Um andere Straftaten zu verdecken, habe er einen Menschen grausam getötet, urteilte am Ende der Richter am Landgericht München II.

Der unheimliche Wohnmobil-Killer aus Görlitz

11. Oktober 2005 • BILD • Seite 3

Er war gerade aus der Haft entlassen!

Von A. MÜNCHOW

Görlitz – **Dieter B. (59) aus G[illegible]litz, der mörderische C[illegible]meur. Er hatte in Tirol eine Frau (62) getötet, die er über Kontaktanzeige kennen lernte (BILD be[illegible]ete). – Dabei war der Killer erst 2002 aus dem Knast entlassen worden!**

BILD enthüllt seine kriminelle Vergangenheit:

Dietmar B. hatte bis 1989 eine Broiler-Bar. Später eröffnete er in seinem Haus eine Partnervermittlung. Die Polizei schloss den Laden – es war ein illegales Bordell.

Nach der Scheidung von seiner Frau 1993 ging er nach Spanien, versuchte sich als Immobilienmakler. Doch er kehrte wieder nach Ostsachsen zurück.

Im Dezember 2000 wurden er in Görlitz zu vier Jahren verurteilt: wegen Verleumdung! „Er hatte einen Görlitzer Geschäftsmann bezichtigt", so Staatsanwalt Till Neumann (41), „2000 auf der Autobahn einen Polizisten erschossen zu haben."

Dietmar B. schickte sogar einen Leichenwagen zur Wohnung des Geschäftsmannes. Der sollte die verstorbene Ehefrau abholen. Doch die lebte – zum Glück.

Jetzt sitzt der Wohnmobil-Killer im Gefängnis in München. Die Polizei prüft, ob es weitere Opfer gibt.

Bild machte Bath zum »unheimlichen Wohnmobil-Killer aus Görlitz« und »enthüllte seine kriminelle Vergangenheit«. Allerdings nur in der Regionalausgabe Sachsen

Bath liegt auf seiner Pritsche in Nürnberg. Bilder aus der Kindheit ziehen vor seinem geistigen Auge vorüber. Auch jene Sequenz aus der Nachkriegszeit ist dabei, als er mit der Oma zum Bauern Schmitt ging, um frische Milch zu holen. Sie suchten ihn überall und riefen nach ihm, doch der Bauer antwortete nicht. Auch im Stall reagierten nur die Kühe auf ihre Rufe. Doch plötzlich wurden er und die Großmutter gewahr, dass ein Mann leblos an einem Strick baumelte, der über einen Balken geworfen war. O mein Gott, schrie die Oma und hielt ihm die Hand vor die Augen, damit er nicht sähe, was er schon längst gesehen hatte.

So führte sie ihn blind vor die Stalltür und hieß ihn warten. Schon bald kam sie mit der Kanne aus dem Stall, in der die euterwarme Milch dampfte. Sie nahm ihn stumm an die Hand und führte ihn nach Hause.

Asche zu Asche

Die Nasenflügel kräuseln sich merklich. Geräuschvoll zieht die hagere Frau die Luft ein, als würde sie Tabak schnupfen. Der Bäcker hinterm Tisch mustert die Kundin aus der Nachbarschaft ein wenig irritiert und schiebt sich das Käppi mit der mehlbestäubten Hand aus der Stirn.

»Ist was?«

»Riechen Sie nichts?«

Was sollte Müller riechen? An den Duft von frischem Brot hat er sich gewöhnt, seit er in der Lehre war, und das war noch unterm Kaiser. Noch immer hat er diesen Geruch gern in der Nase. Kaum ein Gewerbe, Tischler vielleicht ausgenommen, wo es so gut riecht wie in einer Backstube. Sobald die Ofenklappe sich öffnet, fährt einem der Duft der dampfenden braunen Laibe in die Nase. Er flutet die ganze Backstube und schließt mit dem Geruch von Mehl und Hefe und dem gärenden Sauerteig ein Bündnis. Mit dem langen Holzschieber holt der Bäcker sodann die Laibe aus der letzten Ecke des Ofens und legt sie auf dem Brett ab, das der Lehrling nach vorn in den Laden trägt. Die ewig gleichen Rituale und Geruchsgenüsse …

»Was meinen Sie? Stört Sie der Backgeruch? Ich bitte Sie, nichts duftet angenehmer als frisches Backwerk. Wollen Sie einen Zweipfünder? Dann geben Sie mir bitte Ihre Brotmarken.«

Während des Krieges, als alles knapp und darum rationiert wurde, führte man die Brotmarken ein: für ein Zweipfundbrot brauchte man 20 Marken à 50 Gramm. Allabendlich, nach dem Tagwerk, klebte Müllers Frau mit Mehlkleister die Marken auf Papierbögen, um der Obrigkeit nachzuweisen, dass keine Scheibe Brot verschoben worden oder »unter den Tisch gefallen« war.

Das Ende des Krieges bedeutete keineswegs das Ende der Rationierung, zudem fing der große Hunger erst richtig an. So wie Mehl reinkam, wurde es verbacken, egal, wie schlecht es gemahlen und mit Kleie gestreckt worden war. In den ersten Nachkriegsjahren hatten die Russen dafür gesorgt, dass er backen konnte. Dann beschlossen sie im fernen Berlin, das war noch gar nicht so lange her, die Russenzone zur Republik zu erklären, obwohl die Soldaten blieben und noch immer das Sagen hatten. Seither hatte Müller aber weniger Mehl und auch weniger Kunden. Die Neiße, die mitten durch das fast neunhundertjährige Görlitz floss, war nun Grenze. Der Ostteil hieß Zgorzelec, und das klang so wie »Gerltsch«. So nannten die Hiesigen ihr Görlitz, das nun plötzlich die östlichste Stadt Deutschlands war. Viele von Müllers Kunden blieben zwangsweise weg. Und jene Deutschen, die die Polen rausgeworfen hatten, waren weiter nach Westen gezogen.

Die Stadt war gut über den Krieg gekommen, keine Bombe war gefallen, und kein Durchhaltekrieger ernannte sich zum Festungskommandanten. Nur ein paar Knallköppe von der Wehrmacht hatten noch am 7. Mai '45 alle sieben Brücken über die Neiße in die Luft gejagt, als glaubten sie, auf diese Weise die Russen aufhalten zu können. Dabei feierten diese bereits seit Tagen in Berlin ihren Sieg. Wenn etwas idiotisch genannt werden musste, dann die Sprengung der Brücken von Görlitz.

Drüben, in Zgorzelec, hatten sie jüngst einen Vertrag geschlossen. Die Zone, also diese Deutsche Demokratische Republik, und Polen hatten die Grenze für endgültig erklärt, damit war Schlesien zwar nicht über die Wupper, wohl aber für immer über die Neiße gegangen.

Bäcker Müller, ein unpolitischer Mann, berührt das weniger. Wichtig ist, dass er genug Mehl hat und zufriedene Kunden. Das also jeder in der Schlange, die sich vor seinem Laden bildet, wenn es Brot gibt, auch eines bekommt und etwas zum Kauen hat. Alles andere lässt ihn mehr oder weniger kalt.

»Also, Herr Müller, das riecht wie … wie …«, die Frau schnieft, »nehmen Sie es mir nicht übel …«

»Wie könnte ich, Frau Scharansky.«

»… das riecht wie bei uns in Breslau, damals, als die Toten nicht rasch genug beerdigt wurden, weil es ihrer so viele waren.«

Nun ist es raus. Sie atmet tief durch.

»Ich bitte Sie, wo sollten hier Leichen liegen?« Müllers Lachen klingt gequält, auch wenn er tut, als amüsiere er sich köstlich. Der Frohsinn ist ihm schon längst vergangen. Auch er hat diesen süßlichen Verwesungsgeruch wahrgenommen und auf eine tote Maus oder Ratte getippt. Deshalb hatte er den Lehrling beauftragt, nach dem Tierkadaver zu suchen. Der fand jedoch nichts, obgleich er in jeden Winkel gekrochen war. Nicht einmal Mäuseköttel hatte er entdecken können. Dennoch bestellte Müller vorsorglich den Kammerjäger und ließ Rattengift in der Backstube auslegen. Er wollte sich nicht von der Hygiene die Bäckerei schließen lassen.

Der Geruch hängt noch immer im Hause, woher er rührt, weiß niemand. Nur eines weiß Müller: aus seiner Backstube kommt er nicht. Insofern stellt er sich mit Recht unwissend. »Nein, Frau Scharansky, da müssen Sie sich täuschen. Oder riechen Sie etwas?«

Müller fragt die hinter ihr ausharrenden Frauen. Wie erwartet schütteln die die Köpfe. Sie wollen ihr Brot, mehr nicht.

»Na, sehen Sie«, triumphiert Müller. Er ist erleichtert. Die Frau legt die Marken auf den Tisch, das Geld dazu, greift nach dem Brot und wendet sich wortlos zum Gehen.

»Einen schönen Tag noch, Frau Scharansky.« Der Tag ist im Eimer und Bäckermeister Müller sauer. Wobei sich der Unmut mehr gegen ihn selbst richtet. Aus welcher Ritze quillt der Gestank? Ob er mal mit dem Krüger … Er hält von dem Mieter über der Backstube nicht viel, und von dessen Frau noch viel weniger. Als unlängst die Backstube kalt blieb, weil mal wieder kein Mehl geliefert worden war, raunzte ihn die Krügersche an. »Was ist bei Ihnen los, Herr Müller? Wir haben letztens gefroren wie die Schneider und mussten unsere Wohnung heizen. Das war ja nicht zum Aushalten!«

Als wenn es zu seinen Pflichten gehörte, das ganze Haus mit seiner Backstube warm zu halten.

Krüger selbst war ein windiger Bursche, wie Müller schien. Die alten Krügers hatten im Ostteil von Görlitz, also drüben, ein ordentliches Geschäft mit feinen Lederwaren geführt, Taschen, Portemonnaies, Gürtel, Handschuhe, Brieftaschen und so weiter. Nach dem Krieg hatten sie versucht, diesseits der Neiße eine neue Existenz aufzubauen, doch feine Lederwaren gab es nicht mehr, nicht einmal Leder, und schon gar nicht die Kunden, die sich dafür hätten interessieren können. Es ging um die nackte Existenz, nicht um Dinge, die als Luxus galten. Ph, feine Lederwaren …, Müller lässt geräuschvoll die Luft aus seinem Mund entweichen.

Allerdings schien sich für den Geschäftsmann Krüger sr. und seinen Sohn Franz eine unternehmerische Perspektive aufzutun, als im Juni 1948 in den Westzonen ein neues Zahlungsmittel eingeführt wurde. Diese Währungsreform bezog auch die Westsektoren von Berlin mit ein. Über Nacht war die in allen Besatzungszonen umlaufende alte Reichsmark in den Westzonen ungültig geworden. Die Russen waren mit Recht sauer, denn erstens waren sie von den Westmächten darüber nicht informiert worden, was dazu geführt hatte, dass das alte Reichsgeld nunmehr in ihre Zone floss, weshalb sie selber schnell darauf reagieren mussten. Zweitens, und das war noch gravierender, war Deutschland mit diesem Schritt definitiv geteilt. Einen Staat mit zwei unterschiedlichen Währungen würde es nicht geben.

Die Russen beklebten die alten Geldscheine mit Coupons wie Zeitungswände mit einer Tapete, weshalb dieses Zahlungsmittel im Volksmund »Tapetenmark« hieß. Wenig später wurden in der Ostzone neue Banknoten ausgegeben, die Währung hieß wie die im Westen, sah aber anders aus. Diese Deutsche Mark ist das gültige Zahlungsmittel auch in Görlitz.

Aber, und darauf gründet Krügers »Geschäftsidee«, in Westberlin werden nicht nur die D-Mark West und die D-Mark Ost in den Wechselstuben getauscht. Sondern man kann dort auch Waren kaufen, die es in den Geschäften der Sowjetzone, welche seit '49 DDR heißt, nicht gibt. Bohnenkaffee, Bananen oder Perlonstrümpfe zum Beispiel. In den Läden der HO oder im Konsum bekam man, wenn überhaupt, nur das Lebensnotwendige.

Krüger fuhr fortan regelmäßig mit seinem alten Lieferfahrzeug aus der Vorkriegszeit nach Westberlin und kaufte dort jene Sachen, die ihm in Görlitz und Umgebung von den Kunden geradezu aus der Hand gerissen wurden. Die zahlten mit ostdeutscher D-Mark, die Krügers in Westberlin wechselten, oder mit Tauschwerten, die sich in Westberlin versilbern ließen: Kameras, Mikroskope, Schreibmaschinen, Teppiche, Gemälde, Lebensmittel und dergleichen Dinge mehr. Erbstücke waren darunter, vieles aber stammte aus der aktuellen Produktion.

Nun haben die östlichen »Organe« aus verständlichen Gründen etwas gegen Schieberei, weshalb sie verhindern wollen, dass clevere Geschäftsleute ihren privaten Reibach machen und Waren aus dem ohnehin schlecht bestückten Handel ziehen. Doch das ist nicht so einfach. Westberlin liegt nicht nur auf dem Territorium der DDR, die Halbstadt ist auch nicht hermetisch abgeriegelt, und so viel Personal hat man nicht. Schmuggler und Grenzgänger wissen jedenfalls, wie man unkontrolliert hinüber und herüber gelangen kann.

Müllers Obermieter Krüger jr. und dessen Vater sind gut im Geschäft, und Franz Krüger lässt das auch die Leute im Hause spüren. In den Augen des Bäckermeisters ist er ein arroganter junger Schnösel, und seine Frau, die Ruth, steht ihm in dieser Hinsicht nicht nach. Sie arbeitet in einer Parfümerie als angestellte Verkäuferin, doch Müller würde sein Bäckerkäppi verwetten, wenn dort nicht auch Duftwässerchen unterm Ladentisch verkauft würden, die zuvor der feine Herr Krüger in Westberlin besorgt hat. Und dabei war sie mal so ein nettes Mädel. Er kennt ihre Eltern, die Blumbachs. Sie führen ebenfalls einen Laden, wo man alles kaufen kann, was man denn so braucht – vorausgesetzt, es ist vorhanden. Der Krieg hatte die Angebotspalette erheblich eingeschränkt, auch danach blieben viele Regale leer. Nur selten noch stand zwischen Kochtöpfen und Schnürsenkeln auch mal ein Fass mit Heringen.

Trotzdem haben die Blumbachs immer ein Lehrmädchen. Natürlich, das ist in erster Linie eine billige Arbeitskraft. Aber sie behandeln diese, soweit dies Müller wahrnahm, anständig und fair. Die letzte, die Hanna, haben die Blumbachs auch übernommen. Hanna ist etwa im gleichen Alter wie ihre Tochter. Ruth und Hanna, inzwischen junge Frauen, unterscheiden sich allerdings nicht nur in der Haarfarbe. Die blonde Hanna, so meint Müller festgestellt zu haben, hat etwas aufreizend Frivoles an sich, während die dunkelhaarige Ruth irgendwie langweilig und herrschsüchtig wirkt. Warum sich Franz Krüger für sie entschied und sie auch heiratete, obgleich er doch auch etwas mit der Hanna hatte, wie es hieß, wissen die Götter. Müller weiß es nicht.

Ecke Hartmann-/Hospitalstraße: der Backladen, 2011

Was kümmert's mich, denkt der Bäcker. Sobald Krüger wieder aus Berlin zurück ist, will er ihn fragen, ob dieser üble Geruch auch in ihrer Wohnung bemerkt würde. »Die Nächste, bitte.«

Wochen zuvor. Durch die Straßen der Stadt pfiff kalter Dezemberwind. Wer nicht unbedingt hinausmusste, blieb daheim. Doch wer konnte sich dies schon leisten? Jeder hatte sein Tagwerk zu erledigen, die meisten standen in Lohn und Brot. Görlitz war Industriestadt. 1815, auf dem Wiener Kongress, wurde die einst sächsische Siedlung der preußischen Provinz zugeschlagen, dann kam die Bahn, und Görlitz wurde mit der Welt verbunden: Dresden, Breslau, Berlin. Dort, in der preußischen Hauptstadt, endete die Strecke im Görlitzer Bahnhof. Der Kopfbahnhof wurde im Zweiten Weltkrieg schwer beschädigt, später abgerissen, und nur der »Görlitzer Park« in Kreuzberg, der dort entstehen sollte, erinnert an diese Geschichte.

Die Oberlausitzer Volltuchfabrik mit vier Betrieben beschäftigte einige Tausend Frauen und Männer. Im Bau war das Koweg, das Kondensatorenwerk an der Uferstraße. Produziert wurde im Nähmaschinenteilewerk, kurz NTW. Seit 1888 gab es das Feuerlöschgerätewerk. 1948 wurde es volkseigen und umbenannt in VEB Robur, wo jetzt Lastkraftwagen und Motoren hergestellt wurden.

Zehn Jahre älter war die KEMA, die bis 1945 Maschinenfabrik Raupach hieß. Und schließlich der größte und wohl älteste Betrieb der Stadt: der Waggonbau. Seit 1849 schraubte man in Görlitz Schienenfahrzeuge, da steckte die Bahn noch in den Kinderschuhen. Wie kaum ein anderes Unternehmen hatte dieses Stadt und Umland geprägt. Ende der 80er Jahre würden allein dort fast viertausend Menschen arbeiten.

Der VEB Kondensatorenwerk, genannt Koweg, 2012

Die Görlitzer hatten ihr Auskommen. Ob sie aber alle so unglücklich waren wie Hanna in ihrer Mansardenwohnung, stand dahin. Hanna hatte Arbeit, Hanna hatte ein Dach überm Kopf, und Hanna hatte ein Problem: Sie war schwanger. Wer dafür verantwortlich war, sagte sie niemandem. Denn der Vater war verheiratet. Nicht mit ihr, sondern mit Ruth, die mal ihre beste Freundin war.

Hanna kannte Franz, seit die Neiße Grenze war. Sie hatte eben die Lehre bei Blumbachs beendet und war so um die siebzehn Jahre alt, als Franz in den Laden und damit in ihr Leben trat. Er scharwenzelte immer öfter im Geschäft herum und machte Ruth Blumbach den Hof.

Diese erzählte Hanna brühwarm alles, schließlich waren die beiden Mädchen befreundet. Da hatte man keine Geheimnisse voreinander. Auch als Franz Ruth den Ring aufsteckte, den er ihr aus Westberlin mitgebracht hatte, machte Ruth aus ihrem Herzen keine Mördergrube: Wir werden heiraten, verkündete sie stolz, und hielt Hanna das Schmuckstück unter die Nase. Hanna schwieg tapfer. Denn Franz, die Canaille, hatte es auch schon geraume Zeit mit ihr. Einmal war er im Laden erschienen, als Ruth abwesend und auch sonst niemand im Geschäft war. Er plauderte charmant, Hanna amüsierte sich, und dann hatte er sie bedrängt. Er drückte sie zwischen die Regale im rückwärtigen Lager. Hanna hatte sich gewehrt und gesagt, er solle das lassen, jederzeit könne jemand kommen. Darauf hatte Krüger nur gelacht und gemeint, es gäbe schließlich ein Läutwerk an der Tür, das würden sie schon hören.

Ihr Widerstand speiste sich aus Pflicht und Furcht und folgte den üblichen Anstandsregeln. Doch der Widerstand war halbherzig, denn neugierig war Hanna auch. Sie wollte schon wissen, was da kommen würde, denn dass zwischen Frauen und Männern Geheimnisvolles liefe, ahnte sie mehr, als sie es wusste: Sie war in dieser Hinsicht gänzlich unerfahren, und die Mutter, die als Stationshilfe im Krankenhaus arbeitete und Kriegerwitwe war, hatte wenig Anlass gesehen, ihre Tochter mit diesem Thema vertraut zu machen. Es waren die Jahre höchster Anspannung, wo der Bauch nur insofern interessierte, als er gefüllt werden musste. Und zwar von oben und nicht von unten.

Franz drängte und fuhr ihr mit der Hand unter die Kittelschürze. Hanna war das unangenehm, doch sie ließ es geschehen. Plötzlich schellte es an der Tür, Franz zog die Hand zurück, sie straffte den Kittel, strich sich übers Haar und trat in den Verkaufsraum.

Hanna bediente die Kundin wie gewohnt freundlich, aber auffällig langsam. Irgendwann wurde es Franz zu lang. Er schritt aus dem Versteck und sagte, er komme noch mal wieder, er habe jetzt keine Zeit mehr, um auf Herrn Blumbach zu warten. Ja, in Ordnung, sagte Hanna erleichtert, denn so sehr war sie an der Fortsetzung der Fummelei nicht interessiert. Zumindest nicht heute.

Das lag inzwischen geraume Zeit zurück.

Natürlich kehrte Franz wieder. Er wurde von Mal zu Mal zudringlicher, wenn sie allein waren, doch es kam nicht zum Äußersten. Zwischen Mehlsäcken und Scheuerlappen wollte sich Hanna nicht ihrer Unschuld berauben lassen. Und wenn es denn wahr war, was er ihr immer mit heißem Atem ins Ohr blies, nämlich dass er sie liebe und mit ihr leben wolle, dann sah sie keinen Grund mehr, sich ihm zu verweigern. So ging sie an die Sache heran. Denn was war Liebe? Ja, sie mochte den Franz, er war ganz nett, doch ihrer Gefühle war sich Hanna nicht sicher. Es war nun mal die Bestimmung der Frau, einem Manne zu folgen, ihm Kinder und ihre ganze Aufmerksamkeit zu schenken. Hier war ein Mann.

Er kam auch noch in ihre Mansarde, als Ruth bereits den Trauring trug. Hanna hatte damals kräftig geschluckt, als sie ihn gezeigt bekam, und mit gespielter Freude gratuliert, doch als sie Franz danach traf, stellte sie ihn zur Rede. Er hatte etwas von Pflicht und Wunsch der Eltern geschwafelt, und dass er natürlich nur sie liebe und begehre, was er sogleich zu beweisen sich anschickte. Doch Hanna hielt Franz von sich und verlangte Klarheit. Wie er sich das denn denke?

Franz dachte gar nicht. Der Verstand war ihm in die Hose gerutscht, er wollte seinen Spaß und sonst Ruhe. Warum müssen Frauen immer nur reden, sagte er sich im Stillen: Hanna wie die fordernde Ruth, allerdings aus gegensätzlichen Gründen. Ja, er hatte die kalte, berechnende Ruth geheiratet, sie war die bessere Partie, schließlich gab es bei Blumbachs was zu erben. Hanna, die Verkäuferin, hingegen, brachte kein Haus und keinen Laden mit. Allenfalls ihre Zuneigung. Aber das war eine Währung, die in dieser Zeit nichts galt. Um präzise zu sein: Die für Franz wertlos war. In dieser Hinsicht glich er Ruth, was er bestritt, aufs Haar. Beide waren sich ähnlicher, als ihnen bewusst war.

Klare Sache, dass die Würfel gefallen waren. Trotzdem blieb er dabei, dass er in Wahrheit nur sie liebe, und Hanna glaubte ihm. Und als ihre Regel ausblieb und der Arzt sie wissen ließ, dass sie schwanger sei, schien ihr der Weg frei: Nun musste Franz zu ihr zurückkehren und sich von Ruth trennen.

Doch das geschah nicht.

Als sie ihm eröffnet hatte, dass sie ein Kind bekomme, hatte er lediglich gesagt: Nicht von mir! Er war aus der Mansarde geflüchtet, die Treppe hinuntergestürzt und ließ die heulende Hanna hinter sich zurück. Zwei Tage später, nach einer Fahrt nach Berlin, war er wieder erschienen und hatte gesagt, man könne doch über alles reden. Auf dem Weg zurück nach Görlitz hatte er sich seine Rede zurechtgelegt. Er hatte Wort an Wort gefügt, die Sätze aneinandergereiht, der Text stand fest. Miteinander reden hieß für ihn: Ich sage dir, Hanna, wo's langgeht. Entweder du folgst mir, oder es ist für immer aus! Er würde sich nicht von Ruth trennen, aber ihrer beider Bratkartoffelverhältnis wie gehabt fortsetzen. Sein Vorschlag lautete also, sie solle das Kind wegmachen lassen, ob es von ihm sei oder von jemand anderem, egal, die Sache müsse aus der Welt.

»Die Sache« ist dein Kind, hatte Hanna geschrieen, und überging die unverschämte Unterstellung, sie könne es auch mit anderen Männern getrieben haben. Nein, sie werde nicht abtreiben, rief sie mit Rotz und Blasen in den trüben Novembersamstag, sie nicht.

In einer Mansarde in der Bergstraße lebt Hanna, 2012

Ob dies ihr letztes Wort sei, hatte Franz gebrüllt und Hanna darauf heftig genickt. Ohne Pause schob daraufhin Franz nach, er werde sich von niemandem sein Leben ruinieren lassen, auch nicht von ihr, worauf Hanna erstaunlich ruhig reagierte. Worin bestünde sein Ruin, fragte sie gelassen. Sie werde bei der Geburt seinen Namen nicht nennen, das Kind sei vaterlos. Und die Alimente werde er ja wohl aufbringen können. »Oder ist es das, was dich schmerzt?«

Ach, warf er zynisch ein, hattest du es darauf abgesehen, auf mein Geld? Nun würde ihm manches klar. Franz lachte höhnisch auf.

Das sei ja wohl der Gipfel, entrüstete sich Hanna. Du warst

doch der geile Bock, du bist doch immer zu mir ins Bett gekrochen, nicht ich in deins, das du mit Ruth teilst.

Und wer hat mir immer schöne Augen gemacht, mich bezirzt und mit dem Arsch gewackelt? Du hast mich doch scharf gemacht, weil du mich unbedingt in deinem Bett haben wolltest! Unter Liebe habe er sich immer etwas anderes vorgestellt, keifte Franz Krüger, als wäre er die verführte Unschuld.

Raus, hatte darauf Hanna wütend gebrüllt, raus, du Mistkerl, es reicht!

Und nachdem er die Tür zugeschlagen hatte, warf sie sich heulend aufs Bett, dass es quietschte. Einige Tage stand sie wie neben sich. Sie konnte keinen Gedanken fassen, nicht logisch überlegen. Mechanisch ging sie morgens ins Geschäft und stand dort hinterm Ladentisch, mit leerem Kopf ging sie abends wieder nach Hause. Sie hatte niemanden, dem sie sich anvertrauten konnte. Die Blumbachs waren nett, aber Partei, schließlich war Ruth ihre Tochter. Und ihre Mutter wollte sie damit nicht behelligen, sie litt noch immer unter dem Verlust ihres Mannes, und einen neuen hatte sie nicht gefunden, weil sie keinen suchte. Mutters Glück war mit den letzten Schüssen des Krieges gestorben, nun wollte Hanna ihr nicht eröffnen, dass auch ihre Beziehung zu Ende gegangen war.

Die ehemalige Freundin Ruth schied ebenso aus wie deren Mann Franz, schließlich waren beide in den Augen Hannas Schuld an dieser ganzen Malaise. Sonst kannte Hanna niemanden, dem sie sich hätte offenbaren könnte. Keinen Pfarrer, keinen Parteisekretär, niemanden.

Darum war sie nun wild entschlossen, die Angelegenheit allein zu erledigen. Sie würde Franz im Beisein von Ruth zur Rede und ihn vor die Wahl stellen: ich oder sie. Und wenn er nicht zu ihr käme, dann würde sie zur Polizei gehen und ihn anzeigen wegen seiner krummen Touren nach Westberlin. Dort wartete man doch nur auf entsprechende »Hinweise aus der Bevölkerung«. Als Feind der Republik, der das friedliche

Aufbauwerk störte, würde er gewiss für eine Weile aus dem Verkehr gezogen werden.

So dachte Hanna mit schlichtem Gemüt, unerfahren in der Liebe wie im Umgang mit der staatlichen Gewalt, ehe sie sich den Mantel überstreifte und auf die Straße trat. Es war, wie schon gesagt, ein kalter, ungemütlicher Dezembermorgen, Weihnachten lag noch in weiter Ferne wie ihr Glück, aber in längstens einer Stunde hätte sie es erzwungen und würde als zufriedener Mensch nach Hause zurückkehren.

Von weitem schon sah sie Müllers Laden, einige Stufen an der Hausecke führten zur Bäckerei hinauf. Neben dem erleuchteten Schaufenster befand sich der Eingang zum Treppenflur. Die Pforte war unverschlossen. Es sollte erst später Mode und wohl auch nötig werden, dass die Haustür versperrt und der Besuchte per Klingel aufgefordert werden musste, sie zu öffnen.

Hanna stapfte hinein in den dunklen Flur und tastete nach dem Lichtschalter. Noch nie war sie hier gewesen. Ihre Hand strich suchend über die kalten Kacheln, schließlich stieß sie auf den Drehschalter. Eine Glühbirne flammte matt auf. Sie studierte den stummen Portier, aha, zweite Etage.

Die Dielen gaben knarrend nach, das Linoleum schien auch schon mehrere Mietergenerationen überlebt zu haben. Hannas Herz klopfte mit jeder Stufe stärker, sie war jedoch wild entschlossen, die Angelegenheit final zu lösen. Schließlich stand sie vor der Tür. Sie atmete tief durch, ehe sie den Daumen auf den Knopf drückte, unter dem der Name »Krüger« stand. Hingekritzelt auf ein Stück Pappe, das mit einer Reißzwecke an den Ölsockel genagelt worden war.

Sie hörte das helle Schnarren der Klingel und Schritte, die sich näherten. Dann wurde die Tür aufgerissen. Allein an der Heftigkeit war der Unmut zu erkennen, der den Türöffner beherrschte, weil er sich in seiner Ruhe oder im Tagesablauf gestört wähnte. Franz Krüger erstarb das unwirsche »Ja, bitte« auf den Lippen, als er Hanna erblickte. Sie drängte, die Schrecksekunde ausnutzend, an ihm vorbei in den schwach beleuchteten Flur und ging dorthin, wo Licht aus dem Türrahmen fiel. »Hanna, du …«, schrie Ruth auf, als sie ihre ehemalige Freundin im Türrahmen stehen sah. Eine Spur zu laut, ein wenig zu theatralisch.

»Ja, ich«, sagte die und ließ sich von dem nachdrängenden Franz ins gutbürgerliche Wohnzimmer schieben.

Franz setzte sich ungerührt an die Frühstückstafel und tat so, als wäre Hanna Luft. »Gibst du mir mal bitte das Messer«, wandte er sich an seine Frau, und die reichte ihm das spitze, scharfe Brotmesser. Seelenruhig spießte er damit in das Brötchen von Bäcker Müller und zerteilte es in zwei Hälften. Dann langte er nach der Dose, strich sich daumendick die goldgelbe Butter auf die Schrippe und biss kräftig hinein. Seine Kiefer mahlten sichtbar.

Hanna brachte dieser Gleichmut auf die Palme, doch sie blieb ruhig und starrte nur auf die gut gedeckte Tafel. So also sah Familienglück aus.

»Was willst du?«, beendete Ruth das demonstrative Schweigen und nippte an ihrer Kaffeetasse mit Goldrand. Zweifellos Friedensware, wie man die Dinge nannte, die weit vor dem Krieg produziert worden waren. Danach wurde vieles eingespart, und das meiste war Tand, weil Rohstoffe gestreckt oder durch Substitute ersetzt wurden: bei Stoffen, bei Lebensmitteln, bei Kaffee und anderen Dingen des täglichen Bedarfs.

»Klarheit«, antwortete Hanna.

»Klarheit, Klarheit«, äffte Franz sie mit vollem Mund nach. »Welche Klarheit?«

»Ob du dich zu deiner Vaterschaft bekennst und daraus die Konsequenzen ziehst?«

Ruth setzte scheppernd die Tasse ab. »Vaterschaft? Konsequenzen?« Ihr fragender Blick wanderte von Hanna hinüber zu ihrem Mann.

Der zuckte mit der Achsel. »Sie behauptet, sie sei schwanger, und meint, ich sei der Vater.«

»Und, bist du es?«

»Natürlich nicht.« Franz Krüger biss erneut ins Brötchen und verschloss sich auf diese Weise den Mund. Er blickte starr vor sich hin, musterte das Hühnerei, als wäre es das des Kolumbus, und kaute. Ruth giftete in Richtung Hanna. »Wie kommst du dazu, so etwas zu behaupten? Er ist schließlich mein Mann.«

»Na eben«, sagte Hanna. »Er ist fremdgegangen.«

Ruth raffte den Morgenmantel vor ihrer Brust. »Franz, stimmt das?« Die Stimme klang mehr neugierig denn vorwurfsvoll, sie schien es einfach nur wissen zu wollen. Krügers gespielte Gelassenheit war verflogen. Er warf die angebissene Schrippe auf den Teller, dass sie vom Porzellan hüpfte und zu Boden flog. Natürlich mit der Butterseite nach unten. »Ja, ich habe mal mit ihr geschlafen. Wo ist das Problem?«

»Mal?« Hanna lachte gekünstelt. »Er lag regelmäßig in meinem Bett.«

»Wie lange geht das schon?« Ruth insistierte. Franz machte eine wegwerfende Handbewegung.

»Wie lange treibst du es schon mit diesem Flittchen?« Franz schwieg, als habe er die Frage überhört. Hanna knöpfte sich den Mantel auf und stemmte die Arme in die schmalen Hüften. Es war sehr warm im Zimmer, welches offenkundig direkt über der Backstube lag. »Er hat mir schon den Hof gemacht, bevor ihr euch verlobt habt.« Franz ließ geräuschvoll Luft aus dem Mund entweichen, als wollte er damit sagen, alles heiße Luft und erfunden. Hanna legte nach. Der in Monaten angestaute Unmut brach aus ihr heraus, ihre verletzte Ehre und die fortgesetzte Demütigung, den Mann, den sie einst geliebt hatte, mit einer anderen teilen zu müssen. Sie kannte kein Halten. »Hör auf, hör endlich auf«, brüllte Franz und donnerte mit der Faust auf den Eichentisch, dass die Tassen auf den Tellern und der Deckel auf der Kaffeekanne leicht klirrten.

Ruth, inzwischen aschfahl, fixierte abwechselnd ihren Mann und ihre einst beste Freundin mit dem aufgeknöpften Mantel. Sie war merklich irritiert und ließ zunächst nicht erkennen, wem sie glaubte und für wen sie Partei ergreifen würde: für den Mann, der sie betrogen hatte und dennoch ihr Angetrauter blieb, oder für ihre Konkurrentin, die sie aber aus eben jenem Grunde hassten musste. Eifersucht führt immer zu Stutenbissigkeit.

Dann versuchte sie einzulenken, legte sanft ihre Hand auf seinen linken Unterarm. »Franz, mein Lieber, ganz ruhig.« Und an Hanna gewandt und mit unüberhörbarer Schärfe im Ton: »Was willst du wirklich? Geld? Natürlich, du willst Kohle? Oder? Darum geht es doch immer. Erst den Ehemann ausspannen und dann unverschämt werden. So läuft das doch, nicht?«

Hanna schüttelte den Kopf, dass die blonden Dauerwellen flogen. »Nein, ich will kein Geld. Ich will Franz. Er hat mir ein Kind gemacht und versprochen, sich von dir zu trennen.«

Ruth und Franz lachten gemeinschaftlich auf. Da waren sie sich wohl mal einig. Es war kein entspanntes Lachen, das von innen kam, keine wirkliche Heiterkeit, sondern ein absichtsvoller Affront. Eine Kampfansage. Sie wollten damit dem Eindringling zeigen, was sie von ihm hielten: Sie lachten ihn aus.

Hanna spürte das und verlor nun jede Kontrolle. »Gut, dann gehe ich eben zur Polizei.«

»Meinst du, dass du Franz auf diese Weise bekommst?«, kicherte Ruth. »Nein, natürlich nicht. Aber du wirst ihn auch nicht behalten«, drohte Hanna. »Ich werde denen nämlich erzählen, wovon ihr so lebt. Die Schiebergeschäfte, die Franz in Westberlin macht, den ganzen kriminellen Scheiß, alles. Da wandert er für etliche Jahre in den Knast, darauf kannst du Gift nehmen.«

Franz sprang auf. Die Heftigkeit, mit der das geschah, ließ den Stuhl umstürzen. Der dicke Teppich bremste die Wucht des Aufpralls. Er lief zu Hanna und schlug ihr mit der flachen Hand ins Gesicht. Das hatte er noch nie gemacht. Er war zwar auch im Bett nicht unbedingt sanft und zärtlich, aber geschlagen, nein, das hatte er noch nicht. Hanna verstummte erschreckt. Dann jedoch wurde sie laut. »Du Schwein, das wirst du mir bußen. Ich erzähle denen alles. Du wirst deines Lebens nicht mehr froh, das garantiere ich dir!«

Die Hände von Franz umschlossen ihren Hals. Mechanisch drückte er zu. Hanna rang nach Luft, keuchte, begann zu treten und versuchte mit ihren Händen den Griff zu lockern, um atmen zu können. Sie war so wenig bei Sinnen wie Franz, der völlig affektiv reagierte. Sie sollte nur still sein und ihre Klappe halten. Mehr wollte er nicht. Nur Ruhe.

Plötzlich sah er Ruth neben sich. Sie stand starr und stumm und betrachtete scheinbar teilnahmslos die beiden. In ihrer Hand hielt sie das Brotmesser, mit dem er vor wenigen Minuten das Brötchen zerteilt hatte. Die Klinge spitz, fünfundzwanzig Zentimeter geschliffener Stahl aus Solingen, Friedensware natürlich.

Er griff nach dem Messer, und Ruth verweigerte es ihm nicht. Im Gegenteil, sie übergab es ihm geradezu, so dass er das Heft greifen konnte. Er hatte Dank ihrer Handreichung im Wortsinne das Heft des Handelns in der Hand. Ohne zu Überlegen, stieß er zu. Einmal. Dann zog er das Messer aus dem Oberbauch. Hanna stürzte leblos zu Boden. Blut sickerte aus der Wunde und färbte den beigefarbenen Norwegerpullover rot. Die Gerichtsmediziner sollten später feststellen, dass Hanna bereits tot war, als ihr die Klinge in den Leib fuhr. Als Todesursache würden sie Erwürgen angeben. Der Kehlkopf sei zusammengedrückt, die Stimmritze verschlossen und beide Zungenbeine gebrochen gewesen, notierten sie im Bericht für die Staatsanwaltschaft.

Im Zimmer war nur das Ticken der Standuhr zu hören. Der Sekundenzeiger klackte unablässig seinen Rhythmus, dass es in der Stille schmerzte.

Ruth fand sich zuerst in die Wirklichkeit zurück. »Ist sie tot?« Ihre Stimme wirkte wie gebrochen, das Selbstbewusstsein schien verflogen, welches sie vor wenigen Minuten noch verbreitet hatte.

»Hm«, sagte Franz und ging in die Knie, »glaube schon«. Er legte zwei Finger an die Halsschlagader. »Ja. Die ist hinüber und kann uns keinen Ärger mehr machen.« Dann erhob er sich und rieb sich die Hände, als wasche er sie wie Pontius Pilatus in Unschuld.

»Und nun?«

»Wir legen sie erst einmal in die Badewanne, damit der Teppich nicht versaut wird. Fass mal an«, kommandierte er und griff sich Hannas Arme. Ruth tat wie geheißen und nahm die Beine. Sie schleppten den Leichnam über den Flur in die Toilette und ließen ihn in die emaillierte Wanne gleiten. Franz musterte unberührt die Tote, er begann wieder klar und logisch zu denken. »Ausziehen«, ordnete er an.

»Warum?«

»Mensch, wir müssen die Sachen verbrennen.«

»Und dann?«

»Dann verbrennen wir die Leiche.«

»Wo?«

»Quatsch nicht so viel. Fass lieber mit an.« Franz Krüger hatte Hannas Oberkörper in der Wanne aufgerichtet und versuchte, ihr den Mantel von der Schulter zu streifen.

Da Hannas ganzer Körper auf dem groben Wollstoff lag, bekam er auch nicht die Ärmel abgezogen. »Nun mach schon«, herrschte er seine Frau an, »hilf mir«. »Ich kann das nicht.«

»Aber mir das Messer reichen, das konntest du«, höhnte Franz. »Und hinterher will's keiner gewesen sein. Weiber …«

Er drehte die Leiche um, der Kopf schlug hart auf den Wannenrand. Ruth schrie auf und rannte aus dem Bad.

Ungerührt zog Krüger an den Ärmeln und warf den Mantel schließlich neben die Wanne. Dann folgten Pullover und Rock, Strümpfe und Unterwäsche, bis der Leichnam nackt vor ihm lag. Eine junge, hübsche Frau, dachte Franz, schade um sie. Der Bauch war unmerklich gewölbt, er hatte keine Ahnung, in welchem Monat sie sich befand. Aber dass Hanna schwanger war, sah er. Sonst war ihr Bauch flach wie ein Brett, was er an ihr so mochte, und ohne jedes Gramm Fett. Anders als bei Ruth, bei der bereits Rettungsringe zu wachsen begannen und der Hintern breiter wurde. Es ging ihr gut, das Leben lief in ruhigen Bahnen, da setzte man eben Speck an.

»Bring mir mal den leeren Papiersack aus der Speisekammer«, rief er und setzte sich auf den Wannenrand. »Wo ich sonst das Mehl drin habe.«

Ruth reagierte gehorsam.

»Pack die Klamotten in den Sack«, forderte er sie auf. »Die verfeuerst du im Kachelofen im Wohnzimmer. Wenn die Briketts durchgeglüht sind, wirfst du etwas davon hinein. Nicht vorher. Verstanden?«

»Und was machst du mit …, mit …« Ruth hatte erkennbar Probleme, wie sie die Tote in der Wanne nennen sollte. Hanna? Das war zu vertraulich. Leichnam? Klang zu amtlich. »Die Tote« gleichfalls.

»… dem Miststück?« Franz hatte für sich eine Lösung gefunden. Hanna hatte ihn erpresst und dazu gebracht, dass er nunmehr einen Menschen auf dem Gewissen hatte. Aber Schuld empfand er nicht. Sie hatte ihm Ärger bereitet, und den hatte er beseitigt. Kurz und schmerzlos. Nee, sie wird nichts gemerkt haben, ging ja schnell.

»Wir bringen sie heute Abend in unseren Keller. Dann verbrennen wir auch sie.«

Ruth Krüger fragte nicht nach. Sie war noch immer wie

abwesend, das Denken gänzlich ausgeschaltet. Sie wollte mit der ganzen Sache nichts zu tun haben. Das war die Angelegenheit von Franz.

Spät am Abend, als Nachtruhe in das Mietshaus eingekehrt war, trugen die beiden ein Bündel in den Keller. Sie hatten Hanna in den Teppich gerollt, bevor die Leichenstarre eingetreten war. Krüger war schon nicht mehr ganz nüchtern. Er hatte tagsüber etwa eine halbe Flasche Doornkaat geleert. Den Klaren hatte er sich aus Westberlin mitgebracht, er gehörte zu seiner eisernen Reserve und war für den Notfall gedacht. Dieser war nun eingetreten.

Die beiden gelangten mit der Rolle unbemerkt durch den Treppenflur, stiegen dann die ausgetreten Steinstufen hinunter in den Keller, wo jede Mietpartei einen eigenen Raum besaß. Jetzt erwies es sich in den Augen von Krüger als nützlich, dass ihr Keller sich am Ende des Ganges befand. Früher hatte er sich darüber aufgeregt, denn er musste die Kohle zum Heizen nach oben tragen. Da kam es auf jeden Meter an.

Die Birne an der Decke warf ein fahles Licht, die 25 Watt leuchteten nur schwach den Verschlag mit dem Haufen aus Rohbraunkohle aus. Die Brikettfabrikation reichte noch nicht aus, so gab es auf Zuweisung die Blumenerde aus dem Tagebau, wie man die Rohbraunkohle wegen ihres geringen Heizwertes abfällig nannte, und Briketts nur anteilig. Im Sommer erhielt man die Bezugsmarken, mit denen man zum Kohlenhändler ging und den Liefertermin vereinbarte. Sofern dieser an jenem Tag Kohle vorrätig hatte, fuhr er mit dem Pferdegespann oder einem alten Lkw vor und kippte dann die Kohle vors Kellerloch. Es war die Sache des Beziehers, wie er den Wintervorrat in seinen Keller kriegte.

Doch selbst dieser Vorgang stellte einen Fortschritt zu den ersten Nachkriegsjahren dar, als sich jeder selber darum kümmern musste, wie er seine Wohnung warm bekam. Die Bauern in der Umgebung von Görlitz waren da besser dran. Wie seit Jahrhunderten schlugen sie in den Wäldern, wo sie ein, zwei Jagen zwischen zehn und dreißig Hektar besaßen, nach der Ernte Holz für den Winter ein. Die Stämme wurden zersägt, die handlichen Stücke in Scheite gespalten und diese in Holzfeimen oder an der Hauswand zum Trocknen gestapelt. So kamen die Menschen auf dem Lande in Kriegs- wie in Friedenszeiten über den Winter. Die Städter hingegen waren auf die Kohlezuteilung der Verwaltung angewiesen. Und die wiederum auf die Lieferungen aus den Tagebauen und Brikettfabriken. Unmittelbar nachdem sie Hannas Leichnam aus dem Teppich gerollt hatten, verschwand Ruth mit dem Bodenbelag nach oben. Sie solle ihm noch die Flasche bringen, rief Krüger mit schwerer Zunge hinterher, er müsse noch etwas erledigen. Auf dem Hackklotz lag das Beil, mit dem er die großen Kohleklumpen zerteilte, die so in seinen Keller gelangt waren, wie sie von den Förderbändern der Schaufelradbagger in die Waggons gepoltert waren. Er hockte sich neben den Klotz und musterte die blasse Tote, wie sie da auf dem Kohlehaufen lag. »Von Asche bist du genommen, und zu Asche sollst du wieder werden. Aber Jesus Christus will dich erlösen von deinen Sünden und dir ewiges Leben schenken.« Ashes to ashes … Krüger grinste. Er war kein gläubiger Mensch, aber er kannte diesen Spruch von Beerdigungen, denen er in den letzten Jahren wiederholt hatte beiwohnen müssen. Der Nachkrieg mit Hunger und Not hatte reiche Ernte gehalten. An ein Leben nach dem Tode glaubte Krüger nicht. Er hielt aber die Vorstellung für vergnüglich, dass von Hanna nichts weiter übrig bleiben würde als Asche.

Sie war eine schöne Leiche, wie er fand, nachdem er einen Schluck aus der Flasche genommen hatte. Ruth hatte sie ihm gereicht und sich mit den Worten verabschiedet, er solle die Tür absperren und das Licht löschen, wenn er hier fertig sei. Franz hatte nur kurz gegrunzt und den Blick nicht von der toten Hanna genommen. Eine schöne Leiche. Die kleinen Brüste schienen ihm ein wenig angeschwollen. Natürlich, wenn sie schwanger war, geht das ja beizeiten los, sagte er sich und nahm noch einen Hieb. Der Korn brannte im Hals, bis er im Magen aufschlug und dort wohlige Wärme verbreitete.

Wehmut stieg in ihm auf und Selbstmitleid bemächtigte sich seiner, als er Hanna betrachtete. Ach, es hätte alles so schön sein können, wenn sie nicht ihren Rappel gekriegt hätte. »Du dumme Nuss«, rief er. »Warum hast du das Kind haben wollen und mich dazu? Genügte es nicht, dass wir uns lieb hatten?«

Die wasserklare Flüssigkeit gluckerte, als er die Flasche an die Lippen setzte. Dann wischte er sich die Tränen aus den Augen. »Wir hätten zusammen alt werden können, du blöde Kuh.« Die Wehleidigkeit begann in Aggressivität umzuschlagen, Krüger wurde nun wütend. »Alles hast du kaputt gemacht. Alles!«

Er erhob sich und griff zur Axt. Er torkelte zum Kohlehaufen, betrachtete noch einmal ruhig und mit Verzückung den gut gebauten Körper, dann schlug er zu. Der erste Hieb traf den rechten Arm unmittelbar neben dem Rumpf, aber er durchtrennte ihn nicht. Krüger schlug mehrmals auf den splitternden Knochen ein, ehe der Arm abfiel. Dann nahm er sich den linken Arm vor. Dumpf drang das Beil in das helle Fleisch. Einmal, zweimal, dreimal. Geschafft. Nun noch die Beine. Der Untergrund gab nach, der Körper federte, die Axt auch. Er zog den Torso vom Haufen. Auf dem festen Kellerboden hatte er keine Mühe, die beiden Beine abzutrennen, zwischen denen er so oft gelegen hatte. Wehmut durchströmte ihn neuerlich, er brauchte noch einen Schluck, einen letzten. Dann warf er die geleerte Flasche in eine Ecke, wo sie zersplitterte. Mensch, Hanna, warum warst du so bescheuert und musstest zu uns in die Wohnung kommen? Ohne Ruth hätten wir das doch klären können. Irgendwie.

Den Kopf noch. Er schaute in Hannas Gesicht, das aussah, als schliefe sie. Einige Locken waren ihr in die Stirn gefallen. Krüger starrte sie an, als hoffte er, sie würde die Augen öffnen und auch den Mund, den er so oft geküsst hatte, und dann flüstern, wie sie es immer tat, wenn sie beieinander waren: »Ich liebe dich.« Er zögerte. Das Beil, bereits zum Hieb erhoben, glitt aus seinen Händen und fiel zu Boden. Nein, den Kopf nicht. Irgendetwas sperrte sich in ihm dagegen. Er war doch kein Henker.

Nach einer Weile begann er, die Kohleklumpen mit den bloßen Händen beiseite zu räumen und eine Art Grube auszuheben. Dahinein rollte er den arm- und beinlosen Torso. Auf Hannas Körper legte er die abgetrennten Gliedmaßen. Zum Schluss warf Krüger wirr und wahllos Brocken auf die Leiche. Und das ziemlich schnell. Er wollte plötzlich so rasch wie möglich weg hier, keine Sekunde länger mochte er mit der Toten in der Kellergruft allein verweilen. Er brauchte frische Luft zum Atmen, denn es schnürte ihm der Gedanke die Brust, dass er Hanna getötet hatte. Der alkoholische Nebel, der sein Hirn umwölkte, begann sich langsam zu lichten.

Er floh aus dem Keller, nachdem er das Vorhängeschloss zugedrückt und das Licht gelöscht hatte, und stolperte die Treppe hinauf. Nur weg hier. Keine zehn Pferde hielten ihn mehr da unten.

Ruth machte sich im Bad zu schaffen. Sie scheuerte die Wanne mit ATA, doch die war schlohweiß und ohne jeden verräterischen Hinweis. Sie putzte und scheuerte, als könnte sie damit die Tat ungeschehen machen.

»Heiz den Badeofen an«, sagte Krüger, »ich muss ein Bad nehmen, ich habe morgen Termin in Berlin«.

»Du willst in dieser Wanne baden?«

»Na, wo denn sonst? Haben wir noch eine zweite?«

Ruth schüttelte den Kopf. »Ich könnte das nicht. Da hat sie doch drin gelegen.«

»Ja, und? Willst du künftig, wenn du über den Teppich im Wohnzimmer läufst, jedes Mal ausrufen: O mein Gott, hier ist sie gestorben? Und wenn du auf der Kloschüssel hockst, siehst du dann ihren Geist über der Wanne schweben?« Krüger scheint inzwischen völlig nüchtern, er kann wieder klar denken. Und die Logik sagt ihm, dass spätestens in zwei Tagen Blumbachs nach Hanna schicken werden, wenn ihre Angestellte nicht zur Arbeit erscheint. Dann werden sie, wenn die Mansarde versperrt ist, bei Frau Schmidt nachfragen, ob ihre Tochter bei ihr sei. Also muss er dafür sorgen, dass keine Fragen auftauchen.

Am nächsten Tag kaufte er in Westberlin zwei bunte Ansichtskarten vom Ku'damm, adressierte sie an Albert und Emma Blumbach und Helga Schmidt. Irgendwann, als er und Hanna noch ein Herz und eine Seele waren, hatte er die beiden Anschriften notiert. Er warf die Karten am Bahnhof Zoo ein und fuhr mit seinem Lieferwagen zurück nach Görlitz.

Zwei Tage später traf dort die Post ein. Hanna sandte beste Grüße und bat um Verständnis, dass sie sich mit Hans, ihrem Verlobten, in den Westen abgesetzt habe. Sie wolle hinaus in die Welt und nicht am Arsch der Welt, der Görlitz heiße, verkümmern.

Blumbergs stutzten wie auch ihre Mutter, denn Hanna war kein Mensch spontaner Entschlüsse, und noch nie hatte sie von ihrem Wunsch berichtet, die Welt zu erobern. Görlitz schien ihr groß genug, der ferne Winkel an der Grenze war ihr Heimat. Und schließlich: Wer war dieser Hans, den sie ihren Verlobten nannte? Von einem Freund hörte man nie, erst recht nicht von einem Verlobten.

Und die Mutter schließlich war auch von der Schrift überrascht: Die war krakelig und lief in alle Richtungen. Hanna hatte eine schöne, geschwungene Mädchenhandschrift. Sie musste, wenn sie denn wirklich die Absenderin war, woran die Mutter nicht zweifeln mochte, die Karte entweder auf Knien in der ratternden S-Bahn oder nicht ganz nüchtern geschrieben haben. Beide Erklärungen, die sie sich selbst gab, waren plausibel.

»Herr Müller, Herr Müller, da liegt ein Bein im Keller.« Die beiden Halaschke-Bengels aus dem dritten Stock kriegen sich nicht mehr ein. Sie trippeln und recken die Arme wie in der Schule.

Der Bäcker, der dem energischen Klopfen an der Backstubentür zum Hausflur nachgegeben hatte, tippt sich an die Stirn. »Jungs, erzählt das dem Weihnachtsmann oder eurem Vater, veralbern kann ich mich selber.«

Schlangestehn beim Bäcker Müller in den 80er Jahren

Das hätten sie dem Vati schon längst erzählt, wenn er denn daheim wäre. So hielten sie sich eben an ihn, sie wüssten sonst nicht, wem sie von ihrer Entdeckung berichten sollten. Ob er mal schauen könne?

Bäcker Müller versucht den Gegenangriff, denn Lust, in den Keller zu steigen, um dann »April, April!« zu hören oder Opfer eines Streichs zu werden, verspürt er nicht. »Was habt ihr überhaupt dort verloren, der Keller ist kein Kinderspielplatz. Ich habe euch schon mal erwischt bei Doktorspielchen mit der Marie aus der Nachbarschaft und es euch verboten.«

Die beiden Halbwüchsigen werden puterrot und senken die Blicke zu Boden. Doch die Scham währt nur Bruchteile von Sekunden, sie geben einfach keine Ruhe. »Kommen Sie nun, bitte!«

Müller lässt sich erweichen, obwohl er der festen Überzeugung ist, dass die Jungs garantiert einem Irrtum aufsitzen, wenn sie ihn denn nicht veralbern wollen. Denn bisher sind sie nie unangenehm aufgefallen, die beiden Jungs sind ruhig und höflich, wie man sich Kinder eben wünscht.

Die Halaschke-Brüder stürmen voran, der Bäcker folgt ihnen. Bedächtig setzt er Fuß vor Fuß, die Funzel an der Wand wirft nur wenig Licht auf die Steintreppe. Da rutscht man schnell aus und schlägt lang hin, wenn man nicht Acht gibt. Vor dem Krieg ist die Frau Runge, Gott hab sie selig, schwer gestürzt, von dem Oberschenkelhalsbruch hat sie sich damals nicht wieder erholt. Das muss nicht sein. Müller bekommt seine Kohlen auf den Hof gekippt, er braucht keinen Keller und ist darum höchst selten hier unten.

Stufe um Stufe steigt er hinab. Die abgestandene Luft hier unten riecht muffig und modrig, kein Vergleich mit der Backstube. Er atmet tief durch die Nase und registriert wieder diese süßliche Note, die seine Kunden schon wiederholt moniert haben. Naja, denkt er, in diesen lausigen Zeiten krepieren selbst die Ratten vor Hunger, hier ist einfach nichts zu holen.

»Nicht so hastig, Jungs«, ruft er ins Dunkel, »ein alter Mann ist kein D-Zug«. Er tastet sich an der Wand entlang, irgendwo, so erinnert er sich schwach, war hier auch ein Lichtschalter. Ah, da ist er. Er knipst das Licht an, vor sich ist der Hauptgang, von dem die einzelnen Kellerräume abgehen. Die beiden Jungen sind bereits am Ende des Ganges.

Müller geht auf sie zu und folgt ihrem Fingerzeig, nachdem er zu ihnen aufgeschlossen hat. Er versucht, mit seinem Blick das Dunkel zu durchdringen, erst langsam nimmt er einen Kohlehaufen wahr, einen Hackklotz mit Beil, ein leeres Regal.

»Ich sehe nichts«, sagt er und will sich verärgert zum Gehen wenden, als der eine Halaschke ihn am Ärmel reißt. »Sehen Sie nicht den hellen Fleck da links unten?«

»Wo?«

Der Junge steckt den Arm durch die Lattentür. »Dort«, sagt er.

Müller peilt über Kimme und Korn. Tatsächlich, die Verlängerung des Zeigefingers trifft auf etwas, das nicht wie Kohle aussieht. Doch Müller merkt auch, dass langsam eine Brille fällig wird. Er sieht alles unscharf. Müller kneift die Augen zu, die Lider lassen nur einen schmalen Schlitz frei. Da könnte was sein, das wie ein Fuß aussieht, aber deutlich erkennen kann er es nicht, obwohl er kneistert. Allerdings, das will er zugestehen, hier ist der Verwesungsgeruch – wenn es sich denn um einen solchen handelt – besonders intensiv, aber die Wahrscheinlichkeit besonders gering, dass ausgerechnet in diesem Teil des Kellers besonders viele Ratten verreckten. Braunkohle fressen die nicht, und Gift auszulegen ist darum auch nicht erforderlich. Müller schwankt. Soll er die Polizei informieren? Das ist der Keller von Krüger. Wenn die Polizei auf seine Veranlassung das Schloss knackt, und da ist nichts, bricht mehr als nur ein Donnerwetter über ihn herein. Er mag sich nicht die Folgen ausmalen. Das Großmaul Krüger hat ihn schon mehr als ein Mal gerüffelt, der weiß, wo Barthel den Most holt, mit dem will er sich nicht anlegen.

Auf der anderen Seite: Müller will endlich wissen, was die Ursache des infernalischen Gestanks ist, der seit Wochen durchs Haus zieht. Vielleicht hat er seinen Ursprung wirklich im Kohlenhaufen? Und wenn er jetzt nach oben ginge und fragte? Krüger ist wieder unterwegs, seit Tagen schon ist der Platz auf dem Hof frei, wo sonst der

Wagen steht. Und Madame hat er geraume Zeit auch nicht gesehen. Es heißt, sie sei zur Kur. Da muss man es nicht auf den Versuch ankommen lassen.

»Jungs, ich kenne einen bei der Kriminalpolizei, den werde ich mal anrufen. Der soll mal nach dem Rechten schauen. Aber ihr bleibt auf keinen Fall hier unten, ihr kommt mit hoch. Und wenn es zutrifft, was ihr behauptet, gibt es eine Zuckerschnecke zur Belohnung.« Müller schiebt die beiden Jungs vor sich her. Sie flitzen die Treppe hinauf und erwarten ihn vorm Eingang in die Backstube. Der Bäcker öffnet die Tür, sagt, sie sollen nach vorn in den Laden gehen.

Müller ist einer der wenigen in der Straße, die ein Telefon besitzen. Die Anlage stammt noch aus der Zeit vorm Kriege und ist an ihre Grenzen gekommen, als die neuen Behörden und staatlichen Einrichtungen ihre Anschlüsse erhielten. Der Wasserkopf hat viele Ohren, und die normalen Menschen haben das Nachsehen. Seinen Telefonanschluss hat Müller seit den 20er Jahren, den konnte man ihm nicht wegnehmen. Außerdem muss er erreichbar sein, wenn Mehl geliefert wird und so. Damals, als die Russen noch das Sagen hatten, riefen sie oft an und bestellten kurzfristig Brot in Mengen, dass er mit dem Backen nicht nachkam. Dann wusste er, dass das Soldatenbrot mal wieder besonders klitschig gewesen war. Das passierte immer dann, wenn es nicht lange genug im Ofen war. Der Teig war nicht gut geknetet und die Temperatur zu hoch. Wenn die Kruste dann braun wurde, rissen die Genossen Bäcker die Brotkästen aus dem Ofen, damit die Brote nicht verbrannten, und dann erwies sich, dass der Inhalt feucht und ungenießbar war. Manchmal lag es aber auch an einer zu niedrigen Backtemperatur, je nach dem. In solchen oder anderen Fällen rief die Kommandantur an: Wir bringen zwei Sack Mehl und brauchen 100 Brote, dawai, dawai.

Dann stand das Rührwerk nicht still, wurden die Teiglinge wie am Fließband in die Formen gegeben und in den Backofen eingeschossen. Aus einem Kilo Mehl machte Müller mit 850 Millilitern Wasser und 30 Gramm Salz locker ein Dreipfundbrot und einen guten Schnitt. Er hatte immer etwas Sauerteig stehen, den er nur zusetzen musste, den Rest besorgte die Zeit. Das waren wilde Jahre, an die er sich gern erinnert.

Das Telefon steht in dem Raum zwischen Laden und Backstube. Dort macht seine Frau die Buchhaltung, und sie essen auch dort. Momentan hat Müller keinen Gesellen, nur einen Lehrling. Er sitzt, wie es sich gehört, mit an diesem Tisch. Nur in die Wohnung, in die man durch eine dritte Tür gelangt, darf er nicht. Da ist Müller ganz eigen. Das ist sein Reich, da haben Angestellte nichts verloren.

Er langt sich das Ding aus schwarzem Bakelit und zieht die Leitung lang. Dann wählt er mit der Scheibe 110. Es meldete sich eine forsche Stimme. Er möchte mal den Herrn Wengler von der K sprechen, sagt Müller, und wird sofort belehrt, dass es sich hier um den Polizeinotruf handele und keineswegs um eine private Vermittlungsstelle.

Er rufe ja nicht aus privaten, sondern aus einem öffentlichen Grunde an, gibt Müller zurück, und macht dann etwas, was ihm eigentlich fremd und zuwider ist: Er stapelt hoch. Möglicherweise handele es sich um Mord, ruft er in die Muschel, worauf vom anderen Ende ein erleichtertes »Ach so« kommt und die Ansage, dass man verbinde.

»Wengler«, sagt nach einigem Knacken und Knistern eine Stimme, und Müller erkundigt sich vorsichtig: »Paul, bist du es?«

»Wer denn sonst«, sagt daraufhin die knarzende Stimme. Und fragt zurück: »Werner?«

Der Eingang zu Müllers Backladen

»Ja, hier Werner Müller«, sagt Müller. »Hast du mal drei Minuten?«

»Für dich doch immer. Gibt es ein Problem?« Nun schildert ihm der Bäcker die Sache in aller Ausführlichkeit, soweit ihm bekannt, und schließt auch noch seine Furcht an, dass er mit Krüger Ärger kriegen könne, erwiese sich der Verdacht als gänzlich unbegründet. Den Ärger wünsche er nicht.

Das solle ihn mal nicht kümmern, beruhigt ihn Wengler, der alte Freund und Kupferstecher, welcher schon in der Weimarer Zeit Verbrecher jagte und als Sozi von den Nazis aus dem Polizeidienst entlassen worden war. Die neue Ordnung stellte ihn wieder ein, auf loyale Fachleute konnte und wollte sie nicht verzichten. Wengler sagt, die Polizei gehe jedem Hinweis aus der Bevölkerung nach, auch denen von aufgeschreckten Kindern, die aus einem Kohlenhaufen ein Bein haben ragen sehen.

»Ich komme gleich vorbei und brauche dich als Zeugen, wenn ich im Keller das Vorhängeschloss knacke.«

Nach einer halben Stunde hält der schwarze EMW vor dem Bäckerladen. Auf den Stufen hocken die Halaschke-Jungs und knabbern genüsslich an ihrer Zuckerschnecke. In der Eiseskälte warteten sie auf die Polizei, deren Eintreffen der Bäcker angekündigt hatte. Sie sind ein wenig enttäuscht, als ein kleiner dicker Mann vom Beifahrersitz auf die Straße hüpft. Nicht mal eine Uniform hat der an. Ist der wirklich von der Polizei? »Na, Jungs«, sagt Wengler, »warum seid ihr nicht in der Schule?«

»Weil Ferien sind«, tröten die beiden unisono.

»Ferien?«

»Ja, Winterferien.«

»Aha. Und: wie waren die Zeugnisse?« Wengler erinnert sich schwach, dass es vor den Februar-Ferien Halbjahreszeugnisse gab. Er selbst hatte nie Kinder, Schule war darum kein Thema, das ihn jemals ernsthaft beschäftigt hätte.

»Und ihr habt was im Keller gefunden?«

Die Jungs nicken und springen auf.

»Spinnt ihr auch nicht?«

»Großes Pionierehrenwort.«

»Na, dann kommt mal. Wo ist denn Herr Müller?«

»In der Backstube. Er hat gesagt, wir sollen draußen auf Sie warten und Bescheid geben. Aber«, der Junge zögert, »sind Sie auch wirklich von der Polizei?«

»Warum zweifelst du?«

»Sie haben keine Uniform.«

»Ich bin ja auch kein Verkehrspolizist.« Wengler lacht, sein Bauch tanzt auf und nieder. »Außerdem gab es keine Uniform in meiner Größe.«

Die Jungs kichern.

Müller erscheint in der Tür. Der kalte Wind fährt ihm unter das blau karierte Handtuch, das er sich vor den Leib gebunden hat. Die Beine stecken in dünnem, hellblauem Drillich, die Arme ragen nackt aus dem weißen Unterhemd. »Komm rein, sonst hol ich mir den Tod.« Wengler glaubt, eine Anspielung auf den Anlass seines Hierseins zu erkennen, und sagt nur: »Nana.« Dann folgt er den Jungs und dem Bäcker, dem er im Vorübergehen die Hand zum Grüße gereicht hat, in den Keller.

Wengler trägt eine riesige Stabtaschenlampe, die bei den Jungs Bewunderung auslöst. Da müssten doch mindestens fünf Batterien drinstecken, sagt der eine anerkennend. Sechs, sagt stolz der Kriminalkommissar und schaltet zur Demonstration die Dienstlampe an. Ein heller Strahl bohrt sich ins Kellerdunkel. Die Jungs sind begeistert. »Leuchte mal lieber auf die Treppe«, fordert der Bäcker, »hier sind schon einige auf die Nase gefallen.«

Am Ende des Kellerganges trampeln die beiden Jungen bereits aufgeregt und strecken die Arme durch den Lattenrost. Paul Wengler führt seinen Lichtstrahl gleichfalls hindurch. Er schwenkt nur kurz über den Kohlenhaufen und hat etwas Helles im Fokus. »Na, das ist doch schon was«, meint er und wühlt in seiner Jacketttasche, aus der er sogleich einen Dietrich zutage fördert. Damit öffnet er das Vorhängeschloss in wenigen Sekunden. Die Tür ist auf.

»Jungs, ihr bleibt hier stehen. Das ist ein Tatort«, erklärt er verschwörerisch. »Den darf nur die Polizei betreten. Auch Herr Müller darf nicht mit hinein.«

Die beiden Schüler maulen pflichtschuldig, Müller hebt abwehrend die Hände, als wolle er überhaupt nicht sehen, was dort möglicherweise liegt.

Der Kriminalkommissar tritt an den Kohlenberg. Ihm ist sofort klar, dass das ein menschlicher Fuß ist, auch wenn die Verwesung merklich vorangeschritten ist. Er rollt Kohlebrocken beiseite, um das Bein freizulegen. Faulig-süßer Verwesungsgeruch schlägt ihm entgegen. Dann dringt er zu dem Torso vor, von dem die Extremitäten abgetrennt wurden. Die beiden Arme und ein Bein fehlen, zumindest sind sie auf den ersten Blick nicht zwischen den Kohleklumpen zu entdecken.

Wengler hat schon manches gesehen, besonders im Krieg: abgerissene Gliedmaßen, zerschmetterte Köpfe, aufgeplatzte Bäuche … Aber es gibt Bilder, an die er sich nie gewöhnen wird. Stets provozieren sie aufs Neue Übelkeit.

Er stakst zum Ausgang, dort, wo Müller und die beiden Jungen warten, und sperrt hinter sich die Tür zu. »Ich muss mal bei dir telefonieren.«

Nach etwa einer Stunde herrscht großer Auflauf. Als die vielen schwarzen Limousinen und der Krankenwagen vor der Bäckerei hielten, trieb die Neugier viele Nachbarn auf die Straße. Noch immer eilen weitere Passanten hinzu. Volkspolizisten müssen sie auf Distanz halten.

Unten im Keller verschaffen sich die Kriminalisten, Ärzte und der Staatsanwalt ein Bild. Blitzlicht flammt auf, der Leichentorso wird freigelegt. Außer dem Fuß, den die beiden

Jungs aus dem Haus zufällig entdeckten, finden sie nichts weiter. Es fehlen die beiden Arme und das zweite Bein.

»Wem gehört der Keller?«, erkundigt sich kopfschüttelnd der Staatsanwalt durch das Taschentuch, welches er schützend vor Mund und Nase hält.

»Einem Ehepaar Krüger aus dem zweiten Stock.«

»Und?«

»Die Frau sei seit Wochen zur Kur, aber wo, das weiß niemand«, antwortet Wengler, »und der Mann käme niemals vor 18 Uhr nach Hause, sagen die Nachbarn«.

»Was macht der? Ist der auf Arbeit erreichbar?« Wengler schüttelt den Kopf. »Freier Unternehmer«, und das klingt wie Halsabschneider und asozial. Für den Kriminalkommissar ist der Kellerbesitzer dringend tatverdächtig, denn es ist doch außerhalb der Logik, dass ein anderer eine Leiche in einem fremden Kohlenhaufen vergräbt, und das mitten im Winter. Spätestens am Folgetag wäre die Tote gefunden worden. Der Kellerbesitzer hätte Alarm geschlagen, die Polizei ermittelt, wer Zugang zum Keller hat und wer die Leiche ist … Aus die Maus.

Und wieder meldet sich der Staatsanwalt. »Weiß man schon, wer die Frau ist?«

Erneut muss Wengler die Antwort schuldig bleiben. Er weiß nur, dass er in den letzten Monaten keine Vermisstenanzeige auf den Tisch bekam. Niemand hatte sich auf der Polizei nach dem Verbleib einer Frau erkundigt, kein Nachbar die Nachbarin vermisst, keine Mutter ihre Tochter als abgängig gemeldet. Nichts.

Und sie können nicht einmal das Bild in der Zeitung veröffentlichen, was man immer tat, wenn man die Identität einer toten Person nicht ermittelte. Die Verwesung hat das Gesicht der Leiche inzwischen derart aufgelöst, das kaum Konturen erkennbar sind. Trotz der vergleichsweise niedrigen Temperatur ist der Auflösungsprozess weit fortgeschritten. Wengler ist lange genug im Beruf, um die Phasen zu kennen, die nach dem Eintritt des Todes ablaufen. Schon bald vermehren sich die in den Därmen befindlichen Bakterien und überschwemmen den ganzen Körper. Erst färbt sich der Bauch grün, dann Venen und Adern, in denen das Blut zersetzt wird. Nach einer Woche sieht der Leichnam aus wie marmoriert. Die Bakterien bilden bei ihrem Stoffwechsel Gase, die die Innereien und andere Weichteile aufquellen lassen, nach wenigen Wochen beginnt sich das Gewebe zu verflüssigen. Nach ein bis zwei Jahren sind nur noch Knochen, Haare, Fingernägel und Sehnen übrig. Wengler hat Wasserleichen gesehen und sogenannte Wachsleichen – Tote, die in feuchter Erde eine seifenartige Substanz ausscheiden und darum nicht verrotten. Wasser verlangsamt ohnehin den Auflösungsprozess erheblich. Ein an der Luft liegender toter Körper verwest etwa doppelt so schnell wie ein im Wasser liegender und viermal so schnell wie ein begrabener. Wengler kannte sich damit besser aus als mancher Pathologe.

»Die Gerichtsmedizin soll die Leiche untersuchen«, sagte der Staatsanwalt. »Und wir schauen uns die Wohnung an. Den Durchsuchungsbeschluss fertige ich aus, wenn ich wieder im Amt bin.«

»Wenn Sie meinen, Herr Staatsanwalt.«

»Ja, ich meine. Die Beweismittelsicherung hat Vorrang vor allem anderen. Haben Sie Ihr Besteck bei?«

Wengler klopft auf seine Jacketttasche. Und während sie zur zweiten Etage hinaufsteigen, wickeln die Sanitäter die Leichenteile in Tücher, tragen sie zum Wagen und fahren sie in die Pathologie des Kreiskrankenhauses. Dort ist man bereits informiert.

Die Wohnungstür der Krügers ist ohne Mühe zu öffnen. Ein einfaches Kastenschloss, kein Problem für den Kommissar. Auf den ersten Blick ist nichts Auffälliges zu sehen, Möbel und Ausstattung gleichen denen, die man seit zwanzig, dreißig Jahren in deutschen Wohnungen antrifft. Dunkle Eiche, schwere Vorhänge, dicke Teppiche, Ledersessel mit Rauchtisch, Stehlampe mit Schirm aus gefaltetem Pergament, röhrender Hirsch in Öl an der Wand … Bürgerliche Behaglichkeit.

Von Apfelmuskuchen (Stück 33 Pfennig) bis Windbeutel (27 Pfennig): Preisliste aus den 50er Jahren

»Kommen Sie mal, Herr Kommissar«, ruft einer der Polizisten und reißt Wengler aus seine Gedanken. Der Uniformierte steht auf dem Flur vor einer geöffneten Tür. Wengler erfasst alles auf einen Blick und mit seiner Nase. Es riecht wie

Weihnachten unterm Tannenbauch, nur viel kräftiger. Schokolade, Kaffee, Tabak, Flaschenbatterien von 4711 Eau de Cologne, Seife, Waschpulver, Ölsardinen, Backpulver, Trockenerbsen, alles Dinge, die es nicht in der HO, wohl aber im Westen gibt. Und erheblich mehr, als ein Zwei-Personen-Haushalt zum Leben benötigt.

»Ein Warenlager, Herr Staatsanwalt«, sagt Wengler, »das reicht.«

»Nö«, belehrt ihn der korrekte Staatsanwalt. »Das reicht nicht. Der Besitz von Westwaren ist nicht strafbar. Erst wenn wir nachweisen, dass der Erwerb nicht nach Recht und Gesetz erfolgte und illegal damit gehandelt wurde, können wir vorgehen. Aber wir suchen ja einen Mörder und keinen Lebensmittelschieber.«

Wengler schüttelt den Kopf. »Wenn Krüger – entgegen meiner Überzeugung – nicht die Frau im Keller auf dem Gewissen hat, dann haben wir immerhin einen Schmuggler gefasst, das ist ja wohl sicher.«

Er geht zum Kachelofen und schraubt die kalte Ofenklappe auf. Befriedigt pfeift er durch die Zähne, als er feststellt, dass der Aschekasten noch voll ist. Er hält nach einer Zeitung Ausschau und breitet sie vor dem Ofenloch aus. Obgleich er vorsichtig den Kasten leert, wirbelt dennoch Staub auf. Mit dem Feuerhaken zerteilt Wengler den Haufen.

»Wonach suchen Sie?«

»Nach Knochensplittern.«

»Wieso das denn?«

»Wir vermissen ein Bein und zwei Arme.«

»Und Sie glauben …?«

»Ich würde das nicht ausschließen wollen.«

Wengler stochert in der Asche, als suche er eine Nadel im Heuhaufen. »Nichts«, sagt er nach einer Weile enttäuscht und stellt das Werkzeug wieder an seinen alten Platz. »Wäre auch zu schön gewesen.«

»Ich bitte Sie«, sagt der Staatsanwalt amüsiert. »Was schlagen Sie vor?«

»Wir versiegeln die Wohnung und lassen zwei Polizisten im Haus, die Krüger in Empfang nehmen.«

»Vorläufige Festnahme und Vorführung im Präsidium. Ich will an der Vernehmung teilnehmen.«

»Das machen Sie doch sonst nie.« Wengler ist erstaunt. Der Staatsanwalt beteiligt sich doch sonst nicht an den Ermittlungen. Er begnügt sich mit den Protokollen und Akten, dann erhebt er Anklage oder auch nicht. Warum diese Anteilnahme?

»Sie werden zugeben, Herr Kommissar, dass wir einen solch bizarren Fall noch nie hatten.«

»Nehmen Sie es mir bitte nicht übel: Früher sagte man, dem kratzt der Hals.«

Der Staatsanwalt lacht hell auf. Auch er weiß von Wehrmachtsoffizieren, die scharf aufs Ritterkreuz waren, und da dies am Band hing, sagten die Soldaten, die für die Auszeichnung ihres Vorgesetzten das Leben riskierten: dem juckt der Hals. »Da liegen Sie daneben, mein lieber Wengler. Ich will weder Beifall einfahren noch befördert werden. Mich interessiert die Sache um ihrer selbst willen. Ich will wissen, was das für ein Mensch ist, der so abgebrüht ist, eine Tote zu zerstückeln. Das ist doch kein einfacher Mord. Das ging doch weiter.«

Anderntags sitzt Franz Krüger im Polizeipräsidium, er war bei seiner Rückkehr verhaftet worden. Paul Wengler verhört, der Staatsanwalt wohnt der Vernehmung bei. Es ist früher Nachmittag, der Befund aus der Pathologie liegt bereits vor. Man habe es mit einer weiblichen Person im Alter zwischen 20 und 30 Jahren zu tun, im vierten Monat schwanger. Als Todesursache war Erwürgen angegeben, der Messerstich sei nicht todesursächlich gewesen.

Dann der übliche medizinische Zustandsbericht: Haut

schmutziggrün bis braunrot verfärbt, die Oberhaut zum Teil in Fetzen gelöst, faulige Flüssigkeit in den Körperhöhlen, vermischt mit verflüssigtem Körperfett …

Wengler hat diese Seiten nur diagonal gelesen. Diese medizinische Beschreibung, so richtig und notwendig sie auch ist, widert ihn stets an. Ein Mensch wird dadurch zur Sache. Natürlich: Wir alle sind letztlich nur eine Zusammenballung von Wasser, Proteinen, Fetten, Mineralen und anorganischen Stoffen, Materie eben, die sich nach Liter und Kilo berechnen lässt. Die Buchhalter des Todes errechneten zuvor jedes Gramm, das quer durch Europa in die Gaskammern der faschistischen Vernichtungslager befördert wurde, und wie viel davon am Ende als Asche übrig blieb. Dennoch: Jeder Mensch war mehr als nur Haut und Knochen, Blut und Wasser. Die Kirche, der Wengler nicht angehört, spricht von der »Krone der Schöpfung«; für ihn ist jedes Individuum etwas Besonderes, einzigartig nach Charakter, Begabung und Eigenschaften, egal, ob nun Opfer oder Täter oder unbescholtener Bürger.

Wengler liest sich an der Stelle des medizinisches Berichtes fest, wo es heißt, dass die Gliedmaßen gewaltsam vom Rumpf getrennt worden seien, vermutlich mit einer Axt oder einem vergleichbaren Werkzeug. Was heißt »vergleichbares Werkzeug«?

Das Beil hat Wengler im Keller sichergestellt. Der, der es benutzte, hatte nicht einmal die rostige Wange gesäubert, Schneide und Bart trugen erkennbar Blutspuren.

Krüger schweigt.

Wengler kommt gleich zur Sache.

»Wer ist die Tote in Ihrem Keller?«

Franz Krüger schaut an ihm vorbei und fixiert einen Punkt an der gegenüberliegenden Wand.

»Wer ist die Frau?« Krügers Lippen bleiben verschlossen.

»Ihre Frau sitzt seit gestern in Untersuchungshaft. Sie hat

gestanden.« Wengler blufft. Er weiß nicht einmal, wo sich Ruth Krüger befindet. Doch er bemerkt ein leichtes Zucken im Gesicht von Krüger. Er hat ihn getroffen. Nun muss er nachsetzen.

»Sie hat Sie belastet.« Die Bewegung in Krüger nimmt merklich zu. Doch er schweigt weiter.

»Der Herr Staatsanwalt würde Ihr Geständnis als freiwillig bezeichnen, was möglicherweise vom Gericht als strafmildernd berücksichtigt werden könnte.«

Wengler weiß, dass das Quatsch ist. Mord bleibt Mord, da sind die Preise klar bestimmt. Totschlag im Affekt oder dergleichen, Schuldunfähigkeit aufgrund geistiger Verfasstheit, gut, das sind Ausnahmen. Da gibt es nicht die »volle Kelle«. Doch Krüger vermittelt weder den Eindruck eines geistig Verwirrten noch, dass er im Affekt gehandelt habe. Wer die Extremitäten entfernte, tat dies mit Überlegung.

»Wo sind die Arme und das Bein?«

Die Lider verdecken Krügers Augen. Nach unendlich langer Zeit öffnen sie sich wieder. Als hätte Krüger nach innen geblickt und sich betrachtet. Was hat er gesehen? Den Abgrund?

»Verbrannt.«

Wengler sieht sich am Ziel. Er hat gewonnen. Krüger redet. Der Staatsanwalt auf seinem Stuhl atmet erleichtert auf. Kein Indizienbeweis. Ein Geständnis. Das erleichtert alles.

Das Landgericht in Dresden verurteilt Franz Krüger zu einer lebenslangen Haftstrafe. Den längsten Teil dieser fünfzehn Jahre verbringt er in der Strafanstalt Spremberg im Neudorfer Weg, heute JVA Schwarze Pumpe. Nach seiner Entlassung wurde Krüger eine Tätigkeit in einem volkseigenen Betrieb zugewiesen, zumal ihm der Mauerbau 1961 die Rückkehr zu seiner früheren Tätigkeit unmöglich gemacht hatte.

Seine Frau Ruth Krüger erhält wegen Beihilfe zum Mord zehn Jahre. Die Verteidigung legt gegen das Urteil Revision ein, mit der sie aber scheitert. Während der Haft erlernt Ruth Krüger einen Facharbeiterberuf, den sie nach ihrer Entlassung in einem volkseigenen Maschinenbaubetrieb ausübt.

Die Ehe wird während der Haft geschieden.

Die Schlinge

Was für eine Hinterfront! So etwas hatte er noch nie gesehen. Jedenfalls nicht bewusst. Diese beiden Halbkugeln über den wohlgeformten Beinen, glatt und straff und kein Gramm zu viel. Eine Augenweide. Sein Blick wandert darüber, als habe er das achte Weltwunder vor sich. Das überirdische, also kosmische Gesäß wächst harmonisch in eine schmale Taille hinüber … Mein Gott, wie kann die Natur nur so etwas Wunderbares schaffen, so verschwenderisch sein? Es ist Verschwendung, wenn sie auf jeglichen Makel verzichtet und auf die Maße achtet wie ein Apotheker auf die Striche an seiner Waage. Natürlich, das weiß auch Dietmar, die Liebe taucht alles in freundliches Licht, sie retuschiert und macht selbst eine Hässliche zur Schönheitskönigin. Würde sonst jede Frau einen Mann finden und umgekehrt? Sicherlich gilt das geflügelte Wort über Menschen, die so schrecklich aussehen, dass sie nur von ihrer Mutter geliebt werden können, womit gesagt ist, dass die Zuneigung einzig auf die Blutsverwandtschaft gründet. Aber bei Regina ist dieser Gedanke gänzlich absurd. Sie ist ein Traum von einer Frau. Da stimmt alles.

Sie kichert. Schwenkt elegant die Hinterfront und wiegt sich elegant in den Hüften. Nicht vulgär einladend oder gar aufdringlich. Dezent minimalistisch, gekonnt eben. So entschwindet sie in die Küche.

»Willst du einen Schluck Weißwein?«, kommt es von dort.

Dietmar kratzt sich am Gemächt und nickt.

»Was hast du gesagt? Ich habe dich nicht verstanden?«

»Ja«, sagt er, »einen Schluck nehme ich.«

»Für einen Schluck mache ich die Flasche nicht auf«, kommt es zurück. Und ein Lachen perlt hinterdrein.

Es ploppt vernehmlich ein Korken aus der Flasche, dann klirren Gläser und wenig später schwebt die Göttin durch den Türrahmen. Selbstbewusst, wie solche Wesen nun mal sind, die Brüste straff vorweg. Regina stellt die Gläser auf den Beistelltisch und mustert aus den Augwinkeln unauffällig den im Sessel lümmelnden Mann. Der merkt nicht, dass ihr Interesse ausschließlich der Wölbung in seiner Unterhose gilt. Da hat sich was geregt, registriert sie mit Genugtuung. Regina füllt die Gläser und reicht ihm eines.

»Worauf trinken wir?« Er stößt lässig sein Glas gegen das ihre.

Pfff, macht sie und lässt die Luft zwischen den Lippen vernehmlich entweichen. »Auf unsere Liebe?«

»Ich trinke doch auch nicht darauf, dass es morgens hell wird, wenn die Sonne aufgeht. Das ist doch selbstverständlich.« Dietmar nippt am Wein.

»Gut, dann trinken wir darauf, dass es endlich mit deiner Qualifikation auf Arbeit klappt und du anschließend nach Dresden oder an einen anderen, größeren zoologischen Garten versetzt wirst.«

»Warum?« Er setzt abrupt das Glas ab. »Mir gefällt doch die Arbeit in Görlitz. Das ist doch ein schöner Zoo, den in den 50er Jahren die Leute im NAW geschaffen haben.«

»Ja, ich weiß«, winkt Regina sichtlich genervt ab. »Meine Eltern haben damals auch im Nationalen Aufbauwerk an der Zittauer Straße geschaufelt. – Das ist doch alles schön und gut. Aber findest du nicht, dass wir mal andere Luft schnuppern sollten? Immer nur Görlitz: Das ist doch auf Dauer langweilig. Ich will hier nicht begraben werden.«

Dietmars Gesichtszüge changieren von freundlich-heiter hinüber zu leicht verärgert. Die Augenbrauen richten sich steil auf, die Mundwinkel ziehen leicht nach unten. »Mir gefällt es in Görlitz.« Die Feststellung ist ein einziges Ausrufezeichen und bedarf keiner Erklärung.

Regina lässt sich in den anderen Sessel fallen. »Mir gefällt Görlitz doch auch. Aber solange wir noch jung und neugierig sind, sollten wir uns ein wenig in der Welt umschauen. Zurückkehren kann man doch immer.« Sie nimmt einen großen Schluck.

»Was für eine Welt? Die ist doch schon am Harz zu Ende.«

»Nee, erst in Wladiwostok, wenn du das meinst. Aber ich will ja nicht nach Swerdlowsk oder Sofia, sondern rede von der DDR. Über hunderttausend Quadratkilometer ist doch auch kein Scheiß. Oder?«

Dietmar nickt wie abwesend. »Wo willst du denn hin?«

»Das ist doch wurscht. Hauptsache weg hier. Krankenhäuser gibt es überall, und Tierparks auch.«

»Warum willst du so plötzlich weg aus Görlitz …«, sagt Dietmar und stellt das leere Glas zurück auf den Tisch. Regina versteht es als Aufforderung zum Nachschenken, was sie denn auch tut. »Die Stadt hat dir doch sonst immer gefallen?«

Von ihren großen Augen ist nur noch das Weiße zu sehen. Regina hat die Pupillen Richtung Zimmerdecke gedreht.

»Ich habe doch nichts gegen die Stadt. Ich will nur mal etwas anderes sehen, etwas anderes riechen. Tapetenwechsel, verstehst du?« Sie greift zur Flasche und schenkt sich ein.

»Woanders ist es auch nur dasselbe. Du gehst morgens zur Arbeit in dein Krankenhaus, stehst im OP, reichst dem Chirurgen das Skalpell, Tupfer, Schere, abends kommst du nach Hause, bist müde und fertig. Das kannst du hier auch haben.«

»Ja, und deine Rhesusaffen sehen auch überall gleich aus«, antwortet Regina mit leicht ironischem Unterton, in welchem bereits einen Anflug von Hohn mitschwingt. »Mensch, Dietmar, es muss doch noch etwas anderes geben außer Arbeit.«

»Jetzt geht das schon wieder los. Ich kann doch auch nichts dafür, dass ich keinen hochkriege.«

Regina kichert. »Und was ist das da?« Ihr Finger weist auf seine Unterhose. »Das ist doch schon ganz prächtig.«

»Mittelprächtig. Du weißt doch genau, dass er schlappmacht, wenn's ernst wird.«

»Das wollen wir doch mal sehen …«

Wenig später liegen beide nebeneinander auf dem Sofa. Der Atem geht kurz, die Wogen des Unmuts schlagen hoch. »Ich habe es dir doch gleich gesagt: Es geht nicht!«

Regina streicht schweigend über seine Brust. Dann sagt sie nach einer langen Pause, was ihr schon lange im Kopf herumgeistert. »Sollten wir nicht doch mal zum Arzt gehen?«

»Wieso wir? Du kannst doch immer. Ich bin der Schlappschwanz, der Versager.«

»Nun hör doch endlich auf mit diesem Selbstmitleid. Ich kann's schon nicht mehr hören.« Regina erhebt sich und greift nach ihren Sachen. »Jedes Mal dieselbe Masche.«

»Und dir fällt auch nichts Besseres ein, als mich zu einem Quacksalber zu schicken. Das ist doch alles Käse.« Auch Dietmar steht auf und schlüpft in seine Jeans. »Ich gehe«, sagt er, nachdem er den Gürtel geschlossen hat.

»Wohin?«

»Nach Hause natürlich.«

»Natürlich. Wieder zur Mama. Mensch, Dietmar, du bist 26 Jahre alt. Wann willst du dich mal abnabeln?«

Trotzig stampft er mit dem Slipper auf den Boden, damit das umgekrempelte Leder sich von allein aufrichtet. »Ich bin abgenabelt. Aber dort habe ich wenigstens meine Ruhe. Da geht mir niemand …«

»… auf den Sack, wolltest du sagen.« Regina feixt, aber ihr Lachen wirkt merklich gequält. »Da hast du gewiss recht.«

Das sei ihm nun wirklich zu blöd, reagiert Dietmar gereizt

und trampelt in den Flur. Ein Kreischen folgt ihm. »Wenn du gehst, brauchst du nie wiederzukommen.«

»Ja, tschüss, bis morgen«, brüllt er. Da wummert es von unten gegen die Decke. Beide verstummen und hören ganz deutlich aus der darunterliegenden Wohnung den alten Cibulke keifen: »Ruhe da oben oder ich hole die Polizei. Das ist ja nicht zum Aushalten!«

Die Blicke von Dietmar und Regina treffen sich. Sie kennen diesen Reflex des Rentner unter ihnen, eines mürrischen alten Wichtigtuers, der, stets aufs Neue angestachelt von seiner Xanthippe, mit dem Besenstil gegen die Stubendecke donnert, wenn es über ihm angeblich zu laut wird. Das passiert jedes Mal, wenn sie sich beharken. So schafft es der Alte ungewollt immer wieder, dass sie sich versöhnen. Sie schauen sich an, lachen und küssen sich. Auch jetzt wieder. »Siehst du, mein Lieber, auch darum will ich von hier weg«, sagt sie.

»Wir können uns ja eine andere Wohnung in der Stadt suchen.«

»Warst du schon mal auf dem Wohnungsamt? Keine Chance.«

»Wir haben bessere Karten, wenn wir verheiratet sind.«

»Und viele Kinder haben …«

»Immer aufs Schlimme.«

Regina lacht hell auf. »Keine Sorge, das kriegen wir schon in den Griff«, sagt sie, und greift Dietmar in den Schritt.

»Tschüss.«

»Mach's gut.«

Anderentags, im Bezirkskrankenhaus herrscht das übliche geschäftige Treiben, macht sich Regina auf zu Dr. Heyne. Der Neurologe ist ein anerkannter Psychotherapeut und hat auch unter den Mitarbeitern des Hauses einen sehr guten Ruf. Er ist frei von allen Weißkittelallüren, zudem soll er sich noch nie mit einer Schwester eingelassen haben. Das ist in der Tat die Ausnahme, denn es ist gang und gäbe, dass die Ärzte diesbezüglich, nun, wie soll man sagen?, es ein wenig locker nehmen. Regina wusste von ihren Freundinnen, wer es mit wem angeblich schon mal getrieben haben soll, es schien gleichsam eine Art Volkssport zu sein. Allerdings ist sie sich nicht sicher, wie viel Angabe in solchen Erzählungen mitschwingen. Oft ist wohl auch der Wunsch der Urheber der schlüpfrigen Geschichten, sie kennt schließlich ihre postpubertären Pappenheimer.

Vor etlichen Tagen war sie Heyne auf dem Flur begegnet. Dabei schoss ihr spontan die Überlegung durch den Kopf, ihn einmal zu konsultieren. Sie habe da ein Problem, hatte sie gesagt, ob sie mal zu ihm kommen könne. Als Schwester oder als Patient?, hatte der Doktor gefragt, und sie lächelnd geantwortet: weder noch. Selbstverständlich könne sie jederzeit zu ihm kommen, darauf Heyne, um sofort einzuschränken, dass sie aber besser vorher anrufen solle, um sicherzugehen, dass er auch wirklich verfügbar sei und keine Termine oder Verpflichtungen habe. So hielt sie es denn und hatte nun diese Uhrzeit genannt bekommen.

Der am Hinterkopf geknotete Pferdeschwanz wippt kokett, als sie im weißen Schwesternkittel den Gang hinuntereilt. Die meisten ihrer Kolleginnen, so sie denn nicht eine modische Kurzhaarfrisur tragen, laufen so herum. Das verlangt niemand von ihnen, die Uniformierung ist ein Diktat der Nützlichkeit. Erst wenn sie nach getaner Arbeit das Krankenhaus verlassen, wehen die Haare lang und offen. Reginas fallen bis auf die Schultern und sind ein hübsches Accessoire zur tadellosen Figur.

Unten in der Inneren hat Dr. Heyne sein Büro. Sie kennt es nicht. Woher auch. Ihr Arbeitsplatz ist zwei Etagen höher. Es genügt, wenn man weiß, wo welche Abteilung arbeitet und wer was macht. Die Betriebsgewerkschaftsleitung – dem FDGB gehören wohl alle an, nur wenige sind in der Partei –

organisiert regelmäßig Feiern und andere Zusammenkünfte, um auf diese Weise das Gefühl der Zusammengehörigkeit zu vermitteln. Da das Krankenhaus kein so wahnsinnig großer Betrieb ist, trägt man damit Eulen nach Athen: Man kennt sich hinlänglich. Und Standesunterschiede gibt es nicht. Die sind im Laufe der Jahrzehnte eingeebnet worden. Regina hat so etwas wie Standesdünkel noch nie erfahren.

Wie im Hause üblich klopft sie an die Zimmertür. Neben dem Türrahmen hängt das Namensschild am Ölsockel, der vermutlich schon seit der Kaiserzeit die Wand ziert. In regelmäßigen Abständen wird er erneuert. Das Datum eins Neuanstrichs scheint ziemlich nahe. Da und dort blättert bereits die Farbe.

»Herein«, kommt es von innen.

Regina streicht sich die Kittelschürze glatt und tritt ein.

»Ach, Schwester Regina.« Heyne blickt nur kurz von seinen Papieren auf. »Setz dich.« Er weist auf den Stuhl vor seinem Schreibtisch und widmet sich sofort wieder dem Aktenstudium.

»Vielleicht soll ich später …«

»Nein, ich bin gleich fertig. Nimm schon Platz.«

Hinter den Gläsern der dunklen Hornbrille wandern die Augen von links nach rechts. Heyne liest schnell, er überfliegt geradezu die vor ihm liegenden Dokumente. Blatt um Blatt wendet er und legt es beiseite, sobald er es oberflächlich studiert hat. Nach der letzten Seite drückt er den Kuli und versenkt ihn in der Brusttasche seines Hemdes. Dann rafft er den Papierstoß zusammen, lässt ihn einige Male auf Kante fallen, schüttelt ihn dabei und legt ihn schließlich an den Rand des Schreibtisches. Der ist ordentlich aufgeräumt und verrät den Pedanten, der hier arbeitet. Heyne blinzelt dabei über den Rand seiner Brille. »So, erledigt, jetzt habe ich Zeit nur für dich.«

Regina lächelt unsicher. Wie soll sie beginnen, was möchte sie über sich und ihren Freund mitteilen?

»Das bleibt doch unter uns …?«

»Was in diesem Zimmer besprochen wird, verlässt den Raum nicht.«

Regine nickt. Heyne wartet.

So sitzen sie denn schweigend.

»Ich habe einen Freund, den Dietmar«, beginnt sie schließlich nach einer Weile. »Wir sind schon einige Zeit zusammen, seit der Medizinischen Fachschule. Ich war dort im dritten Jahr und schon zur Ausbildung hier im Bezirkskrankenhaus.« Wie zur Bekräftigung nickt sie, der Pferdeschwanz wippt.

Heyne schweigt. Er hört nur zu.

»Wir wollen heiraten. Aber ich habe zunehmend Zweifel, ob das eine gute Idee ist.«

Eigentlich möchte Heyne an dieser Stelle etwas sagen, etwa dass er weder Eheberater noch Seelsorger sei. Doch er hält den Mund und wartet ab. Das scheint ihm alles noch Präludium.

»Er arbeitet als Tierpfleger im Zoo. Betreut dort die indischen Rhesusaffen, mit denen der Tierpark wirbt.« Regina macht eine Pause. »Ich war auch schon bei Arnold Müller, dem Direktor, und habe mit ihm über Dietmar gesprochen.«

»Warum?« Nun wird es Heyne doch ein wenig zu weitschweifig. Er möchte dem Gespräch Struktur und Richtung geben. So hübsch Schwester Regina auch ist: Zeit zu verschenken hat er nicht. 15 Uhr beginnt die Sprechstunde, bis dahin möchte er das Gespräch abgeschlossen haben.

Reginas Hände sind in Bewegung, sie knetet und reibt sie, als fände sie dort die Worte, nach denen sie sucht. »Arnold Müller, also Dietmars Chef, ist mit ihm sehr zufrieden. Ich habe ihn gefragt, ob er mit seinen Beziehungen nicht für eine Versetzung von Dietmar sorgen könne. Nach Berlin am besten. Dort hatte Professor Dathe erklärt, dass der Görlitzer Zoo der größte und niveauvollste der ganzen DDR sei.

Nächst dem Berliner Tierpark natürlich. Da könnte Dietmar also noch etwas lernen.«

Heyne muss grinsen. Auch er kennt den Görlitzer Zoo und war schon wiederholt mit seinen beiden Söhnen dort. Über zweihunderttausend Besucher kommen jedes Jahr, Kinder zahlen zwanzig Pfennig Eintritt, Erwachsene fünfzig. Er hat in der Zeitung von den Nachzuchterfolgen, von der Kooperation mit auswärtigen und sogar ausländischen Zoos gelesen. Und wie man hörte, forscht man im Görlitzer Tierpark im Auftrag von VEB Brühlpelz in Leipzig zum europäischen Feldhamster; offenkundig erwägt man dort, die kleinen Pelztiere wie Nerze oder Bisam zu züchten. Und Heyne wusste von der »Zooschule«, die Direktor Müller eingerichtet hatte: Dort wurden interessierte Schüler in verschiedenen Arbeitsgemeinschaften mit der Tätigkeit im Tierpark vertraut gemacht. Das war nicht nur für die unmittelbare Nachwuchsgewinnung von Belang. Hier konnten künftige Biologen, Veterinäre, Verhaltensforscher und andere Naturwissenschaftler ihre ersten Schritte machen.

»Ich habe mit Müller auch über eine mögliche Qualifizierung von Dietmar gesprochen. Doch er sagte mir, dass er bereits Dietmar entsprechende Angebote gemacht, dieser aber alle ausgeschlagen habe. Er hält ihn für einen guten Tierpfleger … Aber immer nur diese eine Tätigkeit bis zur Rente … Dietmar hat noch vierzig Berufsjahre vor sich. Verstehst du?« Regina knetet unverändert ihre Hände und schüttelt den Kopf. »Nein, das ist doch keine befriedigende Aussicht. Das ist doch wie lebendig begraben, nicht wahr?«

»Schwester Regina, ich bin kein Berufsberater. Was willst du eigentlich von mir?« Heynes Ungeduld ist nicht zu überhören.

»Das sind alles nur Symptome. Dass er sich nicht qualifizieren will, dass er an keinen anderen Tiergarten möchte, dass er seinen verdammten Arsch nicht aus Görlitz wegbewegen will.« Auf einmal bricht es aus ihr raus. Als habe einer die Schleuse gezogen. Ihr in Wochen angestauter Unmut, alle ihre Frustrationen schießen hervor.

»Symptome wofür?«

»Dass er ein Muttersöhnchen ist!« Jetzt ist es raus. »Er klebt an seiner Mutter wie Kittifix. Dietmar kommt nicht los von ihr. Das ist der Grund, weshalb ein Weggang für ihn nicht infrage kommt. Offen gestanden«, Regina holt tief Luft, »das würde ich eventuell noch verkraften, schließlich liebe ich ihn. Aber ich vermute, dass es deshalb auch im Bett nicht mit uns klappt.«

Heyne erwidert gelassen den Blick von Regina. Ihrer Analyse will er nicht folgen, er fragt nach. Was meine sie damit? *Wolle* ihr Freund nicht, oder *könne* er nicht?

Ach, wollen wolle er schon, sagt sie, nur können könne er nicht, kurz gesagt, er kriegt keinen hoch, und wenn, dann hielte es nicht lange vor.

Heyne schüttelt den Kopf. Es könnten dafür auch andere, etwa organische Störungen die Ursache sein. Nicht jeder Mangel an männlicher Standfestigkeit müsse psychischen Ursprungs sein. »War er schon mal beim Urologen?«

Regina macht eine wegwerfende Handbewegung. Nein, kein Gedanke daran. Jedes Mal, wenn sie darauf zu sprechen käme, würde Dietmar sofort laut und ausfallend werden. Dann würden die Nachbarn sich melden und gegen die Decke wummern und nach der Polizei rufen. Deshalb beschweige sie nach Möglichkeit das Thema und mühe sich auf andere Weise redlich um ihn. Umsonst.

Heyne sagt gelassen, dass er verstehe, was sie meint. Die junge Frau vor ihm sieht nun wirklich blendend aus, ist selbstbewusst und couragiert. Er ist davon überzeugt, dass sie durchaus in der Lage ist, nicht nur ihre Reize einzusetzen, sondern auch sonst Bescheid weiß, was zu tun ist, um einen Mann Mann sein zu lassen.

»Keine Chance?«

»Keine Chance. Ich habe mein ganzes Repertoire durch. Kurz bevor es so weit ist, klappt sein Ding ab wie ein Taschenmesser. Jedes Mal.«

»Und daran, meinst du, sei seine Mutter schuld?«

»Zumindest glaube ich es.«

»Ödipus …?«

Reginas Pferdeschwanz wedelt hin und her, so heftig ist die Kopfbewegung. Ein wenig kennt sie sich bei Sigmund Freud aus. Diese Art von Fixierung scheint es jedoch nicht zu sein.

»Erzähl mir doch mal was über die Familie deines Freundes. Was er macht, hast du ja bereits gesagt.«

»Dietmar ist Baujahr 1947, im Mai geboren. Hier in Görlitz. Keine Geschwister, ein Einzelkind. Die Eltern trennten sich, als er zwei Jahre alt war. Was der Vater gemacht hat, weiß ich nicht. Er verschwand einfach aus dem Leben. Im Haushalt gab es noch einen bettlägerigen Großvater, aber der ist irgendwann verstorben. Die Mutter arbeitet im Lohnbüro von der WUMAG, also im VEB Görlitzer Maschinenbau. Dort sollte Dietmar nach ihrem Wunsch eine Lehre als Elektromonteur machen. Was er aber nicht tat. Er wollte von Anfang an Tierpfleger werden. Und dafür hat er sich auch beworben und den Ausbildungsplatz erhalten.«

»Wenn ich dich richtig verstanden habe, hat er sich gegen die Mutter durchgesetzt.«

»Ja, natürlich. Es war und ist ja nicht so, dass er zu allem Ja und Amen sagt, was sie von ihm verlangt. Er hat schon seinen eigenen Kopf. Deshalb verstehe ich nicht, warum er derart an ihr hängt.«

Heyne sinniert. »Und darum ist es unlogisch für mich, dass sein Problem im Bett angeblich mit der Mutter zusammenhängen soll.«

Regina legt die Stirn in Falten und rutscht mit dem Hinterteil auf die Stuhlkante vor. Verschwörerisch neigt sie sich nach vorn und dämpft die Stimme, als säße noch jemand im Raum, der nicht mithören soll. Deshalb vor allem wolle sie doch mit ihm aus Görlitz weg. Bei einer räumlichen Trennung von der Mutter würde man ja sehen, ob es dann im Bett klappe oder nicht. Wenn es dann noch immer die gleichen Probleme mit Dietmar gäbe, würde sie ihn zum Urologen schleppen.

»Aber wenn es dort nicht klappt, kann es auch am Tapetenwechsel liegen«, wirft der Doktor ein. »Eine fremde Umgebung wirkt sich mitunter negativ aufs Sexualverhalten aus. Männer sind keine Maschinen, die immer und überall funktionieren.« Er lacht.

»Schon möglich.«

»Wie steht übrigens seine Mutter zu dir und zu eurer Beziehung?«

»Neutral bis positiv«, antwortet Regina. »Ich habe den Eindruck, dass sie sich sagt: besser die als eine andere, da habe ich alles unter Kontrolle. Denn die Kontrolle möchte sie schon behalten. Sie kann so wenig loslassen wie ihr Sohn. Die beiden sind wechselseitig aufeinander fixiert.«

Stille hält Einzug. Draußen vorm Fenster keckert eine Elster. Das Vogelgeschrei ist das einzige, was zu vernehmen ist. Heyne denkt nach, Regina wartet auf eine Antwort, auf die Lösung ihres Problems.

Eine Lösung wäre, auch dieser Gedanke kam ihr schon mal, Dietmar den Laufpass zu geben. Es gab genügend andere Männer auf der Welt, sie würde immer einen abbekommen. Aber eine Verbindung gründete ja nicht nur auf Äußerlichkeiten, die vergänglich sind. Sie liebte Dietmar. Allerdings war sie sich nicht sicher, wie tief und fest diese Liebe war. Und gehörte dazu nicht auf Dauer auch sexuelle Erfüllung? So gesehen war der aktuelle Zustand nicht gerade befriedigend. Regina hoffte, dass er nur temporär war, darum führte sie ja auch solche Gespräche mit Dritten. Falls der Zustand jedoch dauerhaft bliebe …? Sie würde doch keinen Krüppel heiraten. Nie und nimmer!

Heyne grübelt auffällig lange. Er weiß sich auch keinen Rat. Vielleicht ist alles doch nicht so dramatisch, wie die junge Frau es empfindet, sagt er sich. Übertriebene Panik. Kann doch mal passieren, dass auch ein junger Mann versagt. Auf seine Frage nämlich, ob beide denn noch nie den Akt vollzogen hätten, hatte die junge Frau ausweichend reagiert. Das wertete er als Indiz, dass Reginas Freund offenkundig doch nicht der Totalversager war, als der er von ihr beschrieben wurde. Vielleicht passten die beiden nur nicht zusammen, zu verschieden ihre Charaktere: sie aktiv, neugierig auf die Welt, voller Elan und mit Lust auf Entdeckung und Abenteuer – er eher passiv, bodenständig, anspruchslos und wenig engagiert. Es soll ja hin und wieder vorkommen, dass, aus welchen Gründen auch immer, sich zwei gänzlich konträre Typen begegnen und aneinander Gefallen finden. Sagt nicht der Volksmund: Gegensätze ziehen sich an? Aber ob das wirklich so ist?

»Ist es dein Erster?« Hin und wieder bleiben Frauen bei ihrem ersten Mann hängen, obgleich er nicht unbedingt der Beste ist. Warum das so ist, vermag auch Heyne nicht zu sagen.

Regina schüttelt den Kopf.

»Erzähl mal etwas von dir.«

Sie schaut irritiert. Dietmar ist doch der Sexualkrüppel, nicht sie. Was soll sie über sich berichten?

Heyne registriert ihren fragenden Blick und lächelt den stummen Protest weg.

»Wir sind eine normale Familie. Zwei Töchter, Klara ist zehn Jahre älter als ich. Wir hatten eine behütete Kindheit. Mit den Großeltern lebten wir unter einem Dach am Rande von Görlitz. Vater war nur selten zu Hause, war Bauleiter und überall in der DDR unterwegs. Als Oma und Opa starben, verkauften wir das Haus. Es war für uns einfach zu groß. Wir zogen zwei Straßen weiter in eine Mietwohnung. Ich zog gleich weiter. Ich war 18 und wollte nicht ins Schwesterninternat, also ließ Mutter ihre Beziehungen spielen. Auf diese Weise bekam ich meine Zweiraumwohnung in der Thälmannstraße. Da lebe ich nun schon seit einigen Jahren. Das ist alles.«

»Ich wollte wissen, ob Dietmar dein Erster war.«

»Nein. Es gab einige.«

»Warst du mit ihnen längere Zeit zusammen?«

Regina verzieht ihr hübsches Gesicht zu einer Grimasse. I wo, wehrt sie ab. Bis auf Jan hätte sie mit den anderen nur Spaß gehabt, wenn er verstehe, was sie damit meine.

»Wer war oder wer ist Jan?«

»Ein Lehrer. Ist jetzt irgendwo in Afrika, aber augenblicklich auf Besuch in Dresden. Er hat sich gemeldet und mich wissen lassen, er würde sich freuen, wenn wir uns sehen könnten, ehe er wieder abhaue.«

»Und: Wirst du ihn treffen?«

Regina nickt. »Das hat jetzt aber nichts mit Dietmar und unserem Problem zu tun.« Dann holt sie ein wenig aus, wobei der schwärmerische Unterton nicht zu überhören ist.

»Jan war nach einem Autounfall bei uns eingeliefert worden. Wir haben ihn zusammengeflickt, dann lag er mit Arm und Beinen in Gips. Ich war Lehrschwester. Die werden vorrangig zur Körperpflege eingesetzt, insbesondere zur Morgentoilette. Naja, am Anfang fällt es einem schwer. Es ist einfach unangenehm, bei fremden Menschen mit dem Waschlappen etwa im Schritt zu hantieren oder zu schiebern. Das legt sich dann aber mit der Zeit, man bekommt Routine. Ob Mann, ob Frau, egal. Und je älter sie sind, desto unaufgeregter ist es. Nur bei den Männern, die noch nicht ganz jenseits von Gut und Böse oder gesundheitlich hinüber sind, da kann es schon mal passieren …« Sie stockt. »Na, jedenfalls, bei Jan

Medizinische Fachschule in Görlitz, an der zu Beginn der 70er Jahre Regina Zeck zur Krankenschwester ausgebildet wurde, heute Landratsamt, Aufnahme 2013

traf beides nicht zu. Es war uns beiden peinlich, als er dabei einen Ständer kriegte. Aber wir haben die Sache weggelacht.«

Regina kichert, als könne sie sich noch an jedes Detail erinnern. »Jan blieb ganze fünf Wochen auf Station. Und da haben wir uns ineinander verknallt. Doch wenig später, als er bereits entlassen war und er mich besuchte, hat er mir gestanden, dass er Auslandskader sei und nach Afrika gehe, nach Äthiopien oder Angola, so genau weiß ich das nicht mehr. Irgendein Land, in welchem wir beim Aufbau des Bildungswesens helfen. Er tröstete mich mit dem Hinweis, dass man dort auch Krankenschwestern brauche. Wenn ich meine Ausbildung beendet habe, solle ich nachkommen. – Dieser Witzbold. Als wenn das bei uns einfach gehen könnte, wenn man wollte.« Sie spitzt mokant ihr hübsches Mündchen.

Heyne grient wissend. »Wenn du dich zwischen Jan und Dietmar entscheiden müsstest, nicht rational, sondern mit dem Herzen: auf wen fiele deine Wahl?«

Regina überlegt nur kurz. »Auf Dietmar.«

»Dann ist doch alles klar. Kämpfe um ihn. Und wenn du ihn partout nicht aus Görlitz wegbekommst, dann schlepp' ihn hier zum Urologen. Ich denke nicht, dass seine Erektionsstörungen psychisch bedingt sind und etwas mit seiner Mutter zu tun haben.«

»Sicher?«

»Natürlich nicht sicher. Ich bin weder Hellseher noch in der Lage, eine Ferndiagnose zu stellen. Dazu müsste ich schon mit deinem Dietmar einmal direkt reden. Soll ich?«

Reginas Hände schnellen nach oben, als fürchte sie einen Schwertstreich. »Um Himmels willen, nein, auf gar keinen Fall. Er darf nicht einmal erfahren, dass wir miteinander über ihn gesprochen haben. Auch Tierparkdirektor Müller habe ich um Stillschweigen gebeten. Wenn Dietmar mitbekommt, dass ich seinetwegen unterwegs bin, dreht er durch.«

»Ist er cholerisch, gar aggressiv? Hat er dich schon mal geschlagen?« Jetzt erwacht in Heyne der Psychiater. Gibt es Indikatoren für eine gestörte Persönlichkeit, Auffälligkeiten und dergleichen?

»Quatsch. Ich glaube nicht, dass Dietmar aufbrausender

ist als die meisten Menschen. Und aggressiv schon gar nicht, eher schüchtern. Der kann keiner Fliege was zuleide tun, der schlägt niemanden. Du müsstest den mal mit seinen Tieren im Zoo erleben. Wie liebevoll, nahezu zärtlich er mit seinen indischen Affen umgeht … Nein«, sie schüttelt resolut den Kopf, »er ist ein harmloses Sensibelchen. Vielleicht ist es das …« Regina hält inne, dann spricht sie den Gedanken aus, der ihr dabei durch den Kopf schoss, »warum es bei ihm nicht klappt. Irgendetwas stört oder bedrückt ihn.«

»Krieg's raus, was es ist. Und dann schaff es ab. Ganz einfach.«

Heyne erhebt sich. Für ihn ist das Gespräch zu Ende.

Danke, sagt Regina und geht zur Tür.

»Da nicht für«, antwortet Heyne. »Kannst mich ja bei Gelegenheit informieren, wie es mit euch weitergegangen ist.«

Die Woche neigt sich dem Ende zu. »Was unternehmen wir übermorgen?«, fragt Dietmar, als gebe es zwischen beiden nicht die Spannungen, die ihre Beziehungen in der letzten Zeit so stark belasteten. Er macht auf Normalität, die Streitereien hat es für ihn nicht gegeben. Er war wie immer ins Dachgeschoss gestiegen und hatte sich die Tür von Regina öffnen lassen. Nun stellt er, nachdem er sich in den Sessel hat fallen lassen, diese entwaffnende Frage.

Regina hantiert in der Küche, wohin sie gleich verschwunden ist, nachdem sie ihn eingelassen hat. Sie reagiert nicht auf die Frage, vielleicht hat sie sie auch nicht gehört. Deshalb wiederholt er sie. »Was machen wir am Wochenende, Regina?«

Die erscheint im Türrahmen, in der Hand einen Teller, den sie mit einem Geschirrtuch trockenreibt.

Sie blickt ihn ausdruckslos an, selten, dass er sie so sah. »Was du machen wirst, weiß ich nicht. Ich fahre nach Dresden.«

»Was heißt: ›Ich fahre nach Dresden‹?«

»Das genau heißt es: *Ich* fahre nach Dresden.« Regina betont unüberhörbar das Personalpronomen.

»Und darf man fragen, was du dort machst?«

»Darf man. Aber ich muss nicht antworten. Verstehst du?« Sie dreht sich um und geht in die Küche zurück.

Nach einer Sekunde des Verdauens ruft Dietmar hinterher, dass er, verdammt noch mal, wissen wolle, warum sie ohne ihn nach Dresden fahre. Sie brüllt zurück, dass sie darüber nicht mit ihm reden werde, das sei schließlich ihre Privatsache. Falls es ihm entgangen sei: Sie wären nicht verheiratet, mithin sei sie ihm auch nicht rechenschaftspflichtig und frei in all ihren Entscheidungen. »Frei, verstehst du!«

Von unten wummert es.

»Ruhe da unten!«, schreit Dietmar und schraubt sich aus dem Sessel. Wütend stampft er mit dem Fuß auf die Dielen, wobei sein Unmut weniger dem Alten in der Wohnung unter ihnen gilt als vielmehr Regina in der Küche. Er geht hinüber und lehnt sich, scheinbar gelassen, an den Türpfosten.

»Jetzt noch mal ganz langsam und in Ruhe: Du willst am Samstag nach Dresden?«

Regina nickt und wendet sich der Spüle zu.

»Allein? Ohne mich?«

»Richtig?«

»Warum?«

Sie zuckt mit der Schulter.

»Hast du was Bestimmtes vor?«

Die Antwort ist ein gedehntes »Vielleicht«. Regina spielt auf der Klaviatur des Geheimnisvollen und Rätselhaften. Sie tut dies nicht mit Vorsatz und Bedacht. Es ergibt sich halt so. Und sie spürt, dass ihr es Genuss bereitet, Dietmar zappeln zu sehen. Der steht noch immer schweigend am Türrahmen. Dann äfft er sie nach. »Vielleicht, vielleicht. Was soll das heißen? Man fährt doch nicht auf blauen Dunst in die Bezirksstadt. Du schon gar nicht. Also, wer ist es?«

Regina fährt herum. Soll sie es ihm ins Gesicht schreien oder ganz ruhig den Namen sagen? Sie zögert. Dann sagt sie wie beiläufig: »Ich treffe mich mit Jan.«

Der Tatort Thälmannstraße 15 im Jahr 2013. In der dritten Etage lebte Regina Z., darunter Cibulke

Nun ist es heraus. Sie mustert ihr Gegenüber. Es gibt keine Reaktion. Nichts. Als müsste Dietmars Hirn erst die Nachricht verarbeiten. Sie scheint in ein gigantisches Mahlwerk geraten zu sein. Die Nachricht wird gedreht, gewendet, gedrückt, geplättet, hin und her geschoben, das braucht seine Zeit. Dann aber hat sie wohl den Endpunkt der Verarbeitungsstrecke erreicht und lässt die Zornesadern an Dietmars Stirn schwellen.

»Was, du triffst dich mit diesem Arschpauker, dem alten Sack, der dich mit Gipsbein im Krankenhaus gevögelt hat? Ich fass es nicht!« Er schlägt sich theatralisch die flache Hand vor die Stirn und verbirgt seine Augen.

»Erstens ist er kein Arschpauker, sondern ein studierter Pädagoge, zweitens kein alter Sack, höchstens zehn Jahre älter als wir, und drittens hat er mich nicht im Krankenhaus gevögelt.«

»Du hast es mir doch selbst erzählt, dass du mit ihm gepennt hast, ehe er sich in den afrikanischen Busch verdrückt hat.«

»Wir haben uns geliebt.«

»Ach nee. Auf einmal?«

»Das war lange vor unserer Zeit. Ich war nicht deine Erste, und du warst nicht mein Erster. Das weißt du ganz genau. Wir müssen uns unser früheres Leben nicht vorwerfen.«

»Flittchen«, brüllt Dietmar. Offenkundig hat nun der Verstand bei ihm ausgesetzt.

»Schlappschwanz«, schreit sie zurück.

»Du Nutte!«

»Raus«, ruft sie nun. »Raus, ich will dich nicht mehr sehen!« Und um ihn wirklich zu verletzen, schiebt sie nach: »Jan kriegt ihn wenigstens hoch, du Pfeife.«

Ruhe, dringt es wieder dumpf aus der Wohnung unter ihnen.

Doch das hören die beiden Streithähne nicht. Mit geschwollenen Kämmen stehen sie sich gegenüber und giften sich an. Dann langt Dietmar nach ihr, er ist außer sich, schlägt ihr ins Gesicht, dass sofort Blut aus der Nase schießt. Sie ist geschockt, entsetzt, und wehrt sich darum nicht, als er sie aus der Küche zerrt. Polternd stürzt ein Stuhl zu Boden. Regina stolpert, fällt auf die Knie, verliert ihre Pantoffeln. Dann beginnt sie sich zu widersetzen.

»Lass mich los, du Idiot«, schreit sie und wehrt sich heftig, obgleich sie noch immer alles nicht so richtig ernst nimmt, auch wenn es schmerzt. Ein Kabbelei an der Grenze zum Wahnsinn, vielleicht. Denn Dietmar ist doch ein friedfertiger Mensch, kein Schläger und Ausraster. Trotzdem versucht sie, sich ihm zu entwinden. Doch seine Arme umklammern sie wie Eisenringe und lassen ihr kaum Luft zum Atmen. Sie verlegt sich aufs Flehen. »Okay, entschuldige, war nicht so gemeint.«

Doch Dietmar reagiert nicht. Wortlos wirft er sich mit ihr aufs Bett, er schnauft, sein Atem geht rasch. Er liegt auf ihr wie eine Betonplatte.

»Ich kriege keine Luft«, stöhnt Regina. »Geh runter.«

Der Appell prallt an ihm ab.

Plötzlich spürt sie seine Hand unter ihrem Kleid. Er zerrt an ihrem Schlüpfer und versucht, diesen herunterzuziehen. Und zugleich scheint er auch an seinem Hosentürchen zu nesteln.

»Komm, hör auf damit. Ich will nicht und du kannst nicht. Lass also den Scheiß.« Regina fühlt sich plötzlich wieder obenauf, obgleich sie unten liegt, sie wähnt sich als Herr des Geschehens. »Dietmar, nein, ich möchte jetzt nicht!«

Doch er reagiert nicht und rattert stoisch weiter wie eine Maschine, die keinen Knopf zum Ausschalten hat. Regina versucht ihn mit den Armen wegzustoßen, sie strampelt mit den Beinen, hofft, sich unter ihm wegzurollen, doch die Masse Mensch auf ihr verhindert ein Entrinnen. Spielt er noch oder ist alles bitterer Ernst? Soll sie laut um Hilfe rufen? Außer dem Besenstiel von unten wird es ohnehin keine Reaktion geben. Und vielleicht dreht Dietmar dann völlig durch?

Sie windet sich und hofft, dem schmerzenden Griff in den Schritt dadurch zu entgehen. Dann spürt sie auf einmal etwas Nasses auf ihren Schenkeln. Und bekommt einen Lachanfall. Sie schüttet sich aus vor Lachen. Er hat schon wieder abgespritzt, ehe es so weit war. Wie immer. Sie lacht ihn aus, sie macht sich über ihn lustig. Das befreit.

»Ach, ist mein Schlappschwänzchen wieder vor der Zeit gekommen?«, keucht sie zwischen zwei Lachsalven. »Was ist uns denn da für ein Malheur passiert?« Sie glaubt, damit die Situation zu entspannen, jetzt, wo die Spermabombe entschärft ist. Noch immer reagiert Dietmar nicht. Sie spürt lediglich, dass er in seiner Hosentasche wühlt, als suche er was. Und redet weiter auf ihn ein.

Plötzlich sagt er: »Halt endlich die Schnauze!« Und Regina spürt etwas an ihrem Hals, das ihr die Luft abschnürt. Sie

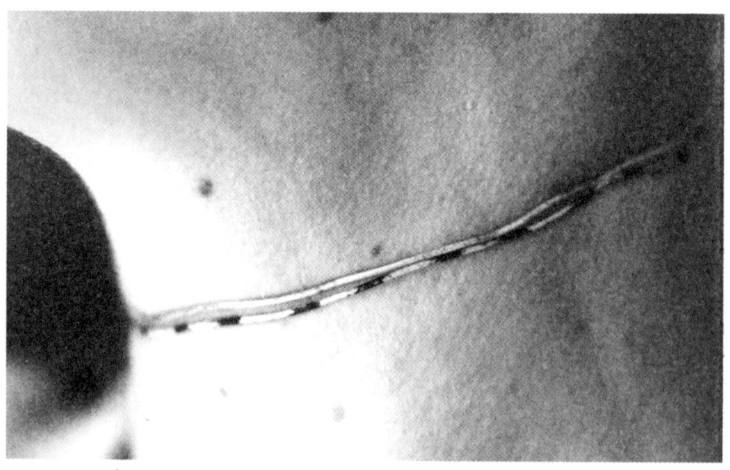

Klingeldraht am Hals: Dietmar A. zog zu

reißt die Arme nach oben, greift nach der Schlinge, die ihr die Kehle zudrückt, dann nach den Händen, die an der Schlinge ziehen. Dann jedoch schwinden ihr die Sinne.

Dietmar zieht noch immer an dem Draht, als längst die Augen starr und reglos aus den Höhlen blicken. Er kennt das von verendeten Tieren im Zoo. Dietmar registriert es teilnahmslos, ohne sich bewusst zu werden, dass der Mensch unter ihm tot ist. Geistesabwesend rollt er sich aus dem Bett, erhebt sich, schließt den Hosenschlitz – und geht. Ohne sich umzuschauen verlässt er die Wohnung. Er schließt nicht einmal die Tür.

In der Wohnung darunter hat das Rentnerpaar Besuch. Vor seinem Schwager möchte der alte Cibulke besonders schneidig wirken. Bereits beim ersten lauten Wortwechsel in der Wohnung über der ihren langte er nach dem Besen, der griffbereit neben der Anrichte im Wohnzimmer stand. Mit dessen Stiel stieß er gegen die niedrige Decke. Das, so sah der Schwager sofort, schien er häufig zu machen, denn die Stelle war bereits sichtlich dunkel.

»Dieses Pack da oben glaubt, wir seien schwerhörig«, schob Cibulke als Erklärung nach. Dann stellte er den Besen wieder an den gewohnten Platz zurück.

Zwei Schnäpse weiter wiederholte er die Übung, nachdem ihm seine Frau wiederholt dazu aufgefordert hatte. »Nu mach doch endlich was!«

Aber jetzt herrscht auf einmal auffällige Ruhe im Obergeschoss. Auch diese Stille stört.

»Sind die gegangen?«, fragt Cibulke seine Frau, die das Abendbrot auf dem Tablett hereinbringt.

»Keine Ahnung«, sagt sie, »im Treppenhaus habe ich nichts gehört«.

»Die pfeifen sonst immer oder trällern sich was, wenn sie

die Stufen heruntertrampeln«, erklärt Cibulke seinem Schwager.

»Wer sind *die*?«, fragt der.

»Na, die Regina und ihr Kerl. Sie ist ja eine Nette, arbeitet als OP-Schwester im Krankenhaus. Aber ihr Freund gefällt mir nicht so sehr. Der ist, glaube ich, im Tierpark als Pfleger beschäftigt. Wenn die oben zusammen sind, gibt es nur Zoff, sage ich dir.«

»Nicht nur«, wirft seine Frau ein. »Manchmal quietschen auch die Bettfedern ganz schön. Das regt einen noch mehr auf. Diese Schweine …«

Der Schwager denkt sich seinen Teil und grinst. »Nur kein Neid«, sagt er.

»Aber nu herrscht Totenstille da oben.«

»Sei doch froh. Da musst du nicht mit dem Besenstiel an die Decke stucken.«

Cibulke schüttelt den Kopf.

»Oller Griesgram«, meint seine Frau beim Hinausgehen. »Streiten sie sich, regst du dich auf. Steigen sie in die Kiste, regst du dich auf. Sind sie ruhig, regst du ich auch auf. Was sollen die denn machen? Egal, was sie tun oder lassen: Du regst dich auf!« Kopfschüttelnd verlässt sie das Wohnzimmer.

»Du regst dich doch am meisten auf«, sagt Cibulke. »Mach was, mach was, schreist du immer.« Und nach einer Pause: »Da stimmt was nicht.« Cibulke kippt den dritten Klaren und langt nach einer Mettwurststulle mit gevierteltem Gürkchen. »Das ist mir nicht geheuer.«

»Was soll da nicht geheuer sein? Vielleicht schlafen sie nur«, sagt der Schwager.

»Jetzt? Draußen ist es noch hell.«

»Mein Gott, hast du noch nie ein Nickerchen gemacht, bevor der Mond aufging?«

»Du hast doch auch das Poltern gehört, nich? Das hörte sich an, als sei ein Stuhl umgefallen.«

»Bestimmt. In jeder Wohnung fallen mal Stühle um. Das soll hin und wieder vorkommen.«

»Schon. Aber wenn man sich vorher laut streitet, dass es die ganze Nachbarschaft hört?«

»Mein Lieber: Nicht die ›ganze Nachbarschaft‹ hat es gehört, sondern nur du. Und zwar deshalb, weil du es hören willst. Nun hör endlich damit auf. Prost.«

Der Schwager greift zum Bierglas.

Nach einer Weile schweigenden Kauens beginnt Cibulke wieder. »Ich geh hoch. Das lässt mir keine Ruhe. Irgendwas stimmt da nicht. Ich habe da so ein komisches Gefühl.«

»Du schaust zu viele Krimis im Fernsehen«, witzelt der Schwager. »Aber wenn's dich beruhigt: Nach dem Essen können wir ja mal zusammen nach oben gehen.«

»Besser gleich.«

»So weit kommt es noch«, meldet sich die Hausfrau zurück. »Du bist nicht mehr Hausvertrauensmann, das macht seit zwei Jahren der Schulze im Erdgeschoss. Erst wird gegessen, dann könnt ihr gern Privatdetektive spielen und euch bis auf die Knochen blamieren.«

Widerwillig fügt sich Cibulke in sein Schicksal. Die realen Machtverhältnisse sind wieder deutlich geworden. Der Schwager ist stolz auf seine Schwester. Sie hatte schon damals daheim immer die Hosen an, worunter auch er zu leiden hatte. Als Rentner jedoch sieht man das gelassen.

Nachdem das letzte Gürkchen geschnurpst und der Tisch abgeräumt ist, steigen die beiden nach oben und den Hallodris im Obergeschoss aufs Dach. Cibulke will mit den Knöcheln der Hand gegen die Wohnungstür klopfen, als er bemerkt, dass diese geöffnet ist. Erstaunt dreht er sich zu seinem Schwager um und sagt, was dieser selber sieht: »Die Tür ist auf!«

Vorsichtig öffnet er sie vollends und ruft in den Flur mit auffällig gedämpfter Stimme: »Regina!« Und an seinen Schwager gewandt: »Folge mir.«

Der schüttelt lächelnd den Kopf. Sie sind nicht in der Höhle eines Löwen und müssen gewärtigen, dass sie das wilde Tier aus dem Hinterhalt anspringt. Wozu also diese übertriebene Vorsicht?

Cibulke greift zum Lichtschalter, die Glühbirne in der Flurlampe geht an. Nichts. An der Garderobe hängen die Klamotten, links sind die Schuhe fein säuberlich aufgereiht. Nichts deutet auf Ungewöhnliches hin.

»Regina!« Der Ton ist schon lauter, fordernder.

Kein Echo.

Cibulke schaut in die Küche, ein Stuhl liegt am Boden, daneben ein Latschen. Er geht hinüber ins Wohnzimmer. Da liegt der zweite. Sonst ist nichts zu sehen.

»Regina!«

Schließlich öffnet er die Tür zum Allerheiligsten, dem Schlafzimmer.

Auf dem Bett liegt reglos Regina.

»Ach du Scheiße«, entfährt es ihm.

»Was ist?« Sein Schwager kommt aus der Küche gelaufen und sieht die junge Frau. »Die ist doch tot!«

»Nichts anfassen«, sagt Cibulke.

Als ob sein Schwager dieses vorgehabt hätte.

»Wir müssen sofort die Polizei rufen.«

»Na mach mal«, sagt sein Schwager. »Ich sichere den Tatort.«

»Ich kann nicht fahren. Ich habe getrunken.«

»Ich etwa nicht?«

»Du hast einen Kurzen weniger.«

»Ja, aber ein Bier mehr.«

»Ach«, sagt Cibulke wütend und geht nach unten, die Autoschlüssel holen. Das Volkspolizeikreisamt ist nur ein paar Straßen weiter, da wird er schon in keine Verkehrskontrolle geraten. Außerdem hat er eine Tote zu melden. Da wird man wohl ein Auge zudrücken können.

Wenig später knattert sein Trabant die Straße entlang.

Im VPKA will ihn der Genosse am Eingang nicht vorlassen. »Bürger, Sie haben getrunken«, erklärt ihm der Offizier vom Dienst.

Da verrate er ihm kein Geheimnis, antwortet Cibulke ausnehmend witzig, obwohl der Grund seines Erscheinens in der Wache nicht eben komisch ist. »Ich habe eine Tote zu melden«, sagt er, und verlangt jemanden von der Mordkommission zu sprechen.

So etwas gäbe es hier nicht, nur einen Kriminaldauerdienst.

Das sei ihm wurscht, sagt Cibulke und das zunehmend unleidlicher. In seinem Hause lebe eine junge Frau, und nun sei sie tot, das heißt, sie lebe nicht mehr.

»Bürger, Sie haben getrunken«, wiederholt der Diensthabende, womit er andeuten will, dass das, was Cibulke vorbringt, nun ja, ein wenig wirr klingt und nicht zur Kenntnis genommen werden möchte.

Jetzt platzt dem wachsamen, wenngleich nicht ganz nüchternen Rentner der Kragen. Er verlangt lautstark nach dem Chef, und wenn ihm nicht augenblicklich Gehör geschenkt werden würde, dann – so betrunken ist Cibulke nun doch nicht, als dass er vergessen hätte, wer im Staate das Sagen hat – werde er morgen den 1. Sekretär der SED-Kreisleitung informieren. Da solle er aber mal sehen …

Der Uniformierte wiederum weiß das, was Cibulke bezüglich der Macht im Staate weiß, selbstverständlich auch, und mit der Obrigkeit möchte er sich ungern anlegen. Die Drohung erzielt also Wirkung.

Er greift zum Telefon. Schon bald eilt einer in Zivil herbei, der sich als Hauptmann der K Leschner vorstellt. Auch ihn weht Cibulkes Fahne an, aber sei's drum: Er nimmt den Bürger und sein Anliegen ernst, wie es so schön in der Dienstvorschrift heißt.

So und so.

Leschner glaubt ihm aufs Wort und alarmiert umgehend die Kriminaltechniker und den Krankenwagen. Der Arzt solle in die Thälmannstraße 15 fahren, dort läge in der dritten Etage eine weibliche Leiche.

»Sie kommen mit mir«, befiehlt der Hauptmann, der offenkundig das Befehlen gewohnt ist, auch wenn er keine Uniform trägt. »Ist jemand vor Ort?«, erkundigt er sich auf dem Weg zum Dienst-Wartburg auf dem Innenhof, und Cibulke ist ganz stolz zu vermelden, dass sein Schwager den Tatort sichere. »Auf meine Weisung.«

Dann kommen noch zwei Kriminaltechniker mit ihren Arbeitskoffern hinzu. Außer einem kurzen »Tach« mit leichtem Kopfnicken ist nichts von ihnen zu vernehmen. Weder beim Einsteigen noch während der Fahrt. Zeuge Cibulke thront wie ein Kommandeur auf dem Beifahrersitz.

Im Haus herrscht Ruhe. Der Tross steigt nach oben, am Geländer lehnt der Schwager. Cibulke herrscht ihn an, er solle den Tatort sichern und nicht im Treppenhaus herumlungern. Die einzige Rechtfertigung ist ein herablassendes Grinsen. Was macht das auch für einen Unterschied, ob er nun *in* oder *vor* der Wohnung wartet.

Cibulke marschiert wie ein General vorweg und steuert das Schlafzimmer an. Leschner und seine Kollegen folgen ihm. Der Hauptmann mustert nur kurz den Raum, betrachtet oberflächlich die Tote, ohne sie zu berühren. Die Sache ist eindeutig. Es liegt der Draht noch am Hals, und dass die junge Frau beim Erdrosseln oder davor oder danach vergewaltigt wurde, ist unschwer am herabgezogenen Schlüpfer, dem aufgeworfenen Sommerkleid und den Spermaspuren zu erkennen. All diese Details werden die Spurensicherung und die gerichtsmedizinische Untersuchung festhalten. Leschner nickt den beiden Kriminaltechnikern zu, sie wissen, was zu tun ist.

»So, Herr Tschibulski …«

»Cibulke, Genosse Hauptmann, Cibulke.«

Leschner legt ihm den Arm auf die Schulter und drängt den Rentner zur Tür. »So, Herr Cibulke, dann lassen wir mal die Männer in Ruhe ihre Arbeit hier machen, wir unterhalten uns nebenan unterdessen ein wenig.« Der Hauptmann schließt hinter sich die Schlafzimmertür. Auf einem Sessel sitzt bereits der Schwager. Er schaut die beiden erwartungsvoll an.

»Sie sind?«

»Der Schwager von Herrn Cibulke. Wir haben die Tote gefunden.«

»Ach ja. Und wo waren Sie vorher?«

»In unserer Wohnung in der zweiten Etage«, antwortet Cibulke für ihn und erntet dafür einen missbilligenden Blick des Kriminalisten.

»Würden Sie bitte dort so lange warten, bis ich mit Herrn Cibulke fertig bin. Danke.«

Leschner will jeden Zeugen einzeln sprechen, damit nicht jeder unbewusst das Gleiche erzählt. Das wäre noch nicht einmal Vorsatz, sondern ein ganz normaler Reflex. Der erste Zeuge gibt in einer Kollektivbefragung objektiv die Diktion vor, der dann alle anderen automatisch folgen. Der Mensch ist nun einmal ein Herdentier.

Leschner klappt sein Notizbuch auf und zückt seinen Kugelschreiber der Marke Markant aus Dresden. Er dreht erst auf der letzten Seite ein paar Runden damit. Das Blatt ist bereits von einer Unmenge Kreise und Schleifen gefüllt, die sich ins Papier eingedrückt haben, was auf das leidige Problem mit den Kuliminen Made in GDR verweist: Ehe sie in Gang kommen, braucht man viel Geduld, und zwischendurch setzt der Tintenfluss auch aus. Ein durchgehender, kräftiger Strich ist die Ausnahme. Dann aber springt die Mine an und Leschner schlägt zurück.

»Herr Cibulke, Sie bewohnen die Wohnung unter der des Opfers. Was haben Sie bemerkt?«

»Wollen Sie nicht zunächst wissen, wer sie ist?«

Der Hauptmann wirft Cibulke einen Blick zu, der Belustigung verrät. »Darauf werde ich noch kommen. Überlassen Sie mal ruhig mir die Gesprächsführung. Ich habe das nämlich schon mal gemacht. – Also, was ist passiert?«

Cibulke räuspert sich. »Wir saßen gemeinsam am Tisch im Wohnzimmer. Mutti hatte lecker Schnittchen gemacht, wir nahmen dazu Bier und einen Kurzen. Vielleicht auch zwei. Dann wurde es wie immer oben laut.«

»Wie immer?«

»Na, immer wenn der Kerl da war, haben die sich laut gestritten. Es war nicht zum Aushalten. Ich habe mit dem Besenstiel gegen die Decke gewummert und Ruhe gefordert.«

»Wie immer, vermutlich?«

»Sie vermuten richtig, Genosse Hauptmann. Ich habe mich also bemerkbar gemacht. Danach war es für kurze Zeit still. Aber eben nur ein, zwei Minuten etwa. Dann brüllten sie sich wieder an, anschließend polterte es, als sei ein Stuhl oder irgendwas Schweres zu Boden gestürzt. Anschließend ging das Geschrei weiter. Aber es war nur sie zu hören, er nicht. Sonst ging das ja immer hin und her zwischen beiden. Ein Wort gab das andere, Sie verstehen?«

Leschner nickt und notiert sich die Stichworte.

»Hörten Sie ihre Stimme oder nahmen Sie nur an, dass es ihre war? Es war keine zweite Frau oder die Stimme anderer Personen zu vernehmen?«

Cibulke gibt sich entrüstet. »Das war eindeutig nur eine einzige Frauenstimme, ihre. Ich bin doch nicht taub.«

»Wenn Sie ein so gutes Gehör haben: Was sagte oder schrie denn die Frauenstimme?«

»Das nun habe nicht verstanden.«

»Waren es Hilferufe oder so etwas?«

Cibulke steht die Enttäuschung ins Gesicht geschrieben. Er hätte gern präzise darauf reagiert, nicht nur aus Gefallsucht. Aber er muss die Antwort leider schuldig bleiben.

»Und dann?«

»Dann war auf einmal Ruhe. Totenstille sozusagen.«

»Kein Türenknallen, keine Geräusche, nichts Auffälliges?«

»Nee, nüscht. Ich habe auch meine Frau gefragt, ob sie gehört habe, dass jemand die Treppe hintergelaufen sei. Aber sie hat dergleichen nicht vernommen.«

»Und danach sind Sie auf die Idee gekommen, mal oben nach dem Rechten zu schauen? Haben Sie das jedes Mal gemacht, wenn es oben gekracht hat?«

»Nee, nie. Das war das erste Mal.«

»Warum?«

»Naja, wir saßen, wie schon gesagt, zu dritt beim Abendbrot. Es gab oben Zoff, ich habe ein paar Mal gegen die Decke gestuckt, was sie wenig beeindruckte, und dann war auf einmal Ruhe im Karton.«

»Da hatten Sie doch Ihr Ziel erreicht und hätten zufrieden sein können?«

»Ja, schon, aber die plötzliche Stille war irgendwie gespenstisch. So abrupt. Kein Ton, nichts. Mein Schwager meinte, als ich darüber mein Erstaunen ausdrückte, dass sie vielleicht eingeschlafen seien, nachdem sie … Sie verstehen schon.« Cibulke schlägt mehrmals mit der flachen Rechten auf die mit Zeigefinger und Daumen der linken Hand geformte kreisrunde Öffnung. »Aber ich habe ihm widersprochen: So plötzlich versinke niemand danach gleich in Tiefschlaf.«

»Also haben Sie sich entschlossen, mit Ihrem Schwager nachzuschauen und dabei festgestellt – so sagten Sie vorhin auf dem Revier –, dass die Wohnungstür nicht verschlossen, sondern nur angelehnt war.«

Cibulke bekräftigt die Feststellung mit Kopfnicken.

»Und wenn sie verschlossen gewesen wäre? Hätten Sie geklopft oder geklingelt oder die Tür eingetreten?«

»Hätte, hätte, Fahrradkette … Die Klingel war außerdem nicht angeschlossen, das wollte ja der Dietmar noch machen. So zumindest hat mir Regina das gesagt, als ich sie darauf ansprach, dass ihre Türklingel nicht gehe.«

Leschner beißt sich auf die Zunge. Seine Frage war saublöd. Ihm geht dieser Wichtigtuer mit seiner Blockwartmentalität auf den Senkel, da hatte er sich hinreißen lassen. Aber da Cibulke nun zwei Namen einführte, ergibt sich für ihn die Gelegenheit, die Richtung zu ändern.

»Wer ist Dietmar?«

»Reginas Freund, mit dem sie seit geraumer Zeit zusammen ist. Ich glaube, das geht schon etwa anderthalb Jahre mit dem.«

»Wohnt er hier?«

Cibulke schüttelt entrüstet den Kopf. »So weit kommt's noch. Nee, der kam nur regelmäßig vorbei, manchmal täglich, und gelegentlich blieb er auch über Nacht. Glaube ich jedenfalls. Ich lag ja nicht unterm Bett …«

Das hättest du aber gewiss gern, denkt Leschner amüsiert.

»Kamen auch noch andere Männer?«

»Nein. Regina war ein ordentliches Mädchen. Nicht so eine, so eine …« Cibulke sucht nach einem passenden Wort, aber ihm fällt keines ein. »Sie war solide.«

»Und hat bestimmt auch regelmäßig den Treppenflur gewischt, wie das der Reinigungsplan vorsah.«

»So ist es.«

»Zurück zu Dietmar. Wie weiter? Sein Nachname?«

Cibulke zuckt die Achsel. »Ich weiß nur, dass er im Tierpark als Pfleger arbeitet. Er wirkte auf mich etwas schüchtern, irgendwie verklemmt und verhuscht. Wenn man sich auf der Treppe begegnete und einen Guten Tag wünschte, hat der einem nie ins Gesicht geschaut. Der Blick ging stets nach unten. Deshalb habe ich ja auch nicht verstanden, dass die beiden sich so laut ankeiften und stritten. Draußen wirkte er immer, als könnte er kein Wässerchen trüben. Aber hinter verschlossener Tür flogen die Fetzen.« Cibulke schüttelt den Kopf, er steht vor einem Rätsel. Und er ist der Typ, der nicht mit unbeantworteten Fragen leben kann. Man sieht ihm an, dass er schwer an diesem Problem trägt.

»Können Sie ihn beschreiben?«

»Ist das nötig? Gehen Sie zu Arnold Müller in den Zoo und lassen Sie sich ein Foto von ihm geben. So viele Tierpfleger von Mitte 20 haben die nicht, als dass er nicht sofort identifiziert werden könnte.«

»Mache ich sofort, wenn ich hier durch bin.« Leschner blättert einige Seiten in seinem Büchlein zurück.

»Nun zum Opfer. Was wissen Sie über Regina?«

Cibulke hebt die Achseln. »Nicht viel. Was man eben so über Nachbarn weiß, denen man nur auf der Treppe begegnet. Sie kommt, äh, kam aus ordentlichen Verhältnissen. Die Mutter«, er reckte den Zeigefinger der rechten Hand gen Himmel, »muss ein hohes Tier sein oder gute Beziehungen zur Obrigkeit haben, denn sonst hätte Regina nicht die Wohnung bekommen. Stellen Sie sich mal vor, Genosse Hauptmann: als 18-jährige Schwesternschülerin und alleinstehend!«

»Naja«, setzt Leschner zum leichten Widerspruch an, »mit 18 ist man hierzulande volljährig mit allen Konsequenzen und Rechtsansprüchen. Auch den auf eine eigene Wohnung. Und das da oben ist ja nun wahrlich kein Palast.«

»Aber wie viele in dieser Stadt warten schon lange auf eine größere Wohnung, weil sie beengt und unter menschenunwürdigen Bedingungen hausen? Ich könnte Ihnen Geschichten erzählen …«

»Müssen Sie nicht, Herr Cibulke. Die kenne ich auch.« Leschner selbst wohnt mit seinen drei Kindern in einer Wohnung, die nur unwesentlich größer ist als die der Toten. Seit

Jahren wird er vertröstet. Jedes Mal, wenn das dem VPKA zugewiesene Kontingent Neubauwohnungen verteilt wird, fällt er hinten runter, weil weniger Wohnungen bereitgestellt wurden als versprochen. Da muss zunächst der junge Absolvent mit Frau und Kind vorrangig berücksichtigt werden, weil er schlechterdings nicht in ein Ledigenwohnheim einquartiert werden kann. Und dann ist dort der langjähriger Revierleiter mit der bettlägerigen Frau, der unbedingt eine zentralbeheizte Wohnung benötigt … Genosse, das musst du doch verstehen, die Partei verlangt von dir ein Einsehen, hieß es dann immer, und mit dieser moralischen Keule wurde jeder berechtigte Anspruch plattgemacht.

»Die Regina, Sie erwähnten es bereits, arbeitet im Bezirkskrankenhaus als OP-Schwester. Ich werde mich auch dort noch erkundigen. Sie war, wenn ich Sie recht verstanden habe, eher unauffällig, sehr normal. Wissen Sie, worüber sich die beiden gestritten haben? Und zweitens: Sie gehen davon aus, dass es auch vorhin die beiden waren, die sich in den Haaren lagen?«

»Erste Frage: Nein, ich weiß nicht, worüber sich die beiden immer gefetzt haben. Das sagte ich ja bereits: Es war nichts zu verstehen. Zweite Frage: Ja, ich wiederhole mich, es waren eindeutig Dietmar und Regina. Der Beweis, dass sie dabei war, liegt nebenan«, er macht, als ob dies nötig wäre, eine Handbewegung in Richtung Schlafzimmertür. »Und dass es sich ausschließlich um ihren – soll ich sagen – Verlobten? gehandelt haben kann, sagte ich gleichfalls schon vorhin: Es gab keine anderen Kerle in Reginas Leben. Er war der Einzige. Und drittens schließlich: Der Ablauf vorhin war so wie bei den früheren Streitereien. Mal vom Finale abgesehen …«

Hauptmann Leschner klappt sein Büchlein zu. »So, das hätten wir. Schicken Sie mir dann bitte Ihren Schwager hinauf.«

Es geht inzwischen auf acht Uhr zu, als die Befragungen im Haus abgeschlossen und von den Technikern alle Spuren dokumentiert sind. Der Arzt hat den Tod festgestellt und amtlich beglaubigt, der Leichnam ist in die Pathologie überführt. Am folgenden Tag werden die Gerichtsmediziner ihn obduzieren.

Leschner kehrt ins Volkspolizeikreisamt zurück und informiert den Vorgesetzten und die Kollegen der K von dem Verbrechen. Er schlägt vor, eine Fahndung nach dem Freund des Opfers auszuschreiben, da dieser dringend tatverdächtig sei.

Das können wir uns sparen, sagt sein Chef. »Der sitzt bereits hier.«

»Wie bitte?«

»Ja, du hast richtig gehört. Dieser Dietmar Atzdorn hat sich vor etwa einer Stunde selbst gestellt. Du kannst ihn gleich vernehmen.«

»Verstehe. Wir können ihn nicht über Nacht festhalten – auf welcher Rechtsgrundlage?«

»Du sagst es. Solange nicht der Tatverdacht von unserer Seite bestätigt worden ist, können wir ihn nicht festsetzen, nicht einmal für eine Nacht. Wenn hier einer auftaucht und erklärt, er habe Hans Modrow erschossen und dieser läuft – entgegen der Selbstbezichtigung des angeblichen Täters – lebendig auf dem Elbdeich herum, können wir den Selbststeller nicht in U-Haft nehmen. Tut mir leid, mein Lieber, du musst noch mal ran.«

Leschner nickt und marschiert in sein Büro. Dann lässt er sich den Tierpfleger vorführen.

Der junge Mann wirkt wie abwesend. Er setzt sich auf den Stuhl, den ihm der Uniformierte unter den Hintern schiebt. Leschner nickt ihm aufmunternd zu. Er ist in solchen Situationen leidenschaftslos und frei von Emotionen. Ob jemand ein Mörder, ein Karnickeldieb oder Scheckbetrüger ist: In erster Linie ist es ein Mensch, ein Individuum mit verschiedenen Seiten und Anlagen und mit einem Anspruch: dem auf Respektierung seiner Würde. Es gibt kaum jemanden, der nur abgrundtief böse ist. Und bevor man urteilt und ihn notfalls auch verurteilt, weil er Gesetz und Moral missachtete, muss man alle Momente, Ursachen und Beweggründe gewissenhaft prüfen, oder wie es bei Gericht heißt: würdigen.

»Haben Sie etwas dagegen, wenn ich das Tonband mitlaufen lassen?«

Keine Reaktion.

»Nun, ich nehme Ihr Schweigen als Zustimmung.«

Leschner zieht das Schubfach mit dem Gerät aus dem Schreibtisch hervor und schaltet es ein, die Spulen beginnen sich zu drehen. »Sie bekommen dann anschließend eine Abschrift, die Sie quittieren müssen. Also, beginnen wir.«

Er rückt seinen Stuhl zurecht und dann das Mikrofon, welches vor ihm auf dem Tisch steht und in Richtung des jungen Mannes zielt.

»Mein Name ist Hauptmann der K Leschner. Ich ermittle in dem Tötungsdelikt Regina Zeck. Wir beginnen zunächst mit Ihren Personalien. Sie heißen?«

Die Frage prallt an dem Mann ab wie an einer Betonwand. Leschner kennt diesen Schockzustand. Er hält nichts von der Beruhigungsspritze, nach der manche Kollegen in diesem Moment rufen.

»Vorhin haben Sie doch gesprochen. Meine Kollegen berichteten mir, dass Sie sich bei ihnen gemeldet und selbst beschuldigt haben, einen Menschen getötet zu haben. Das wollen wir jetzt alles noch einmal zu Protokoll nehmen. Verstehen Sie?«

Langsam kommt Bewegung ins blasse Gesicht des Mannes. Sein Blick richtet sich erst auf das Mikrofon, dann auf Leschner. Der Kriminalist erwidert den tastenden Blick und sieht in graue, leere Augen, sein Blick stößt auf keinen

Grund, da ist nichts außer Fassungslosigkeit und Leere. Für Leschner ist klar: Hier ist eine menschliche Tragödie passiert, kein Verbrechen mit Vorsatz. Arme Sau, schießt es ihm durchs Hirn.

»Sie heißen?«

»Dietmar Atzdorn.«

»Wann und wo geboren?«

Nachdem die Personalien aufgenommen, kommt Leschner zum eigentlichen Anlass der Befragung. Er solle erzählen, was heute in der Wohnung von Regina Zeck geschehen sei.

Der Tierpfleger beginnt zögernd, sein Rede wird immer wieder von Pausen unterbrochen. Es scheint, als müsse er in der Erinnerung kramen, in den Tiefen seines Gehirns nach Bildern suchen. Als hätte jemand mit einem Schwamm die Tafel gewischt, auf der alles aufgezeichnet war. Folglich steht dort nichts mehr zu lesen. Er muss zu rekonstruieren versuchen.

Der Hauptmann lässt ihm Zeit. Er bedrängt ihn nicht mit Fragen oder gar Vorhaltungen, liefert allenfalls Stichworte, wenn Dietmar Atzdorn nicht weiterweiß.

Der rechtfertigt sich nicht, schiebt nicht, was Leschner oft erlebt, dem Opfer die Schuld zu. Dietmar Atzdorn zerfließt auch nicht in Selbstmitleid. Er erzählt, innerlich merklich aufgewühlt, wie er mit seiner Freundin in Streit geraten sei, sich von ihr provoziert gefühlt habe und dass er auf dem Bett versucht habe, mit ihr zu schlafen. Doch weil er den Akt nicht habe vollziehen können und Regina ihn ausgelacht habe, hätte er ihr Angst machen wollen, indem er ihr eine Drahtschlinge um den Hals gelegt habe. Er habe sie nicht erdrosseln wollen, er liebe sie doch. Regina sei, nächst seiner Mutter, der einzige Mensch, zu dem er sich hingezogen fühle. Er habe ihr nur zeigen wollen, wie sich das anfühlt, wenn einem die Luft zum Atmen genommen werde. In einer solchen Situation habe er sich befunden. Ihr fortgesetztes Drängen, aus

Görlitz wegzugehen, woanders neu anzufangen, habe ihm zunehmend das Herz zugeschnürt. Er fühlte sich von ihr bedrängt, unter Druck gesetzt, zu einer Entscheidung genötigt, die er nicht habe treffen wollen.

Diese Fesselung und Bedrückung, so der Tierpfleger, habe er auch einmal seine Verlobte spüren lassen wollen. Nur kurz sollte ihr die Luft wegbleiben, damit sie eine Ahnung bekäme, wie es ihm gehe. Den Draht habe er noch zufällig in der Tasche gehabt, er sollte ihr ja die Klingel anschließen.

Für Hauptmann Leschner scheint die Sache ziemlich klar.

»Ich würde Sie gern psychiatrisch untersuchen lassen«, sagt er, nachdem Dietmar Atzdorn endete. »Sind Sie damit einverstanden?«

»Davon wird Regina auch nicht wieder lebendig«, antwortet der, womit er gewiss recht hat. Aber für die Beurteilung seiner Persönlichkeit und das Strafmaß kann ein solches Gutachten erheblich sein. Das sagt Leschner natürlich nicht, weil er nämlich die Gegenfrage fürchtet: Halten Sie mich etwa für verrückt? Nein, für »verrückt« hält er den jungen Mann keineswegs, aber im Moment der Tat nicht bei Sinnen. Das aber sollen die Psychologen herausbekommen. Dazu sind sie schließlich da.

Leschner klingelt nach dem Polizisten, der Dietmar Atzdorn in die Zelle bringen soll. Um der Form und dem Gesetz Genüge zu tun, erklärt ihn der Hauptmann der K für vorläufig festgenommen, weil er im dringenden Verdacht steht, die Krankenschwester Regina Zeck in ihrer Wohnung ermordet zu haben. »Abführen«, lautet sein letztes Wort.

Nun beginnt der ganze Papierkram, den Leschner so hasst: Sofortmeldung an die zuständigen staatlichen Stellen, Lagebericht an die morgendliche Runde der Mitarbeiter der K und den Amtsleiter, Information an die Staatsanwaltschaft, Beantragung des Haftbefehls und einer psychiatrischen Untersuchung, Gerichtssektion, Auswertung der kriminaltechnischen Untersuchung etc. Öffentlichkeitsarbeit? Überflüssig. »Mithilfe der Bevölkerung«, die in unaufgeklärten Fällen per Zeitungsmeldung bisweilen eingefordert wird, ist hier nicht erforderlich. Der Täter ist bekannt und geständig. Es genügt, wenn später im Gerichtsbericht die Menschen von diesem Verbrechen erfahren, das weder typisch ist noch überhaupt ins Bild einer gesicherten sozialistischen Gesellschaft passt. Schlimm genug, dass es so etwas überhaupt gibt.

Leschner haut seinen ganzen Unmut über die Mehrarbeit in die Tasten der Schreibmaschine. Tippfehler stören ihn nicht. Er macht schließlich Überstunden. Das entschuldigt alles. Die Sekretärin hat Feierabend. Er nie.

Am nächsten Tag liegt bereits der Sektionsbericht vor. Er bestätigt, wenngleich medizinisch verklausuliert, lediglich das, was Leschner mit einem Blick festgestellt hat.

Die Tote, so steht es denn dort auf dem Papier, wurde durch Erdrosseln gewaltsam zu Tode gebracht. Eine wortmalerische Formulierung für einen schrecklichen Vorgang, denkt der Hauptmann und liest weiter. »Nachgewiesen wird diese Tatsache durch das Vorhandensein der waagerecht verlaufenden Drosselmarke. Sie liegt tief, vor und unterhalb des Kehlkopfes.« Nun, das sieht man auch auf den Fotos, die ihm die Kriminaltechniker morgens geliefert hatten.

»Die tiefe Abschnürung bewirkt die Abklemmung der Halsschlagadern. Die Wirbelsäulenschlagadern sind nicht beschädigt. Dadurch ist die Unterbrechung der Blutzufuhr zum Gehirn nicht augenblicklich und vollkommen. Es besteht aber die Behinderung des Blutabflusses durch Kompression der Halsvenen.«

Der Gerichtsmediziner stellte bei der Sektion »hochgradige Stauungserscheinungen oberhalb der Drosselmarke fest. Daraus resultieren die Hautblutungen von Gesicht und Hals und die massenhaften Punktblutungen in Augen und Gesicht.

Die inneren Befunde sind ebenso eindeutig: Fraktur des Kehlkopfes, starke Blutfülle der Lungen mit Gewebsblutungen.

Die Blutung aus der Nase, die für ein Erdrosseln charakteristisch ist, stammt im vorliegenden Fall hauptursächlich von dem vorher ausgeführten derben Schlag ins Gesicht der Toten.

Hauptursache für den Tod ist die unvollkommene und wechselnde Luftabschnürung bei leidlichem Erhaltensein der Blutzufuhr zum Gehirn.«

Hauptmann Leschner wirft den Obduktionsbericht vor sich auf den Tisch. Er ist von solchen Beschreibungen gleichermaßen fasziniert wie abgestoßen. Dieses Mediziner-Fachchinesisch gibt einerseits emotionslos wieder, was mit und im Körper passiert ist. Das ist wichtig, um zu erfahren, was unmittelbar zum Tode eines Menschen geführt hat. Auf dieser Basis lässt sich dann Schuld oder Unschuld Beteiligter ermitteln und das Maß ihrer Verantwortung bestimmen. Auf der anderen Seite verärgern ihn diese gänzlich abstrakten Formulierungen. So kann man über eine Sache, über einen toten Gegenstand schreiben, nicht aber über ein menschliches Wesen. Das ist doch kein leblose Materie, sondern ein Mensch, der bis vor kurzem sprach, sang, trank, atmete, der mit anderen Menschen fühlte, mit ihnen litt oder sich an seinem Dasein erfreute.

Natürlich, als Materialist weiß er, dass der Mensch zu etwa zwei Dritteln aus Wasser und einem Drittel Kohlenstoff besteht, der Rest sind Spurenelemente. Eine »Seele« hat man darunter bislang nicht entdeckt. Wie auch, denn das ist Metaphysik. Die Gesamtheit von Gefühlsregungen und geistigen Vorgängen, die manche darunter subsumieren, ist weder greifbar noch existiert sie losgelöst vom menschlichen Körper: Wenn dieser aufhört zu funktionieren, also tot ist, hört auch die »Seele« auf zu existieren. Leschner hat diese Frage wiederholt im Parteilehrjahr angeschnitten, doch das Interesse war mäßig. Mit solchem »Seelenkäse« sollten sich die Gehirnklempner beschäftigen, hieß es. Wir liefern ihnen den Täter – ihre Aufgabe ist es, ihm ins Hirn zu gucken und dem Richter zu sagen, ob er richtig tickt oder nicht, ob er schuldfähig ist oder nicht. Knast oder Klapse – das ist doch die Frage. Alles andere ist akademische Flohknackerei, verstehste, Genosse Hauptmann?

Bevor das Bezirksgericht Dresden Anklage erhebt, werden diverse psychiatrische Gutachten eingeholt. Bei den Ermittlungen war schließlich das Kernproblem deutlich geworden. Anlass für die Spannungen zwischen beiden war die wachsende Unzufriedenheit von Regina Zeck, die nicht zuletzt auf einem Mangel an sexueller Befriedigung fußte. Und als Ursache für die Impotenz ihres Freundes sah sie dessen nahezu sklavische Bindung an dessen Mutter an.

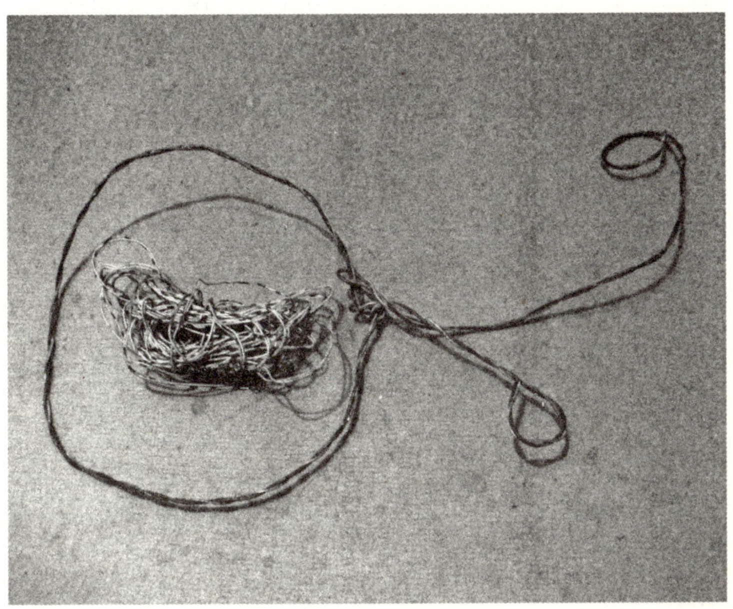

Das Tatwerkzeug: einfacher Klingeldraht

Die Mutter stellte dies natürlich in Abrede und machte ausschließlich das Mädchen, also das Opfer, dafür verantwortlich, dass ihr Sohn zum Mörder geworden war. Sie habe ihn verführt und ihm Flausen in den Kopf gesetzt. »Was für Flausen?«, hatte Leschner sie bei der Vernehmung gefragt, worauf Frau Atzdorn auf den Wunsch der jungen Frau verwies, ihren Sohn zu heiraten, mit ihm wegzugehen und eine Familie zu gründen. »Warum sollte er mit diesem Flittchen weggehen? Er hatte es doch immer gut bei mir.«

»Warum Flittchen?«, hatte sich Leschner daraufhin erkundigt, denn Bemerkungen dieser Art waren von keinem einzigen Zeugen gemacht worden. Im Gegenteil: Alle hatten die solide Lebensweise herausgestellt. Daraufhin hatte Frau Atzdorn eine wegwerfende Handbewegung gemacht. Das wisse man doch, dass die meisten jungen Krankenschwestern es mit den Ärzten trieben, um sich eine goldene Zukunft zu sichern. Die sind doch alle so was von berechnend, diese jungen Dinger!

Gegen diese Behauptung stehe aber die Tatsache, dass Frau Zeck länger als anderthalb Jahre mit ihrem Sohn zusammen war und diesen und keinen Chef- oder Oberarzt heiraten wollte, hielt Leschner dagegen. Offensichtlich war Liebe im Spiel, keineswegs Berechnung.

Logik schien jedoch nicht die starke Seite der Mutter zu sein, denn sie beharrte auf ihrem Standpunkt, ihr Sohn sei das Opfer und nicht, wie unterstellt werde, der Täter.

Hauptmann Leschner sah seine Aufgabe nicht darin, sich mit Frau Atzdorn anzulegen. Er war der ermittelnde Kriminalist, nicht der Richter. Er musste nichts erklären und beweisen, sondern nur die Fakten zusammentragen. Beurteilen und verurteilen mussten andere.

So unterließ er denn auch, aus Gutachten zu zitieren, die eindeutig belegten, dass Dietmars Probleme im Bett psychogen, also seelisch bedingt waren: Sie gingen auf Traumata und falsche oder ungenügende Verarbeitung von Erlebnissen zurück. Das schlug sich dann organisch nieder. Ein klarer Fall von psychischer Impotenz, hatten die Gutachter unabhängig voneinander geschrieben. Behandelbar, aber nicht zwingend erfolgreich.

Hauptmann der K Leschner hatte den Fall abgeschlossen und die Unterlagen der Staatsanwaltschaft in Dresden zukommen lassen. Dort sitzt man schließlich über Dietmar Atzdorn zu Gericht. Die zentrale Frage, ob er schuldfähig ist, wird von allen Fachgutachtern positiv beantwortet. In vollem Umfang sei er das.

Das Gericht würdigt den Umstand, dass sich Dietmar Atzdorn unmittelbar nach der Tat selbst gestellt hat. (Was im Übrigen seine Schuldfähigkeit unterstreicht: Wer nicht bei Sinnen und Verstand ist, geht nicht anschließend zur Polizei und zeigt sich selber an.) So folgt denn der Richter nicht dem Antrag des Staatsanwalts, der – entsprechend § 112 des Strafgesetzbuches der DDR – für den Mord eine lebenslange Haftstrafe forderte, sondern verurteilt ihn zu zwölf Jahren und sechs Monaten. Hingegen folgt das Gericht der im Gutachten der Fachklinik Großschweidnitz ausgesprochenen Empfehlung, den Verurteilten für die Zeit der Haft stationär in einer psychiatrischen Klinik unterzubringen.

Nach zehn Jahren wird die Reststrafe zur Bewährung ausgesetzt, im Jahr 1983 ist Dietmar Atzdorn ein freier Mann.

An Regina Zeck erinnern sich nur noch ihre Eltern.

Nadine

Im Januar 1979 zieht ein Blizzard über Deutschland. Die starken Schneestürme kennt man nur in Nordamerika. Sie sind die Folge kräftiger Kaltlufteinbrüche tief in den wärmeren Süden. Binnen weniger Stunden nach dem Einzug arktischer Kälte fallen große Mengen Schnee und sorgen für Chaos. Hierzulande sind solche Wetterphänomene die Ausnahme. Jahrzehnte nach diesem Winter wird es in den Geschichtsbüchern heißen, es habe sich um eine der größten Wetterkatastrophen der letzten hundert Jahre in Deutschland gehandelt.

Auch Görlitz wird zugeweht. Die Nationale Volksarmee und die Volkspolizei versuchen, mit schwerem Gerät die Straßen freizuräumen. Ohne dass ihn jemand ausgerufen hat, herrscht praktisch Ausnahmezustand. Das öffentliche Leben kommt zum Erliegen, Kindergärten und Schulen sind geschlossen, in den meisten Betrieben wird kaum noch gearbeitet: weder Werktätige noch Material kommen durch. In Einrichtungen und Institutionen, die existenziell wichtig sind – Krankenhäuser, Polizeiwachen, Energiebetriebe, Bahnstationen usw. –, läuft ein Notprogramm.

Die Stadt versinkt schon am Nachmittag in winterliche Finsternis. Die Straßenbeleuchtung wird gar nicht erst angeschaltet, denn in den Tagebauen und Brikettfabriken dreht sich kaum noch ein eingefrorenes Rad. Braunkohle ist aber, wie jeder weiß, die Basis der Energiegewinnung hierzulande. Also bleibt, um Strom zu sparen, jede Lampe dunkel.

Die Menschen drängen sich an die wärmende Heizung daheim und warten auf Wetterberuhigung. Wer nicht unbedingt muss, geht nicht vor die Tür. Das Fernsehen sendet rund um die Uhr Reportagen. Insbesondere Rügen hat es schwer getroffen. Dort sind ganze Dörfer von der Außenwelt abgeschnitten. Es sind die Tage voller Heldentaten, an denen das ganze Land Anteil nimmt. So sieht man Bilder von eingeschneiten Zügen, die auf freier Strecke ihrer Befreiung harren, und eine glückliche Mutter, die mit einem Panzer ins Krankenhaus nach Bergen gebracht wurde. Natürlich gibt es auch Tragisches und Trauriges zu berichten, doch das wird allenfalls am Rande erwähnt. So war eine vor zwei Jahren am Cainsdorfer Bahnhof, unweit vom sächsischen Zwickau, errichtete riesige Traglufthalle, zusammengefallen, weil die Ventilatoren, die den Innendruck erzeugten, ausfielen. Das war Folge des Stromausfalls. Die Masten der Hallenbeleuchtung schlitzten dabei die Planen auf. Damit ist das Materiallager im Eimer. Oder wenn Heizkraftwerke ausfallen, sitzen mitunter Zehntausende Menschen in ihren kalten Neubauwohnungen. Das ist der Fluch der neuen Zeit. Die Landbevölkerung hingegen hat Öfen, die sie selber heizen kann, und notfalls wärmt man sich wie die Vorfahren im Kuhstall. Problematischer ist es für die großen Milchviehanlagen. Tausende Kühe lassen sich nicht mit der Hand melken …

Zu jenen, die am 13. Januar gegen 20 Uhr in Görlitz unterwegs sind, gehört der Arzt Jens Kubalke. Er ist zum Notdienst eingeteilt, ein Job, der auch unter normalen Wetterbedingungen nicht zu jenen Tätigkeiten rechnet, um die man sich reißt. Das Einsatzauto des Dringenden Hausbesuches, auch so etwas gibt es hier, schiebt sich im Schritttempo durch den Schnee. Die Räder drehen durch, sie mahlen den Schnee mit ihren Profilen. Hinzu kommt der Flockenwirbel von vorn. Das Licht der Scheinwerfer endet schon nach wenigen Metern, es wird vom Schnee geschluckt. Horst, der Fahrer, sieht weder Straßen- noch Verkehrsschilder. Er kennt sich aus in der Stadt, findet wie ein Ackergaul blind den Weg in den Stall, aber auf der Suche nach einer unbekannten Adresse hat er unter diesen widrigen Umständen die gleichen Probleme wie ein Ortsunkundiger.

»Hoffentlich läuft uns keiner ins Auto«, sagt Kubalke.

Der Fahrer lacht. »Und wenn schon. Der Arzt ist ja da.«

»Deinen schwarzen Humor möchte ich haben.«

»Das wahre Alternativprogramm zur weißen Pracht.«

Kubalke feixt. Auch wenn der Humor aus Calau kommt, kann er sich darüber amüsieren. Die beiden kennen sich gut, sie waren schon oft gemeinsam unterwegs. Der Fahrer ist ausgebildeter Pfleger, er kann im Notfall dem Arzt zur Hand gehen. Das geschieht oft. Kubalke kann sich auf ihn im Ernstfall verlassen, da ist er ihm eine verlässliche Hilfe.

»Was gibt es da in der Hainbergstraße?«

»Notruf.«

Der Mann am Lenkrad lässt ein gequältes Lachen vernehmen. »Darauf wäre ich nie gekommen.«

»'tschuldige. Eine Mutter hat vor einer Viertelstunde in der Notaufnahme angerufen, ihre Tochter sei bewusstlos.«

»Name?«

»Nadine Krüger, zwei Jahre.«

»Krüger, Krüger ...« Der Fahrer lässt den Namen auf seiner Zunge zerfließen und durch die Ganglien laufen. Doch da ist kein Output in seinem Kopfcomputer. »Nee, nichts. Ist wohl ein Neukunde.«

»Ja, geht mir auch so. Dort waren wir noch nie.«

Der Barkas quält sich inzwischen durch die Berliner Straße, Horst hat sich übers Lenkrad gebeugt, als könnte er wegen der dreißig Zentimeter, die er dadurch gewinnt, besser in die Dunkelheit starren. »Wenn's gar nicht mehr geht, musst du aussteigen und vorangehen.«

Kubalke winkt ab. Er sei der Arzt.

»Und ich bin der Fahrer.«

»Also musst du raus.«

»Mache ich doch glatt. Und du bleibst hier und wartest aufs Frühjahr, bis alles weggetaut ist.«

»Hm, hast Recht. War keine gute Idee. Ich gehe ja schon.«

Eiskalter Wind bläst den Schnee durch die geöffnete Beifahrertür. »Mach' zu, es wird kalt in der Bude.« Scheppernd fällt das Blech ins Schloss. Horst sieht den Arzt in der Dunkelheit verschwinden. Nach einiger Zeit taucht er wieder aus dem Nirwana auf, reißt die Tür auf und schwingt sich auf den Sitz.

»Mensch, das ist vielleicht schweinekalt, sage ich dir.« Kubalke klopft sich den Schnee von der Jacke. »Nach vierzig Metern kommt eine Kreuzung, da musst du rechts abbiegen. Das ist die Hainbergstraße.«

»Nummer.«

»Muss ich nachsehen.« Kubalke greift nach seiner Kladde, die vorn auf der Ablage liegt.

Das Gebäude ist eines jener Mietshäuser mit Hinterhof und Seitenflügel, wie sie in den 20er Jahren errichtet wurden. Keine begehrte Wohngegend. Aber das ist gegenwärtig noch kein Thema. Ende der 70er Jahre sind Wohnungen hierzulande Mangelware wie so vieles. Man nimmt die Wohnung, die man kriegt, und nicht die, die man will. Die Mieten sind auf dem Niveau von 1937, was einerseits sozial ist, andererseits den Kommunen, in deren Besitz die meisten Immobilien sind, kaum Einnahmen sichert. Die Mieteinnahmen decken nicht einmal die notwendigen Betriebskosten. Mitte der 70er Jahre beschloss man in Berlin einen gewaltigen Kraftakt. Bis 1990 wolle man das Wohnungsproblem als soziale Frage gelöst haben, hieß es propagandistisch-blumig. Am Rande der Großstädte, auf der grünen Wisse, zieht man seither Neubausiedlungen hoch. Wer so eine Plattenbauwohnung zugewiesen bekommt, ist glücklich: warmes Wasser aus der Wand, Zentralheizung, nie mehr Kohlen schleppen, Dächer und Fenster sind dicht …

Doch die Zahl der Bauarbeiter und Handwerker ist so endlich wie das Material, das sie benötigen. So konzentriert sich alles auf Schwerpunkt-Vorhaben, während für die alten Innenstädte kaum etwas bleibt. Görlitz, reich an historischer Bausubstanz aus mehreren Jahrhunderten und vom Krieg weitgehend verschont, teilt das Schicksal vieler Orte in der DDR. Es passiert wenig bis nichts, manches architektonisch und historisch interessante Gebäude droht »in Schönheit« zu sterben. Ihre Menge erweist sich fast als Fluch.

Kubalke nestelt aus der Jackentasche eine Taschenlampe, die er bei jedem Einsatz mit sich führt. Sie hat ihm schon gute Dienste erwiesen – selbst beim Betrachten von Mandeln. Er leuchtet die Klingelleiste ab. Doch ehe er den Namen finden kann, öffnet sich knarrend die schwere Holztür. Im matten Schein des Flurlichts steht eine Frau. Die Beine stecken in engen Jeans, der schmächtige Körper wird von einem Rollkragenpullover bedeckt. Köhler meint, vor sich eine Oberschülerin zu haben. Ehe er sie aber fragen kann, plappert sie bereits von selbst los.

»Sind Sie der Arzt?«

Kubalke nickt.

»Ich bin Maruth Krüger. Ich habe in der Notaufnahme wegen meiner Tochter angerufen. Guten Abend.« Sie streckt ihm die magere Hand entgegen. »Kommen Sie.«

Kubalke wirft seinem Fahrer einen Blick zu. Meist sind die Anrufer nicht so ruhig wie diese Frau. Sie sind hektisch, aufgeregt, fahrig. Die Hilflosigkeit im Umgang mit einer Notsituation führt zu unlogischen Reaktionen. Und die Nervosität wächst beim Warten auf den Notarzt.

Die beiden folgen der jungen Frau durch den Flur. Aus einer Wohnung dringt Kinderlärm, es riecht so unangenehm wie stets in allen alten Häusern. Kohlsuppe, Bohnerwachs,

Braunkohlenqualm, Pisse, abgestandene Waschlauge … Der Geruch sitzt in jeder Ritze, er wohnt in allen Balken und in jedem Ziegelstein. Selbst wenn man sämtliche Fenster und Türen dauerhaft öffnete, bliebe er doch darin wohnen. Verdammt zum ewigen Leben wie die Schlossgeister in Schottland.

Dann treten sie wieder ins Freie und stehen auf dem Hinterhof. Die Seitenflügel sind dunkel.

Maruth Krüger bemerkt den Blick Kubalkes. »Wir sind die einzigen, die hier noch wohnen. Die anderen Mieter sind schon lange vom Acker.« Sie gibt ein kehliges Lachen von sich, das – wie der Mediziner sofort erkennt – seine Färbung von unzähligen Zigaretten und harten Getränken bekam.

Sie öffnet die Eingangstür und steigt im Dunkeln drei Stufen hinauf. »Vorsicht«, warnt sie fürsorglich, »dass Sie mir nicht noch auf den letzten Metern stürzen«. Und wieder ertönt dieses aufgesetzte Lachen.

Im Rahmen einer Wohnungstür steht ein hoch aufgeschossener Mann mit Nickelbrille, der trotz seiner Körpergröße wie ein Pennäler aus den unteren Jahrgängen wirkt.

»Das ist mein Freund«, sagt sie.

Der Pennäler tritt beiseite und macht den Weg frei.

»Wo ist das Kind?«, fragt Kubalke.

»Da«, sagt die Frau und geht vor. Sie öffnet eine Tür.

Unter einer Decke, flüchtig hingeworfen, liegt ein Mädchen. Kubalke geht in die Knie. Die Lider bedecken die Augäpfel zur Hälfte, man kann auch sagen: Die Augen sind halb geöffnet. Das Gesicht ist bleich und ohne jeden Reflex, als er es berührt. Kubalke muss nicht seinen Arztkoffer öffnen, dafür genügt ein Blick.

»Frau Krüger, das Kind ist tot.«

Der Arzt bleibt in der Hocke und mustert den Leichnam. Er nimmt vorsichtig die Decke beiseite, obwohl diese Rücksicht unbegründet ist: Das Kind merkt es nicht mehr. Der

Körper des Kindes, soweit er es sehen kann, ist von blauen Flecken geradezu übersät, Schwielen ziehen sich über die Extremitäten. Das kleine, schmale Gesicht ist an manchen Stellen angeschwollen, insbesondere die Oberlippe. Er hebt diese vorsichtig an und bemerkt, dass ein Schneidezahn abgebrochen ist. Behutsam dreht er den toten Körper auf den Bauch und schiebt das Hemdchen nach oben. Rücken und Gesäß scheinen nur aus Narben und Striemen zu bestehen, wobei – Kubalke beugt sich noch ein wenig tiefer und benutzt seine Taschenlampe – der Hintern besonders in Mitleidenschaft gezogen ist. Wie an einer Schnur fügen sich blaurote Quaddeln aneinander, zum größten Teil schon vernarbt. Als Mediziner weiß er, wie Verbrennungen aussehen. Diese hier, er wagt diesen Gedanken kaum zu denken, können von glühenden Zigaretten herrühren.

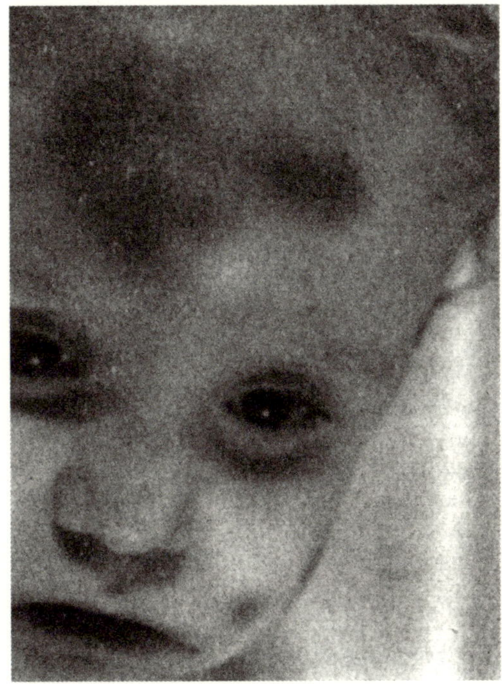

Misshandelte Tochter

Die junge Mutter und ihr Freund stehen teilnahmslos an der Tür und schauen zu.

»Was ist denn nun mit Nadine?«, kommt es fordernd und kess von dort. Kubalke droht zu explodieren, doch er beherrscht sich.

»Frau Krüger, haben Sie mich nicht verstanden? Ich sagte, dass Ihr Kind tot ist. Wir können nichts mehr tun.«

Üblicherweise – aber was ist schon »üblich« in solchen Momenten? – folgt nach solcher Mitteilung ein hysterischer Ausbruch oder ein stummer Zusammenbruch. Hier geschieht weder das eine noch das andere. Kubalke vernimmt lediglich eine lakonische Feststellung, die schnippisch dahingeworfen wird. »Das haben dann Sie zu verantworten. Sie sind zu spät gekommen!«

Kubalke zählt bis drei, dann richtet er sich auf. »Als Sie vor zwanzig Minuten angerufen haben, war das Kind bereits tot! Selbst wenn wir geflogen wären, hätten wir es so vorgefunden, wie es hier liegt.« Horst zieht den Arzt am Ärmel. Er weiß, dass Kubalke allen Grund hat, aus der Haut zu fahren. Doch er muss sich mäßigen, sonst handelt er sich Ärger ein. Mit solchen Typen ist nicht zu spaßen. Unter den rund 600 Rechtsanwälten, die es in der DDR gibt, findet sich bestimmt einer, der in dieser Situation seine Mandanten in unzulässiger Weise vom Notarzt bedrängt wähnte und darum Klage einreichen würde. Kubalke versteht den freundschaftlichen Wink, er weiß selbst, dass er sich völlig neutral verhalten muss. Obgleich dies mehr als schwerfällt angesichts des misshandelten und vermutlich zu Tode gequälten Kindes. »Was ist geschehen?«

Der Freund mit der Brille schweigt und beäugt den Leichnam von oben. Der Blick, eine Mischung aus Neugier und Einfalt, führt zu keinerlei Reaktion. Wenigstens hält er die Klappe, denkt Kubalke, während sich ein Wortschwall über ihn ergießt.

Die Ausführungen der jungen Frau gleichen Wortkaskaden, die ins Tal rauschen. Ohne Punkt und Pause. Die Rede wirkt vorbereitet und einstudiert, an keiner Stelle hakt sie, kein Augenblick des Innenhaltens oder gar des Besinnens. Nichts.

»Nadine sollte essen, aber sie wollte, wie so oft, nicht. Sie muss doch aber etwas essen, nicht wahr? So wächst sie doch nicht. Ich sagte: Nadine, du musst unbedingt essen, sonst wächst du doch nicht. Das hat sie verstanden, sie war für ihre zwei Jahre sehr verständig. Verstehen Sie? Also ich sagte: Nadine, du musst was essen, aber sie hat den Mund nicht aufgemacht, obwohl ich immer wieder versucht habe, ihr mit dem Löffel den Brei in den Mund zu schieben. Daraufhin hat Udo sie auf den Tisch gesetzt und es auch versucht. Da hat sie sich plötzlich ganz steif gemacht und ist von der Tischkante gefallen. Ich habe sofort den Notarzt angerufen. Nicht war, Udo? Gleich habe ich angerufen. Sie können also nicht sagen, dass Nadine da schon tot gewesen sein soll. Ich habe sofort telefoniert. Stimmt's, Udo?«

Das Riesenbaby lässt einen Laut vernehmen, der nur schwer zu deuten ist. Es könnte ein ablehnendes Grunzen sein, aber auch ein zustimmendes Ja. Aber was macht das schon in diesem Augenblick, wo ein totes Kind auf dem Boden liegt, das von zwei Männern betroffen betrachtet wird. Und nur von diesen.

»Ich muss die Kriminalpolizei informieren«, sagt Kubalke mit tonloser Stimme. »Der Tatort darf nicht verändert werden.«

Sofort kommt das kehlige Echo. »Was heißt hier Polizei und Tatort? Das ist meine Wohnung, und das ist mein Kind. Wie reden Sie denn?«

»Frau Krüger, Ihr Kind ist tot. Und als Mediziner sehe ich, dass es nicht auf natürliche Weise verstorben ist. Es muss nun ermittelt werden, ob ein Fremdverschulden vorliegt, was die

Todesursache und die Umstände waren. Das ist Aufgabe der Kriminalpolizei. Und dann wird man sehen …«

»*Was* wird man sehen?«

Kubalke macht eine unbestimmte Handbewegung und sagt nicht, was er denkt: ob man sie anklagt und verurteilt wegen Kindesmisshandlung und fahrlässiger Tötung oder gar wegen Mordes.

Inzwischen ist Horst, der Fahrer, auf die Straße zurückgegangen. Im Fahrzeug ist die Funkanlage installiert, über die er den Diensthabenden im VPKA informieren wird. Der soll die K mobilisieren und in die Hainbergstraße schicken. Er weiß, dass er mit dieser Nachricht allenthalben Freude auslösen wird: zu dieser Stunde und bei diesem Wetter. Da jagt man nicht einmal einen Hund vor die Tür. Aber in diesem Gewerbe kann man sich die Kunden nicht aussuchen. Nachdem er die Nachricht abgesetzt hat, kehrt Horst in die Wohnung zurück.

Dort reden die beiden jungen Leute auf Dr. Kubalke ein. Offenkundig hat sie das Wort »Polizei« aus ihrer Teilnahmslosigkeit geweckt. Sie stehen rauchend vor dem Arzt und trommeln auf ihn ein.

»Sie haben Nadine ja gar nicht richtig untersucht. Wieso behaupten Sie also, sie wäre tot, und rufen nach der Polizei. Vielleicht ist sie nur bewusstlos? Geben Sie ihr eine Spritze oder irgendein Medikament. Das wird doch schon wieder.« Die Frau zieht heftig an der Zigarette. Der Tabak glüht rot auf, an die tausend Grad. Und die haben sie das Mädchen spüren lassen, denkt Kubalke. So betrunken kann man doch gar nicht sein, um das jemandem anzutun, erst recht keinem Kind. Ein normaler Mensch im Vollbesitz seiner Sinne ist dazu doch nicht fähig.

Er fühlt sich in diesem Raum und mit diesen beiden vermutlichen Kindsmördern unwohl. Er möchte raus, raus in die Kälte. Zehn, zwanzig, dreißig Grad unter Null, scheißegal, nur weg hier. Nicht mit diesen Menschen dieselbe Luft atmen müssen. Kubalke schaltet hilfsweise auf Durchzug. Er sieht den Mund der Frau sich öffnen und schließen, aber er hört nicht, was sie sagt. Er will es auch nicht hören, es interessieren ihn ihre Lügen nicht. Das ist auch nicht seine Aufgabe, sich Ausflüchte anhören zu müssen, die fadenscheinigen Erklärungen, dieses Gestammel von Unschuld.

Wann endlich kommen die Genossen von der K? Er sitzt auf den sprichwörtlichen Kohlen, die Zeit tropft wie zähflüssiger Teer.

»Horst«, sagt er nach einem Blick auf die Uhr, »es geht auf neun, die Kripo müsste bald kommen. Erwartest du sie auf der Straße und bringst sie rein? Nicht dass die draußen umherirren.«

Sofort macht sich Maruth Krüger anheischig, diese Aufgabe zu übernehmen, doch Horst bremst sie. »Sie bleiben schön hier.«

»Was soll das?«, braust sie auf. »Sie können mich doch nicht festhalten.«

»Machen wir auch nicht. Aber es wäre besser, wenn Sie den Raum nicht verlassen. Es ist in Ihrem eigenen Interesse.«

Sie steckt sich die nächste Zigarette an. Der bebrillte Freund, der neben ihr steht, greift nach der Schachtel, die sie achtlos auf den Küchentisch geworfen hat.

Kubalke lässt den Blick schweifen. Die Küche ist zusammengestückelt, das meiste sieht aus, als wäre es vom Sperrmüll. Aus jedem alten Schrank lässt sich was machen, so man denn will. Die Zeitungen sind voll mit Anleitungen, wie sich in die Jahre gekommenes Mobiliar aufmöbeln lässt. Es gibt ganze Magazine, die sich keinem anderen Thema widmen. Natürlich soll damit das Bedürfnis insbesondere junger Leute nach einer individuellen Wohnungsausstattung bedient werden. Doch es geht auch um eine Entlastung des Marktes. Die Möbelindustrie kommt nicht nach. Sobald jemand seine neue »Platte« bezogen hat, will er auch eine neue Schrankwand.

Die beiden aber, die hier hausen, haben sichtlich kein Interesse an handwerklichen Übungen. Am Boden und in den Ecken stehen auffällig viele leere Flaschen. Bier, Schnaps, Wein, Wermut, das ganze Kaufhallenangebot, aber unterstes Fach. In der Spüle stapelt sich schmutziges Geschirr. Wie kann man es hier nur aushalten, fragt sich Kubalke. Seine Studentenbude seinerzeit sah mitunter auch ziemlich wüst aus, vor allem nach durchfeierten Nächten. Das war ein schöpferisches Chaos. Hier aber handelte es sich um Unordnung, Nachlässigkeit, Verwahrlosung. Keine ordnende Hand räumt hier auf. Die Umgangssprache nennt Leute, die so lebten, »Assis«.

Endlich öffnete sich die Wohnungstür und Horst erscheint in Begleitung. Der Mann stellt sich als Oberleutnant der K Schreiber vor. Er reicht nur Kubalke die Hand, die beiden kennen sich. »Die Kriminaltechnik kommt noch, ich bin nur die Vorhut.«

Er wirft einen kurzen Blick auf den Leichnam am Fuße des Tisches. Dann macht er eine Kopfbewegung. Der Arzt versteht, er soll Schreiber nach draußen folgen. Der kräftige Oberleutnant trampelt vor die Wohnungstür. Als sie allein sind, fordert er ihn auf. »Und, was ist dein Eindruck? Erzähl mal?«

»Schwer zu sagen, was die konkrete Todesursache ist. Sie behaupten, das Kind wäre beim Füttern vom Tisch gefallen. Selbst wenn es gestürzt sein sollte: Das allein wird nicht zum Tode geführt haben. Das Mädchen ist fortgesetzt misshandelt und gequält worden. Du findest am ganzen Körper kaum eine Stelle, die sie verschont haben. Schläge mit allen möglichen Sachen, Gürtel, Stöcke, stumpfe Gegenstände, Topfdeckel, Kochlöffel – was sie in die Hände kriegten … Und dann habe ich Brandmale gesehen. Ich bin mir ziemlich sicher, dass sie dem Mädchen brennende Zigaretten in die

Haut gedrückt haben. Die haben sie wie einen Aschenbecher zum Kippeausdrücken benutzt.«

»Das ist nicht wahr!« Schreiber schüttelt seinen massigen Kopf. »Du übertreibst.«

»Damit spaßt man nicht, Klaus. Gut, ich räume ein, dass erst eine gründliche Obduktion Genaueres feststellen wird, aber ich bin mir ziemlich sicher, dass wir es hier mit einem besonders brutalen Fall von Kindesmisshandlungen zu tun haben. In der einschlägigen DDR-Literatur habe ich noch keinen derart grausamen Fall beschrieben gefunden.«

»Ach du Scheiße«, stöhnt Schreiber und kratzt sich am Hinterkopf. »Warum trifft es immer uns? Bitteschön, die Görlitzer Kriminalpolizei steht gern in der Zeitung – aber doch nicht mit einem solchen Horrorzeug. Weißt du, was da wieder alles nachkommt? Das ist doch eine Kette ohne Ende. Die Arschkarte aber werden wir nicht los. Verdammt.«

»Na komm, mach deinen Job und gut.«

»Okay, lass uns reingehen. Bis die Jungs von der Technik kommen, nehme ich erst einmal die Personalien der beiden auf. Bleibst du noch?«

»Wenn es sein muss.«

»Es muss. Irgendwie müssen wir den Leichnam ja auch ins Kühlhaus bringen.« Schreiber stutzt. »Na, du weißt schon. Also wenn alles fotografiert ist, nimmst du das Mädchen auf die Trage im Barkas. Wie heißt es übrigens?«

»Nadine Krüger.«

»Nadine. Schöner Name. Und so ein hässliches Ende.«

Die beiden kehren in die Küche zurück, in der zwischenzeitlich der Fahrer die Rolle des Zerberus übernommen hatte. Schreiber umrundet den schmutzigen Tisch und sucht sich eine freie Ecke, auf der er sein Notizbuch ablegen kann. Er zieht einen Stuhl heran, setzt sich vorsichtig darauf, als müsste er prüfen, ob er ihn trägt. Dann zückt er seinen Kugelschreiber und schaut nach dem Burschen.

»Mit Ihnen fangen wir an.« Er winkt mit dem Zeigefinger. Der Mann pariert und tritt brav an den Küchentisch heran.

»Name?«

Schweigen.

»Sind Sie taub oder was? Ich möchte wissen, wie Sie heißen. Das ist noch alles freundlich. Ich kann auch anders. Also bitte!« Schreiber hat sich leicht verfärbt. Er ist nicht mehr so blass wie noch vor wenigen Minuten.

»Udo Hartwig.«

»Wohnen Sie hier, oder sind Sie nur zu Besuch?«

»Ich wohne hier.«

»Polizeilich gemeldet?«

»Ja.«

»Was ja?«

»Ich bin unter dieser Adresse polizeilich gemeldet. Hier.« Der Mann greift in seine Gesäßtasche und zieht seinen blauen Personalausweis hervor.

Schreiber greift danach und blättert darin. In der Tat: Die Adresse ist eingetragen.

»Sie leben also in einer Art ehelicher Gemeinschaft?«

Hartwig wirft seiner rauchenden Partnerin einen fragenden Blick zu, als müsse er sich bei ihr erst vergewissern, in welchem Verhältnis sie zueinander stehen.

»Kann man so sagen.«

»Und wem gehört die Wohnung?«

»Mir«, sagt die Frau.

»Zu ihnen komme ich noch.« Schreiber macht sich wieder einige Notizen.

»Ich habe im Nebenraum zwei Kinderbetten stehen sehen. Haben Sie weitere Kinder?«

»Ja, Dirk. Er ist fünf. Und die vierjährige Carla«, antwortet die Frau anstelle des gefragten Hartwig. »Sie sind heute bei Udos Mutter.«

»Wo wohnt die?«

»Im Vorderhaus.«

Hartwig fällt ihr ins Wort. »Warum erzählst du das alles. Lass Mutter da draußen.« Und an Schreiber gewandt: »Warum wollen Sie das wissen?«

»Nur so«, antwortet der Oberleutnant. »Ich mache mir einfach nur ein Bild.« Wieder notiert er etwas. »So, und nun erzählen Sie mal, was passiert ist.«

Er wirft einen aufmunternden Blick in Richtung des Mannes.

Völlig überraschend beginnt der gleichsam zu sprudeln. Als habe man eine Schleuse gezogen, schießen die Wörter und Sätze nur so aus ihm heraus.

»Nadine war krank, ein bisschen Gaga, wir hatten nur Scherereien mit ihr. Sie hatte ihren eigenen Kopf, hat grundsätzlich gemacht, was sie wollte und nicht die Spur darauf gehört. Und ständig hat sie eingepisst. Na klar, da hat sie auch ab und zu von uns mal einen Klaps bekommen. Man musste ihr doch zeigen, dass es eine Grenze für sie gibt. Alles konnten wir ihr nicht durchgehen lassen.«

»Es war ein Kind.« Schreiber reagiert vergleichsweise ruhig, obwohl er innerlich siedet. »Was heißt: ab und zu?« Der Lange bläst die Backen auf.

»Und was heißt: einen Klaps? Davon gibt es solche Striemen und Narben.«

Der Brillenträger schweigt.

Ehe er seine Frage wiederholen oder eine neue stellen kann, öffnet sich neuerlich die Tür. Ah, die Verstärkung, sagt er und begrüßt die beiden Kriminaltechniker. Doch wer ist die junge Frau in ihrer Begleitung? Die kennt er nicht.

»Die Staatsanwaltschaft ist mit ihrem Auto steckengeblieben. Da haben wir sie gleich mitgenommen«, sagt einer der Techniker.

»Ilona Schramm«, sagt sie und drängt an den Tisch.

»Klaus Schreiber«, sagt der und lüftet kurz sein massiges Hinterteil. »Frisch von der Schule?«

Die junge Frau mit dem straffen Dutt nickt ein wenig verschämt. »Ist mein erster eigenständiger Bereitschaftsdienst bei der Staatsanwaltschaft. Sozusagen meine Feuertaufe.«

Schreiber legt sein Gesicht in Falten. »Da haben Sie sich aber etwas ausgesucht …« Er lässt den Satz offen ausschwingen, wodurch nicht erkennbar ist, wie er das meint. Ob anerkennend oder bedauernd.

In der Küche drängen sich alle um die Kinderleiche, einer der Kriminalisten nimmt die Decke beiseite. Nun sieht man die Narben und Wundmale. Ein kurzes Stöhnen, dann sackt die Staatsanwältin zusammen. Kubalke fängt die Ohnmächtige auf. »Ein Glas Wasser«, ruft er, und zieht sie auf einen Küchenstuhl.

Einer der Techniker sucht ein sauberes Gefäß, und als er keins findet, spült er ein herumstehendes aus. Langsam kommt die Staatsanwältin wieder zu sich.

»Entschuldigen Sie«, sagt sie verlegen. »Ich habe so etwas noch nie gesehen.«

»Es wird Sie kaum trösten: wir auch nicht«, sagt Schreiber. »Das ist für uns alle eine Premiere, die wir uns gern erspart hätten. – Los, Jungs, fangt endlich an.«

»Ach so, hier ist der Durchsuchungsbeschluss«, erklärt die Staatsanwältin und legt das Papier auf den Tisch.

»Mir müssen Sie das nicht zeigen. Das ist für die da.«

Er weist auf Maruth Krüger und Udo Hartwig, die sich ins Wohnzimmer verdrückt haben und so tun, als gehe sie alles nichts an. Sie hocken auf den abgeschabten Sesseln, rauchen und starren desinteressiert vor sich hin.

Auch als die Männer mit der Wohnungsdurchsuchung beginnen, nehmen sie daran keineswegs Anteil. Man findet in einem separaten Kämmerchen ein drittes Kinderbettchen, das – im schreienden Kontrast zu den beiden anderen, die sauber und frisch bezogen sind – völlig mistig ist. Die Bettwäsche ist gänzlich verdreckt, Kotspuren sind so wenig zu übersehen wie die Blutflecken. Es riecht sehr streng. Auf dem Boden liegt verstreut schmutzige Kinderwäsche, achtlos beiseite geworfen und nicht in die Wäsche gesteckt, wo sie hingehört. Auch ein Siebenriemer liegt dabei. Schreiber ruft nach den Technikern, die das antiquierte Züchtigungsinstrument als Beweismittel in eine Tüte packen sollen. Der Oberleutnant öffnet die Schiebetüren des Wäscheschrankes. Bis auf einige leere Kartons scheint er leer. Allerdings irritieren ihn die beiden Stricke, die von der Kleiderstange herabhängen. In halber Höhe des Schrankes, vielleicht ein Meter über dem Bodenbrett enden die Sticke in Schlaufen.

»Henry, komm mal«, ruft Schreiber.

»Was denn noch«, antwortet der Kriminaltechniker. »Hast du noch einen Siebenriemer gefunden?«

»Nein. Aber vielleicht kannst du mir sagen, wozu das hier gut ist.«

Henry mustert die Installation einen Augenblick. »Das ist für nichts gut. Das ist ein Folterinstrument. Die haben, vermute ich, Nadines Fuße hier eingefädelt und sie kopfüber hängen lassen.«

Schreiber stockt sichtlich der Atem. »Bist du dir sicher?«

»Absolut«, sagt der Kriminaltechniker. »Schau doch mal auf das Brett. Siehst du die Flecken da? Speichel, Erbrochenes, Urin … Dieser Schrank war eine Folterkammer.«

»Fotografier alles. Jedes Detail. Ich will dieses Gesindel hängen sehen. Vor Gericht.« Schreiber ruft nun auch nach der Staatsanwältin. »Ich brauche zwei Haftbefehle. Schauen Sie sich das an.«

Er zeigt in den Schrank und liefert die Erklärung, die er soeben selbst erst gehört hat.

»Aber das Kind muss doch dabei entsetzlich geschrieen haben. Hat denn das niemand gehört?«

»Erstens werden die die Schrank- und die Kammertür verschlossen haben, zweitens: in diesem Haus wohnt niemand mehr. Es ist keiner da, der etwas hören könnte. Und drittens schrie sie nicht.«

Wenig später klicken die Handschellen. Nadines Mutter und deren Freund werden in die Untersuchungshaftanstalt eingeliefert.

Nachdem die Wohnungsdurchsuchung beendet, die Beweismittel gesichert und alles fotografisch festgehalten wurde, packen die Kriminaltechniker ein und verabschieden sich. »Bis morgen dann.« Es ist klar, dass es bei Dienstbeginn eine große Runde beim K-Leiter geben wird. Auswertung, Aufgabenverteilung, Analyse. Der Fall ist abscheulich, aber bereits gelöst. Im Wesentlichen geht es nur darum, in der Gerichtsmedizin die Todesursache festzustellen und in den Vernehmungen das Maß der individuellen Schuld zu ermitteln.

Dr. Kubalke hat noch am späten Abend im Städtischen Krankenhaus Nadines Leichnam abgeliefert. In der dortigen Pathologie wird auch die Untersuchung durch die Gerichtsmedizin erfolgen. Die Obduktion soll aber erst beginnen, wenn die Genossen der Dresdner Morduntersuchungskommission eintreffen. Das könne dauern. Genossen, ihr wisst doch, wie augenblicklich die Straßen aussehen …

Doch o Wunder: Gegen 11 Uhr fährt ein B 1000 mit Dresdner Kennzeichen an der Klinik vor. Oberleutnant Schreiber informiert die Kollegen aus der Bezirksstadt, dann geht man gemeinsam in den Großen Sektionssaal. Dort werden sie bereits von einigen Gerichtsmedizinern und der Staatsanwältin erwartet. Nachdem die Runde vollständig ist, wird der Leichnam der Zweijährigen auf einem Sektionstisch von einem Gehilfen hereingefahren. Der Leitende Gerichtsmediziner hebt das Laken vom nackten Körper des Mädchens. Die Dresdner zucken zurück.

»Meine Herren, Sie sind zu Recht erschrocken«, sagt der Mediziner. »So etwas ist auch mir noch nicht unter die Augen gekommen. Ich kenne Wasserleichen, Erhängte, Vergiftete, Selbstmörder, Opfer von Verkehrsunfällen, die ganze Palette unnatürlicher Finals. Doch ein derart gequältes, geschundenes, malträtiertes Kind habe selbst ich noch nicht gesehen. Ich meine es keineswegs zynisch, wenn ich sage: Der Tod war für das Mädchen eine Erlösung. Kommen wir zu den Details.«

Der Pathologe zieht die Leuchte über dem Sektionstisch näher heran.

»Der Körper weist vom Kopf bis zu den Zehen Hämatome unterschiedlicher Größe und Tiefe auf. Stirn, Augenlider, Wangen und Mund sind übermäßig verquollen. Die Oberlippe ist stark angeschwollen, der rechte obere Schneidezahn quer abgebrochen. Beide Unterarme weisen neben den blauen Hämatomflecken rote, zum Teil vernarbte Stellen auf. Da.«

Er weist mit dem Finger auf eben jene Stellen. »Es handelt sich um Verbrennungen, mit höchster Wahrscheinlichkeit hervorgerufen durch Ausdrücken von Zigaretten. Das beweisen die kleinen runden Abdrücke auf der Haut.«

Er macht eine Pause, um das Gesagte wirken zu lassen.

»Auch im Halsbereich finden sich Blutergüsse und Prellungsmerkmale. Solche entstehen, wenn stumpfe Gewalt mehr oder weniger direkt auftrifft und das Gewebe dadurch eine Quetschung erfährt. Da der Bluterguss immer an der Stelle der Gewalteinwirkung entsteht und dieser hier so ausgeprägt rechts und links auch im Halsbereich zu finden ist, bedeutet dies, dass das Mädchen zu Lebzeiten mit Gewalt am Hals gequetscht wurde. Könnte eine Tür oder so etwas gewesen sein.

Brustkorb und Rücken sind überzogen von blau-roten Striemenspuren verschiedener Breite und Tiefe.

Auf dem Gesäß finden sich außerdem noch weitere Brandverletzungen, die kreisförmig angelegt sind. Ober- und Unterschenkel beider Beine sind wiederum von Striemenspuren überzogen.

Auf den Fußsohlen der gleiche Befund: kreisrunde Brandverletzungen.

Auffällig sind dicke Einkerbungen an beiden Fußgelenken. Auch sie sind rot unterlaufen.«

»Haben Sie dafür eine Erklärung«, erkundigt sich einer der Dresdner MUK-Leute.

»Die kann Ihnen Ihr Kollege Schreiber liefern.«

Der Angesprochene berichtet präzise von den Schlaufen im Schrank, die sie bei der Durchsuchung fanden.

»Die inneren Organe sind ohne krankhaften Befund«, setzt sodann der Gerichtsmediziner seinen Vortrag fort. »Das Mädchen ist also gesund gewesen, wenngleich auch sein Gewicht weit unter der Norm liegt, Muskulatur und Organe an Masse abgenommen haben und bereits ein beträchtlicher Schwund des Körperfettes vorliegt.

Nunmehr kommen wir zum wesentlichen Punkt: Woran starb die Kleine? Der Kopf weist Verletzungen auf, die auf eine dumpfe Gewalteinwirkung schließen lassen. Die inneren Kopfverletzungen und im kausalen Zusammenhang die schweren körperlichen Misshandlungen haben den zwangsläufigen Tod des zweieinhalbjährigen Mädchens herbeigeführt.«

»Wer macht so etwas?« Der Gehilfe fasst sich offensichtlich als erster.

»Die Mutter, wie es aussieht«, antwortet Schreiber.

»Und dafür bringe ich sie hinter Gitter«, ergänzt die Staatsanwältin. Sie ist entschlossen, mit der ganzen Härte des Gesetzes dieses Verbrechen zu verfolgen.

Bei den Dienstbesprechungen beim K-Leiter im Volkspolizeikreisamt drängt immer mehr eine Frage in den Vordergrund: Wie war es möglich, dass über so lange Zeit, vermutlich über Jahre, ein Kind mitten in der Stadt Görlitz systematisch vernachlässigt und grausam misshandelt werden konnte, ohne dass dies bemerkt wurde? Wo liegen die Versäumnisse?

Wie die Ermittlungen zeigen, war Nadine in einer Kindereinrichtung gemeldet. Aber offensichtlich ist sie dann von der Mutter aus der Krippe genommen worden, weshalb sich diese nicht mehr zuständig fühlte. Aber was war mit den Pflichtimpfungen, zu denen das Kind hätte vorgestellt werden müssen, wie es Vorschrift ist? Hat niemand nachgefragt, weil sie nicht kam? Oder war sie dort – und weshalb fielen dann niemandem die Wunden und Narben auf?

Zunächst wurde das Umfeld der Mutter durchleuchtet. Ihr Freund Udo Hartwig ist »sauber«, er ist noch nie auffällig geworden.

Jedoch: Seine Freundin Maruth Krüger ist vorbestraft. 1977 wurde sie wegen Verletzung ihrer Erziehungspflichten gegenüber Nadine zu sieben Monaten verurteilt. Die Strafe wurde zur Bewährung ausgesetzt.

»Läuft die Bewährungsfrist noch?«, erkundigt sich Schreiber.

»Ja. Die sieben Monate sind ihr schon mal sicher«, sagt der K-Leiter. »Was brachten die Ermittlungen in der Krippenverwaltung, Genosse Böhm. Sie waren doch gestern dort.«

Der Oberleutnant schlägt sein Notizheft auf. »Ich habe mit der Chefin der Wochenkrippe gesprochen, in der auf Anweisung der Jugendhilfe Maruth Krüger Nadine anmelden musste. Das geschah im Zusammenhang mit ihrer Verurteilung, über die wir bereits sprachen.«

»Das Mädchen war doch damals noch kein Jahr.«

»Das ist richtig«, antwortet Böhm. »Insofern ist es schon bemerkenswert, wie seinerzeit die zuständigen Organe sehr hellhörig waren und die Signale richtig deuteten.«

»Umso unverständlicher, dass die diesmal richtig gepennt haben«, ruft einer dazwischen.

Böhm wiegelt ab. »Gemach, gemach, Genossen. So einfach ist es nun doch nicht.«

»Das Mädchen ist gequält und misshandelt worden. Und nun ist sie tot. Das ist die Realität. Und eine Schande für unsere Stadt. Wir können nur hoffen, dass darüber nicht im Neuen Deutschland berichtet wird. Wäre eine tolle Werbung für Görlitz.«

»Genossen, werdet nicht unsachlich«, dämpft der Leiter die Diskussion. »Bitte, Genosse Böhm, fahren Sie fort.«

»Die Auflagen des Gerichts waren eindeutig. Einweisung in die Wochenkrippe, damit die Mutter einer geregelten Arbeit nachgehen konnte. Also Schluss mit der asozialen Lebensweise und ein geordnetes Leben für das Kind.«

»Und, hat sie sich daran gehalten?«

»Die ersten Monate schon. Nadine wird am Freitag pünktlich von der Mutter abgeholt und am Montagmorgen wieder

Eines von diesen Kindern in der Wochenkrippe ist Nadine

gebracht. Die Entwicklung des Kindes verläuft normal. Allerdings bemerken die Krippenerzieherinnen nach einiger Zeit, dass Nadine nicht mehr kontinuierlich zunimmt. In der Woche schon, aber wenn sie am Montag gebracht wird, ist ihr Gewicht geringer als am Freitag. Das registriert auch der zuständige Krippenarzt. Da Nadine aber stets sauber und ordentlich gebracht wird, ihre geistigen Fähigkeiten sich gut entwickeln, sucht man den Grund nicht bei der Kindesmutter.«

»Und das war's dann, ja?«

»Nein. Die Chefin der Krippe suchte daraufhin das Gespräch mit der Mutter. Das war, sagte sie mir, nicht sehr erfreulich. Frau Krüger zeigte sich sehr reserviert, blockte ab, gab sich beleidigt.« Böhm zitiert aus seinen Notizen. »Eine ›junge, unreife, oberflächliche Frau‹, ›wenig kooperativ und verständnisvoll‹. Da sie sich schwer zugänglich zeigte, habe sich die Krippenleiterin nach Absprache mit dem Krippenarzt – dem Chefarzt der hiesigen Kinderklinik – zu einem unangekündigten Hausbesuch entschlossen. Die Wohnungseinrichtung sei zwar spartanisch, aber ordentlich gewesen. Die beiden älteren Kinder, die sie erstmals sah, machten einen gesunden und aufgeweckten Eindruck. Frau Maruth kochte gerade einen Gemüseeintopf. Dann habe sie sich die Kinderbettchen zeigen lassen und moniert, dass Nadine in einem Wäschekorb schlief. Man habe kein Geld für ein weiteres Kinderbett, sagte sie, worauf die Krippenleiterin veranlasste, dass Frau Krüger ein reparaturbedürftiges aus der Krippe einschließlich Matratze erhielt. Sie habe ja nicht erwartet, dass ihr dafür Frau Krüger dankbar um den Hals fiele. Doch ein wenig mehr als die gezeigte Gleichgültigkeit wäre durchaus angemessen gewesen.

Die Chefin hat in der Folgezeit wiederholt, zumeist am Montag, Frau Krüger daheim aufgesucht, also sehr verantwortungsvoll und umsichtig gehandelt. Denn: Diese lieferte nicht mehr, wie vereinbart, Nadine am Morgen in der Einrichtung ab. Gegen 10 Uhr wäre darum sie oder eine Erzieherin in die Hainbergstraße gefahren und hätte das Kind abgeholt. Die Unregelmäßigkeiten begannen, nachdem sie ihre Arbeit in der Wäscherei hingeschmissen hatte, die sei ihr zu anstrengend gewesen.«

»Da hätte sie doch erst recht Zeit gehabt, das Kind pünktlich in der Krippe abzuliefern«, ruft einer.

»Eben nicht. Sie sei auf Arbeitssuche, erklärte sie der Krippenleiterin, die zunehmend wütender wurde, was ich verstehe. Sie spielt mit dem Gedanken, dies im Monatsbericht für die Jugendhilfe anzumerken, unterlässt es dann aber, weil sie fürchtet, das Gericht würde sofort die Bewährung als gescheitert erklären und Maruth Krüger die ausgesprochene Haftstrafe antreten lassen. Was, so fragte die Erzieherin, geschieht dann mit den beiden anderen Kindern?«

»Wenn sie weniger Skrupel gehabt und es gemeldet hätte, wäre die Krüger eingerückt und Nadine würde noch leben, das ist traurige Wahrheit«, ruft einer.

»Hat es zu jener Zeit schon Verletzungen und Hinweise auf Misshandlungen gegeben?«, will ein anderer wissen.

Böhm schüttelt den Kopf.

»Männer?«

»In jener Zeit trat eben jener Hartwig in ihr Leben. Das merkte man auch in der Krippe. Man hatte den dürren Brillenträger schon wiederholt mit ihr gesehen.« »Folgen?«

»Keine. Aber das Misstrauen der Erzieherinnen gegenüber Nadines Mutter nimmt stetig zu. Sie lügt, hintergeht, ist nachlässig, hält Verabredungen nicht ein. Ihr Ruf ist nicht sonderlich gut. Aber Nadine wird sehr gemocht in der Krippe. Ein hübsches, aufgewecktes Kind.

Als im Spätherbst letzten Jahres Frau Krüger an einem Montag mal wieder nicht erscheint, setzen sich die Leiterin und ihre Stellvertreterin ins Auto und fahren die ihnen längst vertraute Strecke. Auf ihr Klingeln erscheint eine ältere Frau

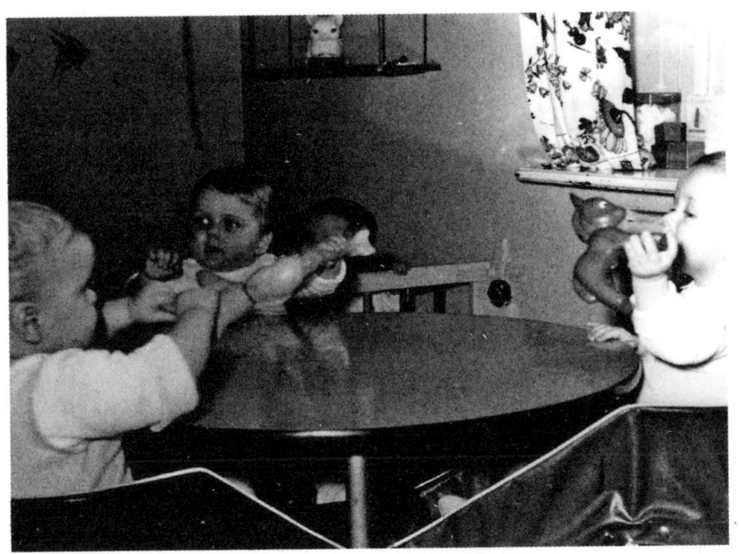

Nadine: letzte Woche in der Krippe, letzte Aufnahme

aus dem Vorderhaus. Sie sagt, Frau Krüger sei in der Stadt zum Einkaufen.

Die beiden Frauen treffen Nadines Mutter tatsächlich beim Bummeln. Zur Rede gestellt, erklärt sie frech, auf Arbeitssuche zu sein. Und wo sei die Tochter? Bei der Mutter ihres Freundes. Daraufhin hat die Leiterin der Krippe erklärt, sie würden jetzt gemeinsam in die Hainbergstraße fahren und Nadine abholen. Wenn sie sich widersetze, würde sie als Leiterin der Einrichtung Meldung machen. Das Maß sei voll.«

»Schon lange«, tönt es von den Stühlen.

»Maruth Krüger erklärte sich einverstanden, sie müsse aber noch ihr Bewerbungsgespräch absolvieren, die beiden sollten solange hier warten. Dann verschwand sie in einem HO-Laden. Die Zeit verstrich, und als sie nicht wiederkehrte, fragten sie im Geschäft nach. Natürlich hatte sie die beiden Frauen geleimt – es gab kein Personalgespräch.« Böhm verkürzt seinen Bericht, obgleich er an den Reaktionen merkt, wie die Genossen daran interessiert sind. Die beiden Frauen seien dann erneut in die Wohnung gefahren, hätten die Krüger und Nadine angetroffen, das Mädchen an sich genommen und es in die Krippe gebracht. Wie sich zeigte, sollte das die letzte Woche sein, die das Kind in der Obhut der Erzieherinnen verbrachte.

»Dann habe ich der Leiterin der Krippe die Bilder vorgelegt, damit sie die Tote identifiziere. Sie ist fast zusammengebrochen. Schrie immer wieder: Nein, das kann nicht wahr sein, was hat sie nur aus dem Kind gemacht!«

Am folgenden Tag gibt es gewissermaßen eine konzertierte Aktion in der Untersuchungshaftanstalt. Zeitgleich wird Oberleutnant Schreiber Udo Hartwig vernehmen, während ein Mitarbeiter der MUK aus Dresden sich Maruth Krüger vornimmt.

Im Vernehmungszimmer wird Hartwig vorgeführt. Er pflanzt sich lässig auf den Stuhl. Vielleicht ist das auch nur seiner Körpergröße geschuldet, dass es stets ein wenig schlaksig erscheint. Er gibt bereitwillig zu Protokoll: Zwanzig Jahre ist er alt, 1959 geboren, und ein guter Arbeiter – zuletzt in der Städtischen Großwäscherei. Er selbst habe noch keine Kinder, aber die seiner Freundin wie die eigenen betrachtet. Seine Eltern leben schon viele Jahre in Görlitz. Er hat noch sechs jüngere Geschwister. Die Familie wohnt im Vorderhaus. Seine Mutter arbeitet bei der Bahn, der Vater ist Invalidenrentner. Die beiden kommen gut mit Maruth aus, man hilft sich gegenseitig. So sind auch die älteren beiden Kinder von Maruth oft in der Wohnung bei seinen Eltern.

Der Vater lernte seine Frau, also Hartwigs Mutter, in den 50er Jahren kennen, als er bei der Wismut war. Darum war er auch nur selten zu Hause. Dann erkrankte der Vater ernsthaft erkrankt. Die Lunge macht nicht mehr mit. Langwierige Krankenhausaufenthalte und Kuren an der Ostsee bringen Besserung, aber keine vollständige Heilung. So wird er Invalide. Die Rente von der Wismut ist recht ordentlich. Doch die Mutter ist mit den sieben Kindern, dem Haushalt und der Arbeit überfordert und sucht Trost im Alkohol.

Keiner der Erwachsenen kümmert sich um die Kinder und deren Schularbeiten; sie werden gemacht oder auch nicht. Udo hält sich mehr als seine jüngeren Geschwister an die Normen in der Schule. Seine Leistungen sind ausreichend, und so schafft er es bis zur achten Klasse, ohne einmal sitzengeblieben zu sein. Wegen seiner Kurzsichtigkeit wird er gehänselt. Er trägt es mit Fassung. Er gilt als still und unauffällig, weshalb er von vielen geschätzt wird. Etwa von den Kolleginnen der Mutter bei der Bahn.

Udo Hartwig beginnt nach der Schule eine Lehre in der Großwäscherei. Auch hier bemüht er sich. Das wird anerkannt. Auch, dass Udo nie zu spät kommt und bereitwillig auch Sonderschichten fährt. Die Ausbilder kümmern sich um ihn. Er bekommt eine eigene kleine Wohnung vermittelt, damit er aus dem häuslichen Milieu herauskommt, das allgemein als nicht gut gilt.

Er bleibt auch nach Abschluss seiner Lehre in der Wäscherei. Die Kollegen akzeptieren ihn. Und das Wichtigste für ihn: Er verdient gut, während andere gerade erst einmal die Lehre beenden.

Kurz nach seinem 18. Geburtstag lernt er beim Tanz Maruth Krüger kennen, die zwar im gleichen Betrieb, aber in einer Filiale in der Stadt arbeitet. Und sie ist sechs Jahre älter als er. Udo begleitet sie bis vor ihre Haustür. Auf dem Weg erzählt sie ihm von den beiden Kindern, die sie aus der Ehe mit einem Elektriker hat. Die Ehe wurde geschieden. Darüber verlor sie den Kopf und nahm gleich einen neuen Freund, um sich zu trösten. Der war toll, erzählt sie, doch er wollte sie nicht heiraten. Aber ein Kind hat er ihr trotzdem gemacht, dieses widerliche Schwein. Nun säße sie mit ihren drei Kindern fest und müsse alles allein bewältigen. Udo ist gerührt von so viel Aufopferung und davon, wie sie alles packte. Obgleich er sie um Haupteslänge überragt, blickt er zu ihr auf. Er himmelt sie an.

Das ist, sollte man meinen, der Beginn einer wunderbaren Liebe.

Tatsächlich aber, so hört der aufmerksame Oberleutnant Schreiber aus der wortreichen Erzählung heraus, der Anfang einer unseligen Partnerschaft. In der Maruth Krüger, die Intelligentere, sich den unbedarften Mann unterwirft, ihn sich hörig macht. Dazu bedient sie sich der gesamten Klaviatur, die ihr als Frau zur Verfügung steht.

Schon bald ziehen beide mit Maruths Kindern in die leer stehende Wohnung im Hinterhaus seiner Eltern. Die beiden älteren Kinder von Maruth sind oft bei der Oma im Vorderhaus, Nadine in der Woche in der Krippe.

Udo bereiten die Kinder keine Probleme, er ist an den Umgang mit kleineren Kindern durch seine Geschwister gewöhnt. Er hat einen freundlichen Umgang mit allen dreien, kauft ihnen Spielzeug und freut sich mit ihnen. Udo gibt regelmäßig seinen gesamten Verdienst für »seine Familie« hin.

Schreiber hakt nach. »Sie leben also sehr zufrieden mit ihrer Partnerin und den Kindern zusammen, wenn ich das richtig verstehe?«

»Ja, sehr zufrieden«, sagt Udo Hartwig und erzählt, was für eine tolle Frau er in Maruth gefunden habe. Im Bett sei sie eine Granate. Dafür liest er Maruth jeden Wunsch von den Augen ab.

»Auch wenn es um ihre Kinder geht?«, wirft Schreiber ein.

»Natürlich, was denken Sie. Maruth braucht meine Hilfe. Die Kerle haben sie sitzen lassen mit den Sorgen und Kindern. Die beiden Großen sind ja ganz ordentlich, aber Nadine parierte überhaupt nicht. Kein Wunder, der Vater soll auch nicht ganz dicht gewesen sein.«

»Kennen Sie ihn?«

»Nein, ich will ihn auch nicht kennenlernen. Es reicht mir schon, was Maruth über ihn berichtete. Und Nadine schien das ganze Ebenbild zu werden.«

»Hat Ihnen das Maruth eingeredet?«

»Das sah man doch.«

»Aha«, sagte Schreiber. »Woran?«

»Na, wenn wir allein sein wollten, quengelte sie. Sie störte uns immer, wenn wir im Bett waren. Als wollte sie verhindern, dass wir uns liebten. ›Das ist die späte Rache von diesem Arsch‹, schrie Maruth dann. Manchmal bekam sie richtige Heulkrämpfe, wenn sie an diesen Typen erinnert wurde. ›Mach doch was!‹, rief sie, ›ich ertrag das nicht länger‹.«

»Und? Machten Sie was?«

»Ja.«

»Was?«

»Ich habe dann Nadine geschlagen.«

»Sie allein? Hat Ihre Freundin auch geschlagen?«

»Nur wenn sie was getrunken hatte.«

»Trank sie oft?«

»Naja, am Wochenende haben wir uns schon gern einen auf die Lampe geschüttet.«

»Und dann haben sie zusammen auf das Mädchen eingeprügelt?«

»Maruth nahm manchmal den Siebenriemer. Und wenn die Haut aufplatzte und das Blut lief, sagte sie: ›Siehst du, Mäuschen, sie blutet wie ein Schwein. Ja, sie ist ein Schwein, genau wie ihr Vater!‹«

»Das war ein hilfloses Kind, das sich nicht wehren konnte. Hatten Sie nie Skrupel?«

»Was heißt das?

»Na, ob Sie nicht davor zurückschreckten, so etwas zu tun, ein Kind zu quälen.«

»Ach, wenn wir so richtig schön besoffen waren, machte das sogar Spaß.«

»Wann fing das an?«

»Keine Ahnung.«

»Hatten Sie nicht Angst, dass man die Flecken und Striemen in der Krippe bemerken könnte?«

»Angst nicht. Aber wir haben uns anfangs vorgesehen. Solange sie in der Krippe war. Da hat Maruth sich anders an ihr gerächt. Sie hat dann Schnitten mit Creme geschmiert und ihr die zu essen gegeben.«

»Creme? Sie meinen Nudossi?«

»Nee, richtige Creme, ich glaube, da stand Florena auf der Dose. Manchmal hat sie gleich gekotzt, da war das Thema Essen fürs Wochenende erledigt. Ab Montag konnte sie sich ja wieder vollfressen.«

»Haben Sie schon mal eine Hautcreme gegessen?«

»Nein. Warum sollte ich?«

»Aber Nadine musste es.«

»Ja, das war die Rache dafür, dass sie die Tochter eines Verrückten war und uns auf die Nerven ging.«

»Woher stammen die Brandverletzungen?«

»Welche Brandverletzungen?«

»Hören Sie: Nadines Po war mit Brandnarben und frischen Wunden übersät.«

»Das war ich nicht. Ich habe nur auf den Unterarmen meine Zigaretten ausgedrückt. Auf dem Po machte es Maruth. Das zischte erst, dann roch es nach verbranntem Fleisch.«

Schreiber würgt es. »Und was war mit Nadine?«

»Erst schrie sie wie am Spieß, dann war sie ruhig.«

»Weil sie ohnmächtig geworden war.«

»Kann sein. Wir hatten aber endlich Ruhe. Verstehen Sie: Ruhe. – Übrigens: Kann ich mal eine Zigarette haben, bitte?« Hartwig schielt auf die Schachtel, die vor Schreiber liegt. Der ringt mit sich, schiebt dann die Packung und die Streichholzschachtel aber doch über den Tisch. Feuer flammt auf, die

Spitze glimmt, Hartwig zieht den Rauch tief ein und bläst dann genüsslich den Qualm in die Luft.

»Drücken Sie jetzt die Zigarette aus. Auf Ihrem Unterarm. Los, machen Sie.«

»Warum sollte ich?«

»Drücken Sie. Haben Sie den Mut.«

»Ich bin doch nicht bescheuert. Das tut wahnsinnig weh.«

»Ach, und Nadine tat es nicht weh, was!« Schreiber ist außer sich und dicht dran, die Vernehmung abzubrechen. Was ist das nur für einfältiger, herzloser Pinsel.

»Sagen Sie, was es mit dem Schrank auf sich hat.«

»Welcher Schrank?«

»In Nadines Kammer steht ein Schrank mit Schiebetüren. Drinnen hängen zwei Stricke mit Schlaufen.«

»Ach der.«

»Was bedeuten die Schlaufen?«

»Die bedeuten nichts.«

»Ich meine, wozu dienten sie?«

»Das war unser Erziehungsschrank. Wer nicht parierte, kam in den Schrank. Die Großen wussten Bescheid, denen musste man nur drohen. Nadine musste es spüren. Sie hing öfter in den Seilen.«

»Wie lange?«

»Bis der Kopf rot wie ein Ballon war, dann haben wir sie rausgelassen.«

»Wer ist auf die Idee gekommen?«

»Maruth. Nach einer saugeilen Nummer. Maruth liebt Fesselungsspiele. Sie kommt besonders wild, wenn sie mich ans Bett gefesselt hat und ich mich nicht wehren kann. Dann sitzt sie auf mir wie auf einem Thron. Das gefällt mir. Danach kam sie auf die Idee mit dem Erziehungsschrank.«

»Hat Nadine nicht geschrieen, wenn sie dort kopfüber im Schrank hing?«

Hartwig schüttelt den Kopf und macht einen langen Zug.

»Wenn sie so hing, kriegte sie keine Luft. Deshalb konnte sie auch nicht schreien.«

Schreiber ist speiübel, er braucht jetzt ein Glas Wasser. Doch wenn er sich eins bringen lässt, will der auch eins. Aber Schreiber will ums Verrecken nicht diesem Schwein eine menschliche Geste widerfahren lassen. Nicht mit ihm. Der soll verdursten und in die Hölle fahren.

»Sagen Sie, was passierte am 13. Januar?«

»Wir wollten Schluss machen.«

»Sie oder Ihre Freundin?«

»Ich. Nadine machte unsere schöne Beziehung kaputt. Sie war der Schatten der Vergangenheit, das Gespenst von gestern, der Elektriker, der immer dazwischenfunkte.«

»Gab es dafür einen besonderen Anlass?«

»O ja.« Hartwigs Augen bekommen plötzlich einen auffälligen Glanz. Er lächelt. »Maruth sagte mir, dass sie schwanger sei. Da war für mich klar: Unser Kind durfte nicht neben diesem Bastard aufwachsen, diesem Abkömmling eines Gauners. Der war zu Maruth hundsgemein und sein Kind war es auch. Also gab es für mich nur eins – es musste weg. Am Sonnabend, also am 13. Januar, hat Nadine keinen Mucks mehr gesagt, wir hofften, dass sie bereits hinüber war. Doch Maruth stellte fest, dass sie noch atmete. Ich wollte sie noch einmal in den Schrank hängen, aber dann kam Maruth auf die Idee mit dem Essen. Damit man nicht annimmt, wir hätten sie verhungern lassen. Ich habe sie also gehalten, sonst wäre sie umgekippt, und Maruth hat ihr Grießbrei in den Mund gestopft. Löffel für Löffel, aber Nadine schluckte den Brei nicht hinunter. Da hat ihr Maruth einen Klaps auf den Rücken gegeben. Da lief sie blau an. Maruth schrie mich an, ich soll mitmachen, aber ich konnte nicht. Irgendwie hatte ich auf einmal Angst. Da ist es passiert: Nadine ist beim Klopfen auf den Rücken zur Seite gekippt und auf den Boden gefallen. Den Rest kennen Sie ja.«

»Sie sagen, Ihre Freundin ist schwanger? In welchem Monat ist sie denn?«

»Im dritten.«

»Für heute machen wir Schluss, wir sehen uns morgen wieder.«

In seinem Büro füllt er ein Formular aus. Udo Hartwig muss unbedingt einem Psychiater vorgeführt werden.

Bei der nächsten Sitzungsrunde der Einsatzgruppe, an der auch wieder Mitarbeiter der Dresdner MUK teilnehmen, liegen etliche Befragungsprotokolle von Zeugen auf dem Tisch. Für die Nachbarn gelten die beiden als unauffällig, ruhig und im Erscheinungsbild ordentlich. In den Kindereinrichtungen, die von den beiden großen Kindern besucht werden, spricht man weniger gut über sie. Man habe auf sie besonders Augenmerk lenken müssen.

Die ärztlichen Untersuchungen sind lückenlos nachweisbar und bestätigen die Aussagen der Erzieherinnen. Die Zeugenaussage von Nadines Kinderarzt steht noch aus. Die Leute vom Jugendamt, die das Sagen haben, bleiben gelassen. Der Bericht wird für ihr Amt positiv ausfallen, das hat der Leiter schon angekündigt. Das ist durchaus erklärbar, denn wenn es keine gravierenden Feststellungen an den Kindern – auch bei Nadine – gegeben hat, erfolgten auch keine Meldungen an das Jugendamt.

Das sehen die Ermittler ebenso. Aus den bisherigen Feststellungen ergab sich, dass die Leiden erst begannen, als Nadine nicht mehr in die Krippe gebracht wurde.

Auch die Zeugenaussage des leiblichen Vaters von Nadine steht noch aus.

So konzentrieren sich die Kriminalisten auf die Haupttäterin: Maruth Krüger. Schreiber macht darauf aufmerksam, dass sie im dritten Monat sei.

»Was soll das denn?«, sagt der K-Leiter.

»Ganz einfach: Drei Monate wurde Nadine massiv gequält. Nadine musste sterben, weil ein neues Kind unterwegs ist.«

»Das ist doch pervers!«

»An diesem Fall ist alles pervers, Genossen«, ruft Schreiber in den Saal.

Die Befragung von Hartwigs Eltern bringt keine neuen Erkenntnisse. Sie bestätigt das, was Udo Hartwig berichtete. Für Nadine interessierten sie sich nicht. Die beiden Großen mischten sich unter die anderen. Mitunter tobten also acht Kinder durch die Wohnung im Vorderhaus. Der Vater schaltet einfach ab, wenn es ihm zu viel wird, und die Mutter klärt das Problem auf ihre Weise, indem sie zur Flasche greift. Zu essen gibt es genug und die Wohnung ist auch leidlich sauber.

Ob sie wissen, was sich im Hinterhaus abspielt, wird nie festgestellt. Verbürgt ist, dass die Mutter wiederholt ihren Sohn und dessen Freundin aufforderte, Nadine ausreichend zu füttern. Aber darin erschöpfte sich das großmütterliche Interesse. Die Frau ist mit ihrer eigenen Situation nachweislich überfordert. Woher soll sie da die Kraft nehmen, sich auch noch um den Haushalt und die Familie ihres ältesten Sohnes zu kümmern.

Nein, seelisch lebt die Frau am Limit wie so viele in der Stadt.

Am Abend des 13. Januar war die Frau mit einer Mehldose und einigen Eiern nach hinten geeilt. Sie habe Eierkuchen machen wollen, bevor sie zur Schicht ging, gibt sie zu Protokoll. Da habe sie Nadine auf dem Fußboden liegen sehen, doch Maruth habe sie beruhigt, das wäre nichts. Sie hätten sie füttern wollen, doch sie habe sich immer wieder zu Boden geworfen. Man dürfe sie nur nicht beachten, dann käme sie wieder zu sich und würde vernünftig mit ihnen reden.

Sie mache sich jetzt natürlich Vorwürfe, sagt Frau Hartwig, dass sie nicht gleich den Arzt gerufen und sich auf Maruths

Vertröstungen eingelassen habe. Aber diese Bedenken kommen zu spät.

Justitiabel aber ist das alles nicht.

Am nächsten Tag liegt der ausführliche Untersuchungsbericht des Gynäkologen auf dem Tisch. Maruth ist im zweiten Monat schwanger. Damit kommen neue Aspekte für die Tat selbst und die Vorgangsbearbeitung auf. Alle sind sich einig: Ehe der Mutterschutz für die Täterin wirksam wird, muss sie für ihre abscheuliche Tat verurteilt werden. Es sei denn, die beiden mit einem Gutachten beauftragten Psychologen bescheinigen ihr Unzurechnungsfähigkeit. Das aber bezweifeln Kriminalisten und Staatsanwalt gleichermaßen.

Im gleichen Raum der U-Haftanstalt wird Maruth Krüger vernommen. Sie nimmt auf dem gleichen Stuhl Platz, auf dem bereits Udo Hartwig saß. Sie sitzt aufrecht, den selbstbewussten Blick aus ihren blauen Augen auf den Vernehmer gerichtet. Da ist nicht der leiseste Hauch von Verzweiflung oder gar Reue. Ihr Auftritt ist die Inkarnation der Frage: Was wollt ihr eigentlich von mir?

Schreiber lässt sich den Lebenslauf erzählen.

Sie wird 1953 in Görlitz geboren, es folgen drei weitere Geschwister. Die Eltern sind berufstätig. Maruth ist ein lebhaftes Mädchen, klein und zierlich, niedlich anzusehen. Der Vater lernt eine neue Frau kennen, lässt sich scheiden und geht 1957 mit der neuen Frau in den Westen. Nun muss die Mutter allein für die drei Kinder sorgen, ein viertes kommt ein paar Jahre später dazu. Zwar sorgt die Mutter für das Wohl der Kinder, doch die Schmach über das Verlassensein macht sich in ihr breit. Zuflucht findet sie im Alkohol. Tagsüber im Betrieb, abends dann die Kinder und später wechselnde Liebhaber. Die kleine Maruth verfolgt das mit Interesse. Bald unterscheidet sie selbst zwischen »tauglich« und »blöd« bei den Kerlen. Bei den Tauglichen setzt sie sich in Szene. Sie ist besonders nett und höflich und die Liebhaber der Mutter honorieren das mit Geld für Eis oder einer Kinokarte. In der Schule ist sie nicht die Beste, die Leistungen sind aber passabel. Das wiederum ist der jungen Klassenlehrerin zu verdanken, die sich aufopfernd um das Mädchen kümmert und zur Ordnung anhält. Maruth findet die Lehrerin auch nett und ihr zuliebe strengt sie sich an. In der achten Klasse hat sie keine Zeit mehr zum Lernen und geht ab. Sie lernt Näherin und arbeitet am Band und im Schichtsystem. Hat sie frei, geht sie in die Jugendgaststätte. Vor den Jungs hat sie keine Scheu. Außerdem wirkt sie mit ihrer Größe sehr schutzbedürftig. Damit spielt sie gern. Maruth weiß sehr wohl, was sie will oder nicht. Sie lernt Richard kennen. Der arbeitet als Elektriker im Maschinenbau, ist drei Jahre älter als sie, hat Geld und sieht gut aus. Nicht lange, dann ist Maruth von ihm schwanger. Richard ist gut erzogen, und so ist es selbstverständlich, dass geheiratet wird. Auch eine passende Wohnung findet das junge Paar schnell. Maruth ist froh, von zu Hause wegzukommen. Sie ist knapp neunzehn, als das erste Kind geboren wird. Maruth hat alles im Griff. Das soll heißen, sie kommt mit Mann, Kind, Wohnung und sich selbst sehr gut zurecht.

Das ändert sich, als etwas später das zweite Kind geboren wird. Diesmal ist es ein Mädchen. Der Junge, gerade ein reichliches Jahr alt, braucht noch die ganze Zuwendung seiner Mutter, und das Neugeborene erst recht. Da bleibt nicht mehr viel Zeit für den Mann und gar keine für sie selbst. Das ist nichts für Maruth. Am liebsten geht sie mit den Kindern auf den Spielplatz, auch wenn die beiden noch nichts davon haben. Aber Maruth hat ein Ziel und vor allem Abwechslung mit anderen jungen Frauen. Daheim bleibt die schmutzige Wäsche stehen und das Essen wird nicht gekocht. Der Mann macht ihr Szenen, sie gelobt Besserung. Eine Weile hält das an, doch dann fällt sie wieder in den gleichen Trott.

Aber auch der Mann hält nicht viel von der Hausarbeit. Er denkt nicht daran, seiner Frau zu helfen. Lieber verdrückt er sich vor dem Kindergeschrei in seine Stammkneipe. Dann wird bis spät in die Nacht Skat gespielt und gezecht. Maruth wartet im Bett vergebens auf ihn. Da läuft auch nichts mehr mit dem ständig angetrunkenen Mann, der am frühen Morgen wieder zur Arbeit muss. Dieser Zustand dauert bis 1975. Dann wird die Ehe geschieden. Maruth geht wieder arbeiten, die Kinder sind im Kindergarten. Die neue Arbeitsstelle ist die Wäscherei. Maruth kommt mit der Arbeit ganz gut klar. Auch wenn sie mit ihrem schnippischen Ton oftmals bei Vorgesetzten und Kolleginnen aneckt, läuft es halbwegs rund.

Die Kinder sind tagsüber umsorgt und abends müssen sie nach dem Essen ins Bett. Sie sind sehr ruhig und relativ ausgeglichen. So ist es nur eine Frage der Zeit, dass sich Maruth wieder auf Eroberungstour in die Disko macht. Alles, was sie meint versäumt zu haben, will sie im Eiltempo nachholen. Eine Bekanntschaft jagt die andere. Mit der Pille als Sicherheit schreckt sie vor keinem Abenteuer zurück. Partnertausch und Gruppensex, die ganze Bandbreite des in Görlitz Möglichen wird mitgenommen. Doch zur Arbeit erscheint sie pünktlich und die Kinder kommen im ordentlichen Zustand im Kindergarten an.

Nach einer gewissen Zeit hat Maruth an dem ausschweifenden Leben keinen Gefallen mehr. Der Grund ist plausibel: Sie hat sich in einen gut aussehenden Frank verliebt, den späteren Vater von Nadine. Den will sie haben, unbedingt. Frank ist nicht so großkotzig wie die meisten in der Jugendgaststätte, eher zurückhaltend. Er kommt mit zwei Freunden, trinkt an der Bar ein paar Drinks und geht wieder – ohne zu tanzen oder Sprüche abzulassen. Für Maruth hat er kaum einen Blick, aber auch nicht für andere Frauen. Maruth wandelt sich in kürzester Zeit vom schrillen Party-Vamp zur zurückhaltenden Frau. Die Freunde sehen die Veränderung mit Erstaunen. Maruth schwört sie darauf ein, alles Gewesene zu vergessen. Unauffällig, wie aus Versehen, schiebt sich Maruth immer wieder an der Bar an ihn heran. Bis er sie nicht mehr übersehen kann. Maruth hat sich sorgfältig zurecht gemacht. Im neuen Minirock, die Haare geföhnt und hochgesteckt, sieht sie umwerfend aus. Maruth setzt ihr bezauberndes Lächeln auf und stellt sich Frank vor. Er reicht ihr die Hand über sein Glas hinweg – das Eis ist gebrochen. Beim nächsten Schnulzenhit fordert sie ihn zum Tanzen auf. Frank ist etwas unschlüssig, denn tanzen ist nicht gerade seine Welt. Doch Maruth lässt nicht locker – er gibt nach. Sie schmiegt sich eng an ihn. Ihre Freundinnen schauen neidisch zu.

In der Folgezeit kommt es zu neuen Verabredungen. Einmal ins Kino oder zu einer Veranstaltung in die Stadthalle. Maruth schwebt auf Wolke 7, denn der Mann an ihrer Seite gefällt vielen. Frank will Ingenieur für Elektronik werden. Deshalb studiert er an der hiesigen Hochschule. In einem Jahr wird er mit dem Studium fertig sein und zurück nach Bautzen gehen. Die Ingenieurschule ist nicht weit entfernt von ihrem Betrieb. So können sich die beiden ungestört auch am Tag treffen.

Maruth Krüger bricht an dieser Stelle in einen hysterischen Weinkrampf aus. Schreiber ist ratlos, immerhin ist die Frau schwanger.

»Wie wäre es mit einem Kaffee?«, fragt er vorsichtig.

»Ja, bitte. Darf ich auch eine rauchen?« Der Wunsch kann erfüllt werden. Tief zieht Maruth den Rauch ein. Die Tränen versiegen. Inzwischen steht die Kaffeekanne auf dem Tisch. Sie nimmt einen kräftigen Schluck von dem heißen Gebräu, dann noch einen, und die Welt ist für sie wieder in Ordnung.

Maruth Krüger fährt fort:

Frank ist ihre große Liebe, doch er will nichts von ihr wissen. Was sie auch anstellt, Frank sieht in erster Linie sein Studium und will Maruth als Abwechslung dazu. Sie haben beide schöne Stunden mit Kerzen, Sekt und Sex, doch für den Alltag reicht es nicht. Maruth bemüht sich, gebildet zu sprechen – umsonst, Frank gibt seine lockere Art, mit ihr umzugehen, nicht auf. Da greift Maruth zu einer List: sie »vergisst« die Pille. Keinen Monat später ist sie schwanger. Sie ist selig vor Glück. Nun muss sie sich etwas ausdenken, etwas Schönes, Niveauvolles, versteht sich, um Frank damit zu überraschen. Sogar das gelingt ihr. Sie bringt das Kunststück fertig und bestellt im »Stadt Dresden«, der Renommiergaststätte in der Stadt, einen Tisch für zwei Personen. Der Mann hinter dem Empfangstresen schaut verstohlen über den Rand seiner Brille. Hier ordern nur Chefs persönlich Plätze, im Notfall ihre Sekretärinnen. Sie aber hat er noch nicht gesehen.

Maruth platzt fast vor Stolz, als sie ihrem Frank die Einladung nebst Platzreservierung überreicht. Frank ist in der Tat überrascht. Und er freut sich sogar ehrlichen Herzens. Maruth gibt für diesen Abend ihr ganzes Erspartes hin. Sie macht sich für Frank besonders schön, und der erkennt das auch an, macht ihr Komplimente. Sie sitzen am Tisch, im Hintergrund spielt Musik, die zu Herzen geht. Sie trinken Rotwein und schauen sich tief in die Augen. Und dann offenbart Maruth ihr Geheimnis.

Frank ist erwartungsgemäß erst einmal überrascht. Wütend oder ärgerlich, wie Maruth es angstvoll erwartet hat, wird er nicht. Er kann sich alles nur nicht so recht vorstellen, wie das gehen soll, er als Student und Vater – und demzufolge – von der Gesellschaft erwartet – eine feste Bindung. Dazu auch noch mit zwei weiteren Kindern von Maruth. Dass er das nicht kann – und auch will –, sagt er ihr unverblümt.

Schreiber nickt. Genau so hat es der Mann zu Protokoll gegeben. Er hat nicht die Absicht, sich zu binden, schon gar nicht an diese Frau. Er hat seinen Spaß mit ihr, sie war im Bett Spitze und nicht so verklemmt wie jene, die er bisher hatte. Aber als Basis für ein gemeinsames Leben schien ihm das zu wenig. Das war's. Adios.

Frank bekennt sich zu dem von ihm gezeugten Kind, aber nicht zu Maruth und den anderen zwei Kindern. Die Schwangerschaft nimmt ihren Verlauf. Und mit jedem weiteren Monat wächst die Wut auf Frank. Nadine ist ein gesundes, kräftiges Mädchen mit blonden Kringellocken, großen blauen Augen und Grübchen in den Wangen wie ihr Vater. Hebamme und Kinderschwestern sind begeistert von dem Baby. Nur die Mutter sieht das Kind und weint bitterlich. Dann kommt der Vater in die Klinik. Er kommt mit einem großen Strauß roter Rosen, eine wahre Rarität außerhalb der Saison. Auch er ist begeistert von seiner Tochter und küsst deren Mutter bewegt. Acht Tage später holt er beide mit dem Taxi aus der Klinik ab. Wenige Tage später beichtet Frank ihr dann, dass er ins Ausland, in die Sowjetunion, an die Trasse gehen wird. Dort kann er ein Praktikum absolvieren und später in eine gute Position eingesetzt werden. Für Nadine wird er immer sorgen, darum braucht sich Maruth keine Gedanken zu machen. Alles andere hat für ihn keinen Sinn – und daraus hat er nie ein Hehl gemacht. Sagt es und verschwindet.

Für Maruth bricht eine Welt zusammen. Sie möchte sterben, nicht mehr da sein. Doch drei Kinder brauchen ihre Mutter. Sie hat alles auf eine Karte gesetzt und verloren. In ihr gärt der Hass auf den Mann, der sie verschmähte. Und im gleichen Maße überträgt sie diesen Hass auf dessen und auf ihre Tochter, die klein und hilfebedürftig in der Wiege liegt. Von Tag zu Tag wird sie ihrem Vater ähnlicher, fatal für das unschuldige Baby. An ihr wird sich Maruth rächen. Nadine liegt in der Holzwiege und schreit – nach ihrer Mutter, nach dem Fläschchen, nach sauberen Windeln. Doch ihre Mutter hört sie nicht. Sie will es nicht hören. Am liebsten würde Maruth die Tür hinter sich verschließen und fortgehen, auf und davon. Die Geschwister von Nadine schaukeln das Baby, damit es aufhört zu weinen.

Zur Vorstellung in der Mütterberatung braucht es zwei Vorladungen. Dann erscheint Maruth mit dem Kind. Die Ärztin sieht Nadine, untersucht sie und macht Meldung über den Zustand des Kindes. Und es wird umgehend von Staats wegen reagiert: Maruth Krüger kommt für ihr Verhalten als Mutter vor Gericht. Es ist ein kurzer Prozess. Maruth zeigt Reue. Ihr kommt zugute, dass die beiden älteren Kinder gut versorgt sind und im häuslichen Bereich Ordnung und Sauberkeit herrschen. Sie wird sich außerdem um Arbeit bemühen. Staatsanwalt und Jugendhilfe werden sich einig, es mit ihr noch einmal zu probieren, bevor man ihr Nadine wegnimmt und in ein staatliches Kinderheim gibt. Das Gericht folgt dem und verurteilt sie auf Bewährung. Allerdings ist Bedingung, dass Nadine in der Wochenkrippe untergebracht wird. Das ist nötig, um die zuverlässige Grundversorgung des Babys zu sichern. Damit sind alle einverstanden; am meisten Maruth Krüger, die ihre Zustimmung gibt. Ungeklärt bleibt jedoch ihr gestörtes psychisches Verhalten zu dem Kind. Man setzt in der DDR der 70er voraus, dass eine 24-jährige Frau ihr Leben »im Griff« hat. Probleme, entstanden aus Ängsten, persönlichen Konflikten oder gar Liebeskummer, die gibt es nicht. Zumindest hat man für solche Bagatellfälle keine Zeit, denn es stehen höhere, gesellschaftliche Aufgaben auf dem Plan. Und wer fleißig mitarbeitet, so die Meinung der Führung, vergisst darüber die kleinen Nebensächlichkeiten. Ein grundlegender Irrtum, zumindest was Maruth betrifft.

Und in der Tat, jetzt wirkt sie zum ersten Mal unsicher. Oberleutnant Schreiber merkt den Stimmungswechsel sofort und lässt ihr Zeit.

»Ich habe wirklich gewollt, dass alles gut wird, glauben Sie mir. Es lief auch eine ganze Zeit sehr gut. Nadine brauchte ich die ganze Woche über nicht zu sehen, nur zum Wochenende.«

Ihre Wut habe sich von Monat zu Monat gesteigert, als Nadine immer mehr zum Ebenbild ihres Vaters, des »verruchten Verräters«, wird. Es wühlt in ihr. Und so kommt es, dass Nadine am Wochenende zwar notdürftig versorgt wird, aber keinerlei Sonderzuteilungen an Zärtlichkeiten oder Leckerbissen wie ihre Geschwister bekommt. Schon in dieser Zeit probiert Maruth Krüger aus, die ersten kleinen Brotbissen mit Florena-Creme zu schmieren. Das geschieht immer dann, wenn sie mit einer Wutattacke zu kämpfen hat. Und das ist Samstagabend, wenn andere zum Tanzen gehen. Der nächste Mann, das schwört sie sich in solchen Momenten, der nächste gehorcht nur mir.

Und wenig später findet sie Udo. Sie hat sich den Typen in der Disko sehr genau angesehen. Er ist nicht so ein toller Hecht wie Frank, zurückhaltend und schüchtern. Sie hat ihn bereits in der Wäscherei mehrfach gesehen. Er trägt Brille, ist schlaksig und unauffällig. Dass er sechs Jahre jünger ist als sie, erfährt sie von ihm selbst. Da sie aber wesentlich jünger geschätzt wird, fällt für sie das nicht ins Gewicht. Dieser Mann ist lenkbar und sie in ihrem Element. Endlich hat sie gefunden, was sie schon immer gesucht hat: einen Mann, der ihr bedingungslos gehorcht, der sie anbetet. Und sie weiß sehr genau, wie sie ihren Udo umgarnt und gefügig macht – nämlich im Bett.

Als Maruth mit Udo zusammen zieht, kümmert sich Udo um alle und alles – auch um die Hausarbeit in der Wohnung. Am meisten aber natürlich um sie. Und das tut ihr gut. Sie verwöhnt Udo mit Sexspielereien, von denen er nur zu träumen wagte. Was für ihn atemberaubende Spielerei ist, das ist für Maruth allerdings ernst. Über Umwege hat sie sich aus dem Intershop in Berlin chromblinkende Handfesseln und ähnliches »Spielzeug«, was es in der tristen Provinz nicht gibt, besorgt. Udo stöhnt vor Lust, wenn er gefesselt und nackt vor ihr liegt, Maruth schlägt auf ihn ein, nicht schlimm, nur ganz leicht, aber voller Genugtuung. So wird es selbst jetzt noch in der Vernehmung deutlich: der Drang, anderen Menschen körperlichen Schmerz zuzufügen.

Das Haus, in dem Nadine zu Tode gequält wurde, fiel in den 90er Jahren der Abrissbirne zum Opfer. So sieht der Ort heute aus

An einem trüben Novembertag kommt Maruth vom Frauenarzt. Der hat nur bestätigt, was sie bereits weiß: sie ist erneut schwanger. Diesmal von Udo. Maruth ist weder schockiert noch glücklich. Sie wird das Kind behalten – schon wegen Udo. Diesmal ist es eine Art Garantie, dass sie weiter in gesicherten Verhältnissen, ohne selbst richtig schuften zu müssen, leben kann. Udo ist begeistert, er liegt ihr zu Füßen. Alles prima, doch es gibt einen Wermutstropfen – und der ist

Nadine. Maruth braucht gar nicht lange zu debattieren, Udo versteht sie sofort. Das Kind muss weg und zwar schnellstens. Maruth sieht Schreiber ab: »Sie verstehen das doch, was ich meine?«

»Nein, beim besten Willen nicht!«

»Das Kind von Frank konnte auf keinen Fall mit dem Kind von Udo aufwachsen, basta!«

»Damit geben Sie also zu, Nadine vorsätzlich getötet zu haben. Verstehe ich Sie richtig? Und Ihr Freund Udo hat sich daran beteiligt?«

Maruth sieht stumm auf die Tischplatte.

»Ich warte auf die Antwort!«

»Das wissen Sie doch längst. Warum fragen Sie dann?« Und nach einer Pause: »Ja, sicher, mag sein – wir haben Nadine aus dem Weg geräumt. Sind Sie jetzt zufrieden?« Die Kontrolllampe des Tonbandgerätes blinkt rot auf. Das Band ist abgelaufen.

Zur selben Stunde wird auf dem Städtischen Friedhof Nadine beerdigt. Ihre Mutter nimmt die Information ohne Regung zur Kenntnis. Es interessiert sie nicht. Udo reagiert etwas emotionaler.

Ein kleiner Trauerzug nur bewegt sich hinter dem weißen Kindersarg. Udos Eltern mit zwei Geschwistern sind gekommen, Maruths Mutter und die Leiterin der Wochenkrippe. Das sind schon alle. Auf dem Grab liegen bereits Blumensträuße von Menschen, die aus irgendeinem Grunde mehr über den Fall wissen als die Bewohner von Görlitz.

Maruth Krüger und Udo Hartwig werden wiederholt vernommen. Der feste Vorsatz, dass zweijährige Mädchen zu töten, wird immer deutlicher; die Methodik tritt immer grausamer zum Vorschein. Es geht nicht »nur« ums Töten, sondern um qualvolle Leiden. Sie wollen Schmerzen zufügen. Eiskalt ersannen Maruth und Udo immer neue Foltermethoden und wandten diese auch rücksichtslos an. Beide sprechen offen und ohne Skrupel darüber.

»Wir haben auf dem Gesäß Ihrer Tochter großflächig vernarbte Brandwunden festgestellt, wie kommen diese zustande? Äußern Sie sich dazu!«, wird Maruth Krüger aufgefordert.

Wie so oft setzt sie ihre schnippische Miene auf. »Kann ich jetzt nicht mehr genau sagen, vielleicht vom Badewasser. Sie tat ja immer so empfindlich.«

»Davon kommen keine abgegrenzte Brandwunden.«

»Ja, ich entsinne mich, es war so kalt im Dezember, Nadine fror und ich wollte ihr etwas Gutes antun. Da habe ich sie in die große Abwaschschüssel mit warmen Wasser gesetzt und den mit ihr auf den Herd. Ich habe mir nicht überlegt, dass die olle Blechschüssel gleich so heiß wird. Na ja, als Nadine dann so grässlich schrie, wusste ich, was los ist, und habe sie gleich vom Herd heruntergenommen, das können Sie mir glauben.«

»Was haben Sie mit dem Kind dann gemacht?«

Maruth zieht die Schultern hoch. »Was schon, ich hab sie herausgenommen, war nicht ganz einfach, können Sie sich ja denken. Udo kam noch dazu. Wir haben ihr den Hintern so gut es ging eingeschmiert, sie in eine Decke gewickelt und ins Bett gelegt, fertig. Geschrieen hat sie dann nicht mehr.«

In den Vernehmungen spielt der zweitürige Kleiderschrank mit Schiebetüren eine zentrale Rolle. Selbst die zwei älteren Geschwister von Nadine haben ungeheuren Respekt davor. Ihnen wurde von klein auf bei Ungehorsam mit Strafen gedroht. »Wenn du nicht hörst, kommst du in den Schrank!«

Maruth hat es mit dem Sohn schon durchexerziert, als er noch jünger war. Der weiß Bescheid, wenn das Wort »Schrank« fällt. Er verschwindet ganz schnell ins Vorderhaus, wo es viel gemütlicher ist und ohne Strafe zugeht. Die

Schwester folgt ihm auf den Fuß. Sie ist zwar erst vier, aber schon so helle, dass sie ihrem Bruder vertraut und mit ihm verduftet.

Für Nadine gibt es kein Entrinnen. Sie ist ihren Peinigern ganz ausgeliefert. Und die handeln. Sie bereiten sich auf einen gemütlichen Abend vor. Das Abendbrot, mit Schnitzel und Salat, haben sie bereits hinter sich. Auf dem kleinen Tisch vor der Couch steht die Flasche »Nordhäuser«, im Fernsehen beginnt die Abendsendung. Im Bett in der Ecke des Zimmers weint Nadine leise vor sich hin. Sie hat Hunger, aber noch mehr plagt sie der Durst. Doch ihre Mutter interessiert das nicht. Sie will ihre Ruhe. Nadine hört nicht auf zu weinen. Nach dem zweiten Glas Klaren ist es Maruth zu viel. Sie springt vom Sessel auf, zerrt Nadine aus dem Bett und schleift sie vor den Schrank. Bis dahin ist Udo ruhig in seinem Sessel geblieben. Er ist einfach nur müde. Maruth ist das aber egal. Sie ruft ihn herzu. Udo stellt sich neben sie und winkt nur ab, er hat heute keine Lust zum Exerzieren. Das lässt Maruth kalt. Der Mann fügt sich, er will keinen unnötigen Zank wegen diesem Bastard. Er kennt seine Aufgabe, nämlich die Schiebetüren öffnen und schließen. Maruth nimmt das Kind zwischen ihre Beine und schiebt es mit dem Kopf in den Schrank. Udo arbeitet auf Kommando – Schiebetüren auf und zu, auf und zu. Der Halsbereich wird auf diese Art und Weise von beiden Seiten extrem zusammengedrückt. So geht es nur eine kurze Zeit, dann ist Nadine bewusstlos. Beide Halsseiten sind durch den Druck dunkelblau verfärbt. Udo bringt sie ins Bett. Heute Abend ist er irgendwie froh, dass sie noch lebt.

Die Übung mit den Schiebetüren gefällt ihm nicht sonderlich. Im Gegensatz zu seiner Liebsten, der gefällt diese Folter ungemein. Udo atmet kurz durch, zumindest für diesen Abend ist Ruhe angesagt. Während er sich die Bettdecke über den Kopf zieht, denkt er mit Verwunderung darüber nach, wie ein kleines Mädchen derart körperliche Qualen aushalten kann, ohne zu sterben. Wenn es doch endlich so weit wäre! Dann hätte sie und auch er endlich Ruhe vor dem ewigen Gezeter.

Doch so leicht stirbt es sich nicht. Zumindest trifft das für die zweijährige Nadine zu, die vor der Qualsucht ihrer Mutter kerngesund gewesen ist. Allerdings schwinden ihre Kräfte von Tag zu Tag. Abwehrreaktionen gibt es kaum. In einem Zustand zwischen Ohnmacht und Wachzeiten vegetiert sie teilnahmslos dahin. Die beiden Geschwister machen um Bett oder Kasten, je nachdem wohin die Mutter sie gerade verfrachtet hat, einen Bogen. Sie sprechen auch mit niemandem darüber, weder bei Freunden noch im Kindergarten, aus Angst, ihre Mutter könnte davon erfahren. Dann droht ihnen ein gleiches Schicksal. So jedenfalls sind sie darauf eingestimmt worden.

So reiht sich ein Detail der langsamen und vorsätzlichen Tötung an das andere. Die Akten der beiden Täter sind fast komplett. Genau wie die Unterlagen der zahlreichen Zeugenaussagen. Es fehlt nur noch ein letztes Teil: der exakte Ablauf des Tages, an dem Nadine stirbt. Bis auf kleine abweichende Einzelheiten sind sich die Täter in ihren Aussagen wieder einmal einig.

Es will nicht richtig Tag werden, an jenem Samstagmorgen. Maruth und Udo faulenzen im Bett. Die Uhr zeigt die zehnte Stunde an. Udo rekelt sich als Erster hoch und schaut zum Fenster hinaus. Schnee, nichts als Schnee ist draußen zu sehen. Vom Himmel fällt noch mehr herab. Er wendet sich zu Maruth, die sich nackt im Bett dehnt und streckt, die halblangen lockigen Haare bedecken ihr Gesicht.

Er weiß: dieser Frau ist er verfallen. Was immer sie von ihm verlangen sollte, er würde es für sie tun. »Schnecke, steh auf, es wird Zeit«, spricht er sie leise an, beugt sich zu ihr herunter und gibt ihr einen schmatzenden Kuss auf die Brust. Maruth lacht belustigt auf und gähnt lang und breit. »Och, schon, warum denn, es war doch so schön«, mault Maruth.

»Wo sind die Großen?«, fragt Udo. Blöde Frage, merkt er gleich, wer soll die Antwort geben? In der Küche stehen die leeren Tassen der beiden, daneben die Teller, voll mit Brotkrümeln. Also haben sie sich, wie so oft, selbst gekümmert, registriert Udo erleichtert. Er weiß: Jetzt hocken sie wieder vorn, bei seinen Eltern. Hinter ihm schlurft Maruth ins Bad. Sie hat bereits mitbekommen, dass die Großen fort sind. Das ist im Moment aber nur nebensächlich für sie. Vielmehr kämpft sie gegen die aufkommende Schwangerschaftsübelkeit.

Kaum geht es ihr wieder besser, konzentriert sich das Denken wieder auf Nadine, die im Bett liegt und heute noch keinen Laut von sich gegeben hat. Maruth schleicht sich zum Bett hinüber. Nadine liegt dort mit geschlossenen Augen, die Lider stark angeschwollen, die Lippen blass und bläulich verfärbt. »Sie wird doch nicht etwa hinüber sein?«, hofft sie. Doch ihre Hoffnung zerstiebt, als sie ihre Tochter leicht anstößt und das Mädchen versucht, die Augen zu öffnen. Maruth lässt enttäuscht von ihr ab.

»Wie lange soll dieser Zustand noch dauern?«, fragt Udo unvermittelt über ihre Schulter hinweg.

Maruth zuckt ratlos mit den Schultern. »Lass sie liegen, nach dem Frühstück sehen wir weiter.« Das klingt wie ein Befehl. Udo kennt das. Und so bleibt Nadine unbeachtet liegen. Erst am späten Nachmittag, kurz bevor Udos Mutter im Wohnzimmer steht und nach Mehl fragt, wird das halbtote Kind aus dem nassen Bett herausgenommen und auf den Boden gelegt. Kaum ist die Mutter verschwunden, beginnen Maruth und Udo mit dem Füttern. Sie setzen das Kind auf den Tisch, Udo hält es mühsam aufrecht, während Maruth ihm gewaltsam den Mund öffnet und den Brei hineinstopft. Nadine ist mittlerweile viel zu schwach, um ihn zu schlucken.

Maruth schlägt dem Kind auf den Rücken – nicht lang. Nadine wird blau im Gesicht und fällt zur Seite – ihre Qualen sind zu Ende.

Sie ist tot. Udo bemerkt es zuerst.

»Hol die Kinderdecke, schnell«, kommandiert er plötzlich ganz mutig. Nadine wird auf den Rücken gelegt und bleibt so, bis der Notarzt eintrifft.

Im Juni 1979 beginnen die Verhandlungen vor dem Bezirksgericht Dresden. Die Öffentlichkeit ist zugelassen. Um ihr das Verbrechen vor Augen zu führen, lässt der Richter den Anwesenden Fotos der Gequälten zeigen.

»Meine Damen und Herren, bevor jetzt die Bilder des Opfers hier im Saal auf Leinwand gezeigt werden, bitte ich diejenigen den Saal zu verlassen, die solche Fotos gesundheitlich oder psychisch nicht verarbeiten können«, wendet er sich an die Anwesenden. Und tatsächlich verlassen etliche Zuschauer den Saal.

Tiefe Erschütterung macht sich im Verhandlungssaal breit, das ist zu spüren. Maruth Krüger sitzt aufrecht. Mit wachem Blick nimmt sie die Stimmung in sich auf. Sie steht zu ihrer Tat – kein Zaudern, kein Bedauern. Sie trägt weiße Jeans, die Farbe der Unschuld.

Udo Hartwig sitzt zusammengesunken auf seinen Platz. Wird er angesprochen, zuckt er zusammen. Er streitet nichts ab und beschönigt auch nichts. Sein Herz schlägt nach wie vor für Maruth Krüger.

Am 20. Juni 1979 verurteilt das Bezirksgericht Dresden die beiden Angeklagten zu einer lebenslangen Freiheitsstrafe und erklärt die Aberkennung aller staatsbürgerlichen Rechte.

Das Urteil wird von der Bevölkerung weit über den Bezirk Dresden hinaus mit Genugtuung aufgenommen. Mehrere Tageszeitungen der DDR berichten über den Verlauf der

Oberleutnant der VP Genosse Thomas berichtet

Abscheu und Empörung über gemeines Verbrechen

Aufgrund von Anfragen aus der Görlitzer Bevölkerung noch einmal zum Fall

„Zu Außenseitern der Gesellschaft geworden", unter dieser Überschrift berichtete die SZ auf der Bezirksseite am 21. Juni über die mehrtägige Verhandlung vor dem 2. Strafsenat des Bezirksgerichtes Dresden gegen die Angeklagten und aus Görlitz.

„Eine Vielzahl von Bürgern unserer Stadt schrieb daraufhin an das VPKA und gab ihrer Abscheu und ihrer Empörung über das Verbrechen an der zweieinhalbjährigen kund. Gleichzeitig wurde in diesen Briefen um nähere Informationen gebeten, die mich heute veranlassen, noch einmal auf diesen Fall einzugehen."

Wenn im Gerichtsbericht von „Außenseitern der Gesellschaft" gesprochen wird, dann trifft diese Charakterisierung im wahrsten Sinne des Wortes auf die beiden Angeklagten zu.

Die 26jährige Angeklagte wurde 1974 geschieden. Zwei Jahre später wurde das Kind außerehelich geboren. Aufgrund von Zerwürfnissen zwischen der Angeklagten und dem Kindesvater zerbrach das Verhältnis und der Haß der Angeklagten gegen ihren Freund wurde von ihr auf das Kind übertragen. So wurde von ihr das Kind von Geburt an nicht nur lieblos behandelt, sondern auch sehr vernachlässigt. Deshalb mußte sie sich wegen Verletzung ihrer Erziehungspflichten 1977 vor der Strafkammer des Kreisgerichtes Görlitz verantworten und wurde zu zwei Jahren Bewährung verurteilt. Im Falle der Nichtbewährung wurde ihr eine Freiheitsstrafe von sieben Monaten angedroht. Das Urteil hatte zur Folge, daß sich das Verhältnis zu ihrer Tochter sofort änderte und sie ihren Erziehungspflichten ordentlich nachkam.

Kurze Zeit später lernte sie den kennen, der bald zu ihr zog und mit ihr zusammen lebte. Als die Angeklagte schwanger wurde und beide der Geburt ihres gemeinsamen Kindes entgegensahen, kam der alte Haß der Angeklagten gegen ihr Töchterchen wieder auf. Das Kind wurde wieder vernachlässigt, ungenügend gepflegt, mangelhaft ernährt und häufig roh mißhandelt. der anfänglich ein ordentliches Verhältnis zu hatte, tat es aber bald seiner Partnerin gleich und mißhandelte das Kind ebenfalls. Als Folge der laufenden mangelhaften Ernährung und der dauernden Mißhandlungen blieb in ihrer körperlichen und geistigen Entwicklung hinter der gleichaltriger Kinder zurück. Das hatte wiederum zur Folge, daß sich Abneigung und Haß beider Angeklagten gegen das Kind verstärkten. Schließlich kamen beide Angeklagten sogar überein, zu töten, weil sie ihr beider zu erwartendes Kind nicht mit aufwachsen lassen wollten. Aus dieser Zielsetzung heraus wurde das Kind weiter vernachlässigt, noch schlechter ernährt und besonders häufiger geschlagen und mißhandelt. Am 13. Januar 1979 befand sich das Kind infolge dessen in einem so geschwächten und apathischen Zustand, daß sich beide Angeklagten entschlossen, das Kind dadurch zu töten, indem man ihm gewaltsam Speisen einzwang. Nach Eintritt des Todes ist dann das Kind einem Arzt unter fadenscheinigen Vorwänden gezeigt worden.

Mit Recht erwartete die Bevölkerun für ein derart grausames, verabscheungswürdiges Verbrechen eine d Straftat angemessene staatliche Reaktion. Ausdruck dessen ist das im Be trag vom 21. Juni 1979 bekanntgegebne Urteil des Bezirksgerichtes Dresde auf lebenslange Freiheitsstrafe für bede Angeklagte. Dieses Urteil ist noc nicht rechtskräftig.

Herausgeber: Bezirksleitung Dresden der SED – Kreisredaktion: 89 Görlitz, Dr.-Friedrichs-Straße 1, Ruf 48 33 – Kreisredakteur: Walter Weichenhain – Anzeigenannahme: DEWAG DRESDEN, Zweigstelle Görlitz, Otto-Buchwitz-Straße 8, Ru 42 87 – Satzherstellung: III/14/8 Graphische Werkstätten Zittau/Görlitz

Index 30 428 / Artikelnummer 20 100

Gerichtsbericht in der Sächsischen Zeitung, 23. Juni 1979

Verhandlungen. So wird nun endlich auch in der Stadtausgabe der Sächsischen Zeitung über das Verbrechen aufgeklärt. Die befürchtete Resonanz kommt prompt: Zahlreiche Bürger schreiben empört an Polizei und SED. Sie wollen es jetzt genau wissen. Dem müssen sich die Gewaltigen beugen. Und was sehr selten vorkommt, geschieht – ein zusätzlicher Bericht gibt umfassend und detailliert Auskunft.

Beide Täter verbüßen in verschiedenen Strafvollzugsanstalten ihre Haft. Maruth Krügers Kind wird im Frauengefängnis Hoheneck geboren und im Heim groß gezogen. Die Urteile werden bei Herstellung der deutschen Einheit bestätigt, Hartwig und Krüger sitzen die von einem Gericht der DDR ausgesprochenen Strafen bis auf den letzten Tag ab. Udo Hartwig begeht kurze Zeit nach seiner Rückkehr nach Görlitz Selbstmord. Der gegenwärtige Aufenthaltsort von Maruth Krüger ist nicht bekannt.

Die Jawa-Bande

Im Chrom bricht sich das Sonnenlicht. Es funkelt und blitzt. Fredi kneift die Augen zu. Er ist stolz auf sich. Und auf sein Schmuckstück, an dem er mehrere Stunden poliert hat. An jedem Sonntag, manchmal auch schon nach der Arbeit am Samstagabend. An fast jedem Wochenende macht er sich über sein Motorrad her. Meist ist da nicht viel zu putzen, denn die Maschine ist neu und steht die meiste Zeit in der Garage. Aber bevor er damit vom Hof rollt, muss sie richtig glänzen.

Fredi faltet das Poliertuch, er ist ein ordentlicher Mensch, Anfang 20 und auf dem Bau beschäftigt. Sonst hätte er sich das Maschinchen nicht leisten können, denn ein Motorrad kostet nicht eben wenig. Er verdient ganz ordentlich, und da er noch zu Hause wohnt und nichts abgeben muss – zumindest haben die Eltern ihn noch nie darum gebeten –, steht ihm alles zur freien Verfügung, was ihm am Monatsende der VEB (K) Bau in die Lohntüte steckt. Das Geld legt er stets ordentlich in eine Zigarrenkiste in seinem Zimmer, er streicht die Scheine glatt, ehe er sie in ihrem temporären Grab versenkt. So musste er sich auch nichts borgen, als er aus dem Autohaus erfuhr, es seien wieder einige Kiewatschkas geliefert worden, ob er noch immer eine kaufen wolle. Auch eine große Maschine sei dabei, 350 Kubik mit zwei Zylindern, die mache garantiert mehr als hundert Sachen. Aber billig wäre die 350er nicht. Er könne auch eine 175er nehmen, die wäre natürlich preiswerter, aber eben auch nicht ganz so schnell.

Für Fredi gab es da nichts zu überlegen. Natürlich wollte er die große mit dem fetten Klang. Rot waren sie alle, eine andere Farbe kennt man bei Jawa in der ČSSR nicht. Kiewatschka heißt das Motorrad, seit die Sitzbank durch zwei Federbeine gedämpft wird. Die typische Doppelschwinge vorn und hinten, eben Kývačka genannt, gilt als das auffälligste Merkmal dieser Maschine. Die Jawa ist seit Jahren der Renner hierzulande, fast jeder Jugendliche träumt davon, eine zu besitzen.

Wie die meisten hat auch Manfred Tschoppe die Fahrerlaubnis bei der GST gemacht. Die Gesellschaft für Sport und Technik, eine Freizeitorganisation, die Heranwachsenden verschiedene Möglichkeiten sinnvoller Beschäftigung anbietet, hat in Görlitz auch eine Sparte Motorsport. Dort kann man für zehn Mark die Fahrausbildung absolvieren und anschließend regelmäßig über die Motocross-Strecke mit einer GST-Maschine jagen. Fredi wäre gewiss dabeigeblieben, wenn er nicht schon während der Lehre auf verschiedenen Baustellen eingesetzt worden wäre. Die Eltern hatten damals, weil er noch keine 16 war, schriftlich ihre Zustimmung erteilen müssen, damit er die Prüfung machen durfte. Das war nur ein formaler Akt, aber Vorschrift. Erst mit 18 galt man als volljährig. Moped ab 15, Motorrad mit maximal 150 Kubik ab 16. Es war normal, wenn man den Mopedschein mit 14 machte und zum 15. Geburtstag dann die Fleppen bekam. Zumindest Fredi hatte sie vom AG-Leiter bei der GST an seinem 15. Geburtstag feierlich überreicht bekommen, ein Jahr später gab es die Fahrerlaubnis für Motorräder.

Dass er seinerzeit die Flatter bei der GST machte, lag aber nicht nur an der freien Zeit, die zunehmend knapper wurde. Ihm ging das Kommandieren auf den Keks, die ständigen Forderungen: Mach mal dies, mach mal jenes. Mitunter fühlte er sich wie zu Hause, wo der Vater ständig am Nörgeln war und die Mutter ihn schuriegelte: Du hast dein Zimmer nicht aufgeräumt, dein Bett nicht gemacht, warum bist du gestern wieder so spät nach Hause gekommen? Hast du etwa heimlich geraucht? Deine Klamotten stinken. War gestern ein Mädchen bei dir auf dem Zimmer? Hast du getrunken? Du riechst nach Alkohol. Mach die Musik leiser, das ist ja nicht zum Aushalten.

Beim Thema Musik ist auch der Vater unerträglich. Das ist doch keine Musik, das klingt wie im Urwald!

Ob er schon mal im Urwald gewesen sei, um zu wissen, wie es dort klingt, hatte Fredi den Alten spöttisch gefragt. Statt einer Auskunft bekam er eine gescheuert, was auch eine Antwort war.

»Solange du deine Füße unter meinen Tisch streckst, hast du dich gefälligst an die hier geltenden Sitten zu halten«, brüllte der Vater. »Keine Hottentotten-Musik, ist das klar? Und zum Friseur müsstest du auch mal wieder gehen. Statt dieser dämlichen Schmalzlocke lass dir gefälligst einen ordentlichen Fassonschnitt machen!«

Und genau das ist ein Teil von Fredis Problem. Alle Männer laufen mit Fasson, sofern sie noch Haare auf dem Kopf haben. Sein Alter trägt schon lange eine »hohe Stirn«, lediglich ein dünner Haarkranz umrundet den Schädel. Die meisten Erwachsenen, die Fredi kennt oder denen er auf der Straße begegnet, haben den Nacken rasiert und lassen sich zweiwöchentlich über den Ohren die Haare mit der Schneidemaschine »koppelbreit« entfernen. Koppelbreit – so haben sie es beim Barras, also bei der Wehrmacht, kennengelernt und sich daran gewöhnt. Der Krieg ist seit anderthalb Jahrzehnten erst vorbei und mancher danach in Gefangenschaft gewesen, wo auf die Frisur auch nicht sonderlich Wert gelegt wurde. In den Haaren nisteten die Läuse, die mussten darum weg.

Fredi will nicht so werden wie sein Alter. Er möchte nicht als Spießer enden. Statt Franz Lehár will er Elvis Presley hören, anstelle von Johann Strauß und Karl Millöcker Bill

Haley und Chuck Berry. Und er trägt lieber Jeans statt abgewetzter Manchesterhosen. Wenn er sich auf seine Jawa schwingt und über die Straßen brettert, fühlt er sich frei. Nur der Fahrtwind trifft auf seine Ohren, kein Appell zur Mäßigung und Zurückhaltung, kein Verbot und keine Vorschrift bohrt sich in sein Hirn. Der Wind kämmt sein Haar und trocknet die Pomade, mit der er sich zuvor die Tolle gedreht hat. Nein, er will, wie die meisten Jungs, die er kennt, nicht so werden wie die Generation seiner Eltern. Alle wollen in diesem Alter anders sein. Möchten auffallen, berühmt werden, ihre Namen in der Zeitung lesen. Die Mädchen sollen sich nach ihnen umschauen und die Erwachsenen sich das Maul zerfetzen, wenn sie mit Ringelsocken und Jeans, die sie sich aus Westberlin besorgt haben, über den Ober- und den Untermarkt donnern, ihre Motorräder vor der Eisdiele abstellen und sich drinnen lässig breitmachen. Diese Blicke! Die Kriegerwitwen in ihren dunklen Kleidern kriegen sich nicht ein, ihnen scheint der Gottseibeiuns eingefallen und das Ende der Welt nah. Zwar riecht es nicht nach Schwefel, wohl aber nach Benzin, was letztlich aufs Gleiche hinausläuft. Diese Halbstarken! Sie schütteln die grauen Häupter und widmen sich wieder dem Kuchen auf ihrem Teller.

Den Mädchen aber, denen es offenkundig ähnlich wie den Jungs ergeht, gefällt das. Sie selbst trauen sich nicht zu provozieren, obgleich sie es auch gern tun würden. Doch womit sollen sie den Unmut der Alten heraufbeschwören? Etwa mit Petticoats, die aus dem Kleid heraushängen, wie es jetzt im Westen in Mode gekommen ist? Die Unterröcke fliegen und die Unterhöschen blitzen, wenn die Jungs beim Rock'n'Roll ihre Partnerin über die Tanzfläche wirbeln. Aber nicht in Görlitz. Da lernt man in der Tanzstunde Walzer und Foxtrott, aber doch nicht solche wilden Affentänze!

In jenem Café lernte Fredi auch Beate kennen. Sie himmelte ihn gleich an, er war so stark, so groß, so abgebrüht.

Für sie war er die fleischgewordene Leckmichamarsch-Haltung. Das imponierte ihr. Und deshalb wehrte sie sich auch nicht sonderlich, als er ihr an einem Abend, nach dem Schwof im Kulturhaus, im Stadtpark in die Hose griff. Sie war Jungfrau und verknallt bis über beide Ohren. Das spürte er natürlich und wusste darum, dass er freie Fahrt hatte. Sie war nicht seine Erste, aber vielleicht die Hübscheste. Die anderen vor ihr hatte er nur so weggeknallt. Es machte ihm einfach Spaß, die Dicken und die Dünnen, die Bebrillten und die Flachbrüstigen nach dem Ringelpietz zu vögeln. Die Mädels waren alle scharf darauf, ihre Unschuld zu verlieren, sie wollten ausbrechen aus dem vormundschaftlichen Käfig, was Verrücktes, was Schweinisches tun, worüber sie nur hinter vorgehaltener Hand und auch lediglich der allerbesten Freundin berichteten: Eh, es ist passiert, ich hab's getan!

Bei Beate schien es zunächst anders zu sein. Fredi fühlte sich zu ihr hingezogen, er war gern mit ihr zusammen. Nie verweigerte sie sich, wenn er wollte, und das war ziemlich oft. Es geschah meist unter freiem Himmel, im Schutze der Dunkelheit, an einer Friedhofsmauer, im Park, im unbeleuchteten Hof eines Tanzlokals, denn er durfte sie so wenig mit nach Hause bringen, wie es ihr erlaubt gewesen wäre. Dass bei der heimlichen Fickerei Kalkül mit ihm Spiel gewesen war, wurde Fredi angesichts Beates freudiger Erregung bewusst, als sie ihm mitteilte, sie sei schwanger.

»Jetzt«, so sagte sie, »müssen wir heiraten.«

Er stieß sie verärgert von sich, wobei er selbst nicht wusste, was für diese schroffe Reaktion ursächlich war: die Mitteilung, dass er bald Vater werden würde, oder die Forderung, sich für ewig an eine einzige Frau zu ketten.

»Wir sind doch noch so jung«, sagte er. »Wir können überhaupt nicht wissen, ob wir bis zum Ende unserer Tage zusammenbleiben werden.«

»Wenn wir es wollen – schon«, antwortete Beate lächelnd.

Fredi kam das alles zu früh und zu plötzlich. Er müsse sich das alles in Ruhe überlegen. Sie waren beide erst 18 und hatten das ganze pralle Leben noch vor sich. Er wollte es nicht wegwerfen, bevor es richtig begonnen hatte. Von einer Gefangenschaft in die nächste, fortan gefesselt an ein Kinderbett, nee, darauf hatte er keinen Bock.

»Weißt du«, schlug er vor, »wir können ja gute Freunde bleiben, ich zahle die Alimente.« Zugleich wurde ihm bewusst, was ihn dieser Spaß kosten würde, und Groll stieg in ihm auf. »Du hättest doch aufpassen müssen!«, warf er ihr vor.

»Wieso ich? Du hast doch jedes Mal abgespritzt, auch wenn ich vorher gesagt habe: Zieh ihn raus!«

Das war nicht ganz korrekt. Natürlich hatte Beate es in der letzten Zeit darauf ankommen lassen. Zwar hatten sie nie über Ehe und Nachwuchs gesprochen, aber Beate glaubte wie ihre Mutter, deren Mutter und die meisten Frauen in der Generation davor, dass der Mann nicht nur Kavalier sei, sondern auch zu seiner Verantwortung stünde, wenn's denn darauf ankommt. Sie hatte Fredi in eine solche Situation zu bringen gehofft, um ihn mit einem Kind dauerhaft an sich zu binden. Nun war der Salat angerichtet.

Beate bekam ihr Kind. Die Tochter wurde als unehelich registriert, denn obgleich sich Fredi zur Vaterschaft bekannte, blieb er dem Standesamt fern. Die Beziehung blieb bestehen, er suchte Beate und das Kind regelmäßig in der kleinen Wohnung auf, die sie sich inzwischen genommen hatte. Er kam pünktlich seinen Verpflichtungen nach und stieg regelmäßig zu ihr ins Bett, was Beates Hoffnung auf einen Ehering am Leben hielt. Auch ihre und Fredis Eltern hofften langfristig auf eine Legalisierung des Verhältnisses, über dessen aktuellen Zustand beide Parteien höchst unglücklich waren. Was sollen denn die Leute denken, hieß es immer wieder. Fredi war es scheißegal, was die Leute dachten oder redeten. Beate nicht ganz, aber sie fühlte sich keineswegs ausgegrenzt oder gar geächtet.

»Fredi, kommst du rein? Das Essen ist fertig.«

Der Ruf der Mutter reißt ihn aus den Gedanken. Sie hätte Spieß werden können, Hauptfeldwebel in einer Kaserne, die Stimme ist danach. Doch in der Volksarmee nehmen sie keine Frauen, allenfalls als medizinisches Personal. Er selbst würde nie eine Uniform anziehen. Die NVA ist eine Freiwilligenarmee, und freiwillig setzt er sich keinen Helm auf. Fredi will frei sein.

»Ja, ich komme«, brüllt er zurück.

Er rafft seine Utensilien zusammen und wickelt die Tube Universal Elsterglanz in die Putzlappen. Mit der Paste poliert er die Chromteile am Tank, an den Federbeinen und die beiden Auspuffs, wie seine Mutter damit auch jeden Messingleuchter und das Edelstahlbesteck zum Glänzen bringt. Dann packt er das Bündel in das kleine Schließfach unter der Sitzbank. Zufrieden lässt er noch einmal den Blick schweifen über die Jawa, sein Ein und Alles. Jawa hat nichts mit der indonesischen Insel Java zu tun, sondern wird aus zwei Namenskürzeln gebildet. Ende der 20er Jahre kaufte der Prager Munitions- und Waffenfabrikant Janeček den Wanderer-Werken in Schönau bei Chemnitz die Lizenz für ein dort produziertes Motorrad ab. Aus Janeček und Wanderer machte er »Jawa« und daraus einen richtigen Renner, nachdem in den 30er Jahren ein britischer Konstrukteur das motorisierte Zweirad gründlich überarbeitet hatte. Im ganzen Ostblock gibt es aktuell nichts Besseres.

Fredi schlurft ins Haus. Sein Gang ist wiegend, als sei er jahrelang zur See gefahren. Er bewegt die Hüften fast wie Elvis the Pelvis. Das gilt als besonders unanständig. Ein kreisendes Becken auf der Bühne treibt die Tugendwächter weltweit zur Weißglut. Wer also auffallen und provozieren will, muss nur Elvis kopieren. Fredi gelingt das sehr gut. Auch wenn er nicht beobachtet wird. Wobei er nicht ganz sicher ist, ob seine Mutter nicht doch hinter der Küchengardine steht und zu ihrem Mann sagt: Nun schau dir das mal an, der läuft ja wie ein Affe. Sie weiß natürlich nicht, wie der »Affe« heißt, den Fredi da imitiert. Sie weiß vermutlich nicht einmal, dass es für diesen wackligen Gang eine Vorlage gibt. Sie sieht lediglich das Unnatürliche daran und das Anstößige.

Kaum dass er in der Küche ist, heißt es: Wasch dir erst mal die Hände, bevor du dich an den Tisch setzt. Nichts anderes hat Fredi vor, aber es muss erst mal gesagt sein. Das Radio auf dem Brett über der Tür empfängt nur einen Sender, weshalb es über den Stecker an- und ausgeschaltet werden kann. Das Pfeifen und Rauschen, welches die Männerstimmen überlagert, ist unerträglich. Doch sonntagmittags ist Werner Höfers »Internationaler Frühschoppen« für den Alten Pflicht, weshalb es das Essen nur mit Langwellengepfeife gibt. Nicht nur akustisch versteht Fredi nichts. Auch worüber die Leute im Kölner Rundfunkstudio schwadronieren und sich gelegentlich zuprosten, ist ihm unverständlich und fremd. Seinem Vater aber ist das die notwendige Soße zum Sonntagsbraten. Sie schwafeln und schwätzen, und wenn das Wort »Zone« fällt, spitzt der Alte die Ohren. Denn mit »Zone« sind sie gemeint, also die DDR, die es seit zehn Jahren gibt. Oder man spricht über Pankow, was dasselbe ist, so viel hat Fredi schon begriffen. In Pankow arbeitet die sowjetzonale Regierung und bis vor kurzem auch deren Präsident Wilhelm Pieck. Dem soll es nicht besonders gut gehen, er sei schon so gut wie tot. Politisch sowieso. Hatte es jedenfalls im Deutschlandfunk geheißen.

Der Vater hebt nicht den Blick vom Teller, als sich Fredi an den Tisch setzt. Er ist mit dem Schweinebraten beschäftigt, und die Mutter, Fredis Teller in der Hand, erkundigt sich, ob er zwei oder drei Klöße haben wolle. Dann füllt sie sich auch ihren Teller, schneidet ein Bratenstück ab und sagt, auf dem trocknen Fleisch kauend: »Na, es schmeckt euch wohl nicht. Ihr sagt ja keinen Ton.« Der Alte knurrt, sie solle still sein, er höre zu, also aufs Radio, und Fredi erklärt, der Braten sei schon okay.

Da wird plötzlich der Alte wach und wiederholt: »Okay, okay ... Was heißt das denn nun wieder? In meinem Haus wird immer noch deutsch gesprochen, damit das mal klar ist!«

Fredi schiebt sich unbeeindruckt eine Gabel mit Rotkraut in den Mund und spuckt kurz darauf eine Gewürznelke auf den Teller, was seine Mutter mit einem tadelnden Blick quittiert. »Soll ich die vielleicht auch hinterschlucken?«, erkundigt er sich genervt.

»Man spuckt nicht auf den Teller, schon gar nicht am heiligen Sonntag«, erwidert sie. Nun sind die Eltern keine besonders gläubigen Menschen, suchen allenfalls Heiligabend und Ostern die Kirche auf oder zu Fredis Konfirmation, woran er sich noch lebhaft erinnern kann. Doch sonntags wird eben gefrömmelt. Jeder Anlass ist willkommen, um an Fredi herumzunörgeln. Für die beiden ist er noch immer der kleine Junge, der ständig ermahnt und beaufsichtigt werden muss. Auch wenn er inzwischen Vater ist. Sie wollen nicht wahrhaben, dass er längst erwachsen ist. Doch dass man ihn nicht richtig ernst nimmt, hat sich Fredi auch selbst zuzuschreiben. Hätte er Beate geheiratet und mit ihr eine Familie gegründet, wäre die Sache erledigt gewesen. Doch vor diesem Schritt scheut er nach wie vor zurück. Das Hotel Mama ist ihm vertraut – was ihn bei Beate erwartet, kann er allenfalls ahnen. Fredi schätzt eine gewisse Bequemlichkeit.

»Vati, willst du noch ein Bier?«, fragt seine Mutter. Dieses Mutti-Vati-Getue geht Fredi fast noch mehr auf den Zeiger als die fortgesetzten Belehrungen. Seit er die Eltern bewusst erlebt, geht das zwischen beiden hin und her. Ob sie sich schon so angeredet haben, bevor er auf der Welt war, fragt er sich manchmal. Als die Mutter mit ihm schwanger ging, war Vater bereits bei der Wehrmacht. Ob freiwillig oder eingezogen, das weiß Fredi nicht, er hat sich nie erkundigt. Es interessiert ihn nicht. Auch nicht, wo und wie lange er in Kriegsgefangenschaft gewesen ist. Er muss wohl bei den Russen gewesen sein, denn auf die ist Vater Tschoppe nicht gut zu sprechen.

»Hm«, grunzt der Alte, und das heißt so viel wie Ja. Die Mutter springt augenblicklich auf und eilt in die Speisekammer. An der Tür neben der Kochmaschine hängt zusammen mit Kittelschürze und Handtuch am Haken der Siebenriemer. Mit diesem Instrument ist Fredi als Kind regelmäßig gezüchtigt worden. Seit er die Körpergröße des Vaters erreicht hat, traut der sich nicht mehr, ihm die Lederpeitsche über den Hosenboden zu ziehen. Vielleicht fürchtet er die Gegenwehr? Dennoch hängt die Zuchtrute noch immer dort. Zur Mahnung, zur Abschreckung? Fredi will es nicht wissen. Den Schmerz am Gesäß aber spürt er noch immer. Der Alte schlug gnadenlos zu, dass ihm bisweilen die Mutter in den Arm fiel: Nun ist aber genug! Wenn der Alte von ihm abließ, tröstete ihn die Mutter nicht. Sie sagte nur: Wasch dir die Tränen aus dem Gesicht. Die Nachbarskinder müssen ja nicht sehen, dass du geheult hast.

Fredi legt vernehmlich das Besteck auf den Teller und erhebt sich.

»Wir sind noch nicht fertig«, meldet sich der Alte zu Wort. »Die Tafel wird gemeinsam aufgehoben.«

»Hattest du nicht schon zu essen begonnen, bevor ich angefangen habe?«, gibt Fredi verärgert zurück.

»Herrgott noch mal, kannst du dir deine dämlichen Kommentare nicht mal sparen?«

»Kinder, vertragt euch«, mischt sich die Mutter in den Disput. »Es ist heiliger Sonntag, da muss Frieden herrschen.«

Fredi sagt nichts mehr und verlässt die Küche. Wann er denn wiederkäme, ruft die Mutter mit ihrer Feldwebelstimme hinterher. Und er solle die Beate schön grüßen. Wie kann man »schön grüßen«, fragt sich Fredi und knallt die Haustür.

Die Maschine springt sofort an. Drei Mal kräftig den Kickstarter durchgetreten und Gas gegeben. Der Hebel springt zurück in die Ausgangsstellung, mit diesen werden auch die Gänge geschaltet. Zwei dunkle Wolken schießen links und rechts aus den Rohren, satt röhrt der Motor. Mit einem sanften Lächeln schwingt sich Fredi in den Sattel, nachdem der Hauptständer nach hinten geklappt ist. Beidbeinig steht er auf dem Boden, schüttelt sich das Gemächt zurecht, dann lässt er sich auf den Kunstlederbezug nieder. Er zieht mit der Hand die Kupplung und legt mit der linken Fußspitze den ersten Gang ein. Dann gibt er noch einige Male kräftig Gas, lässt schließlich die Kupplung kommen und schießt mit Karacho vom Hof. Er trifft sich wie stets am Sonntag mit seinen Freunden am Bahnhof. Sie bilden eine feste Clique und kennen sich seit der Schule. Fast jeder fährt eine Jawa. Und die, die sich noch kein Motorrad leisten können wie etwa Siegfried, der Abitur gemacht hat und nun auf einen Studienplatz wartet, nehmen auf dem Sozius Platz.

Zunächst aber, nach der Begrüßung, wird erst mal eine geraucht. Mindestens einer hat eine Bravo dabei, die man gemeinsam durchblättert. Hin und wieder ist auch ein Bildchen und ein Beitrag über einen Rock'n'Roll-Star im Heft, doch meist geht es in dem Jugendmagazin so gesittet zu wie daheim. Die interessierenden Texte werden aufmerksam studiert, kommentiert und gelegentlich nachgespielt. Ab und an holt Fredi ein schlüpfriges Foto aus der Jacke, dessen Herkunft er nicht verrät. Mit großen Augen starren die Jungs auf die unbekleideten Frauen, die sich in ungewöhnlichen Posen zeigen. Manche präsentieren jene Körperteile besonders, die sonst den Blicken verborgen sind und aus eben diesem Grunde die Fantasien der Männer anregen. Auf den Bildchen ist alles zu sehen und alles zu haben, wie es scheint. Die

Fotos kreisen und werden von zotigen Kommentaren begleitet, sie provozieren Träume und wecken Begehrlichkeiten.

Das Görlitzer Konzerthaus war ein beliebter Treffpunkt auch der »Jawa-Bande«. Es existiert heute nicht mehr

Es kommt die Frage auf, wohin sie als erstes fahren wollen und wo denn, zweitens, was los ist. Auf jedem Dorf gibt es eine Kneipe mit Saal, und in fast jedem Saal ist am Sonntag Tanz. Die Auswahl ist groß, in jedem Kaff spielt eine Combo, ein Terzett oder eine Bumskapelle mit Sängerin. Andere Vergnügungen werden auf dem Lande sonst kaum geboten. Die zumeist jungen Menschen schwingen das Tanzbein und kippen sich einen hinter die Binde, und im Verlauf des Abends gibt es meist eine Prügelei, weil die einheimischen Jungs sich von den Kerlen aus dem Nachbardorf um ihre Bräute gebracht sehen. Meist sind Fredis Freunde mit dabei, denn sobald sie mit ihren schicken Maschinen vorfahren, nehmen die Mädchen Witterung auf, und ihre eigenen Dorftrottel sind abgemeldet. Sie haben immer leichtes Spiel. Erstens wegen der Motorräder, zweitens weil sie aus Görlitz, also aus der

Stadt, kommen, und drittens wegen ihrer Klamotten und des Ganges. Sie fallen einfach auf. Und deshalb sind sie ja auch vorgefahren: um aufzufallen!

Mit Krawall rollen sie über das Kopfsteinpflaster in der Innenstadt, donnern nebeneinander her und stören empfindlich die Sonntagsruhe. Sie nehmen den wenigen Autos die Vorfahrt, schneiden deren Weg. Ängstlich treten die Fahrer auf die Bremse, was zur Erheiterung bei den Jungen führt. Verkehrsrowdys, rufen einige Fußgänger, die sie fast umgefahren hätten, denn Zebrastreifen sind für die Jawa-Piloten kein Grund, das Tempo zu drosseln oder weniger Gas zu geben.

Dann bocken sie ihre Maschinen vorm Café am Obermarkt auf und fallen dort ein, trinken eine Brause und pflaumen die Gäste an. Sie geben den Bürgerschreck und freuen sich, wenn sie damit Wirkung erzielen. Werden sie beschimpft, fordern sie Nachsicht ein: Sie seien Waisen und hätten es ohnehin schwer im Leben. Das stimmt im Übrigen, denn Fredi ist der Einzige in der Gruppe, der noch beide Eltern hat. Die anderen haben ihre Väter im Krieg oder in der Gefangenschaft verloren, und Martins Mutter stürzte bei einer Hamsterfahrt aus dem Zuge.

Auch wenn die Stadt selbst vom Krieg verschont geblieben ist, so ist der Kelch keineswegs an ihren Bewohnern vorübergegangen. Für die Jungs ist die Gruppe die Familie. Im Gegensatz zur »richtigen« Familie sind ihre Angehörigen jedoch alle im gleichen Alter und teilen ihre Interessen. Sie haben die gleichen pubertären Probleme, die gleichen Einstellungen, wozu auch gehört, dass sie keine Autorität anerkennen. Bis auf Fredi. Der ist faktisch das Familienoberhaupt. Sein Wort gilt. Was er sagt, wird gemacht. Fredi gibt auch das Kommando zum Aufbruch.

Sie drehen noch einige Runden durch die Innenstadt, ärgern Passanten, die wütend die Fäuste recken, was sie aber kaum mitkriegen, denn sie sind bereits um die nächste Ecke geknattert. Abschließend geht es entweder Richtung Zittau, Löbau oder Rothenburg. Nur Richtung Osten geht es nicht, denn dort fließt die Neiße, und die ist jetzt Grenze. Das östliche Görlitz ist seit den 40er Jahren polnisch und heißt jetzt Zgorzelec. Und dort kommt man nicht hin. Weil am 7. Mai 1945 von der Wehrmacht alle Brücken gesprengt worden sind und nur eine von der Roten Armee provisorisch wieder hergestellt worden ist. Seit zwei Jahren dürfen darüber auch wieder Fahrzeuge rollen, doch das geschieht selten. Sonst führt kein Weg nach drüben.

Die Jungs ziehen also ihre Kreise und haben dabei einigen Spaß, der sich schließlich in irgendeinem Dorfbums fortsetzt. So geht es Woche um Woche, wenn es denn das Wetter zulässt. Mitunter ist es kalt oder es schifft ohne Unterbrechung. Da bleiben Fredi und seine Freunde lieber zu Hause, um die Motorräder zu schonen. Ansonsten sind sie gemeinsam auf der Piste. Doch irgendwann wird selbst die größte Gaudi zur Routine und beginnt zu langweilen. Ohne dass sie sich dessen bewusst sind oder etwas dagegen unternehmen. Es passiert einfach.

Eines Tages steht die Jungstruppe mit ihren Maschinen auf dem Platz vorm Bahnhof, die Bushaltestelle in Sichtweite. Plötzlich sagt Kurt: »Seht ihr die Schnecke da?« und deutet mit einem Kopfnicken in Richtung Wartehäuschen. Nun sehen auch die anderen das Mädchen, das nach dem Bus Ausschau hält. »Die fahre ich jetzt nach Hause«, sagt Kurt grinsend. »Wetten, dass die mitkommt?«

Die Jungs kichern, und Fredi fragt, was über ihn gekommen sei, dass er den barmherzigen Samariter spielen wolle. Kurt sagt nichts und steigt auf seine Jawa. Sie sehen, wie er an der Haltestelle stoppt, mit der jungen Frau ein paar Worte wechselt und diese wenig später tatsächlich auf seinen Sozius steigt. Staunend schauen sie dem davonrasenden Motorrad nach. Danach klönen sie ungerührt weiter, rauchen und quatschen, bis Kurt nach geraumer Zeit zurückkehrt. Der steigt grinsend ab, bockt die Jawa auf und greift sich in den Schritt. Dabei bewegt er mehrmals das Becken. Die Pose ist unmissverständlich, doch Martin fragt vorsichtshalber nach: »Du hast dich mit ihr verabredet?«

»Besser«, antwortet Kurt, und seine Mundwinkel gehen in die Höhe. »Wir haben gepimpert.«

»Wie, was?«

»Mann, verstehst du nicht: Ich habe sie unterwegs gefickt.«

»Einfach so?«, fragt Martin ungläubig, und auch die anderen sind erstaunt.

»Einfach so.«

»Und die hat mitgemacht? Freiwillig?«, fragt Fredi verwundert

»Nee, natürlich nicht. Musste ein wenig nachhelfen«, feixt Kurt. »Dann aber ging es. Anschließend habe ich sie in ihrem Dorf abgesetzt, was doch nur korrekt ist. Ich meine, sie hatte doch das Fahrgeld bezahlt.« Anerkennung heischend blickt er in die Runde. Er ist sich des Beifalls sicher. Kann er auch. Die Jungs bedrängen ihn, wollen Einzelheiten hören, genau wissen, wie er es angestellt hat, dass es funktioniert. So simpel. Kurt gibt gern Auskunft, schmückt jedes Detail aus, lässt die Freunde an seinem Spaß teilhaben und berauscht sich zum zweiten Mal. Eine solche Übung lasse sich immer wiederholen, sagt er. Das könne jeder mal probieren, der ein Motorrad hat.

Sein Auftritt überzeugt, die Ermunterung kommt bei den Freunden an. In den folgenden Wochen folgen alle Kurts Beispiel. Allein oder in der Gruppe. Sie sprechen Mädchen höflich an, die auf den Omnibus warten. Man wolle sie gern nach Hause fahren: Sie müssten nicht ewig auf den Bus warten und sparten obendrein das Fahrgeld. Die wenigsten Frauen schlagen die freundliche Offerte aus und steigen bereitwillig auf.

Natürlich behauptet hinterher jeder, erfolgreich gewesen zu sein. Erfolgreich heißt, er habe die Frau flachgelegt. Es entwickelt sich fast ein Wettbewerb zwischen den Jungs: Wer hat wie viele rumgekriegt. Und in ihren Berichten haben sich alle Mädchen freiwillig hingegeben, dankbar dafür, nach Hause gefahren zu werden. Die Wahrnehmung des Übergriffs ist sehr subjektiv und frei von jedem Schuld- oder Schamgefühl.

So gehen der Sommer und auch der Herbst dahin. Der Oktober und der November sind verregnet und kalt, der Dezember nicht minder grau und trübe. Die Temperaturen liegen meist unter zehn Grad. Die frierenden Frauen folgen auch gern der sympathischen Einladung an der Haltestelle, sich zunächst in der Wohnung des Jawa-Fahrers aufzuwärmen und ihre durchweichten Sachen am Ofen zu trocknen. Erst später bemerken sie, dass die vermeintliche Freundlichkeit einen Preis hat, der ziemlich rücksichtslos eingefordert wird.

Der Wettbewerb der motorisierten Hähne geht weiter, die Strichliste wächst. Doch auch wenn offenkundig nicht eine der Frauen sich an die Polizei wendet, scheint es sich irgendwie in Görlitz herumzusprechen. Immer wieder und immer häufiger bekommen die jungen Männer einen Korb. Nicht jede angesprochene junge Frau schwingt ihr Bein über den Sozius.

Als es Frühling wird, dehnen die Motorradfahrer ihren Radius aus. An einem Sonntag im März 1961 spielt in R. die Combo Rot-Weiß. Es regnet leicht. Fredi und seine Freunde machen sich auf den Weg. Das Szenario ist eingespielt: Sie fahren vor, stellen auf dem Platz vorm Gasthof ihre Motorräder unter dem Vordach ab und marschieren in den Saal. Geschlossen rücken sie ein. Das hat fast etwas Bedrohliches, mindestens etwas Beunruhigendes. Fast hundert Augenpaare verfolgen ihren Einzug, und die Gespräche an den Tischen links und rechts der Tanzfläche verstummen. Das gefällt den Jungs. Sie werden beachtet, erregen Aufmerksamkeit. Ein

Tisch neben der Durchreiche zum Schankraum ist noch frei. Den okkupieren sie. Es stört sie nicht, dass über einer der Stuhllehnen ein Damenjäckchen hängt. Kaum dass sie sitzen, kommt ein junger Mann, kaum älter als sie selbst, und sagt mit einiger Erregung, dass dies die Plätze von seiner Freundin und ihm seien. Eigentlich.

»Steht nicht dran«, antwortet Walter forsch. »Woher sollten wir das also wissen?«

Der Flaumbärtige wägt ab, ist betreten. »Die Jacke ...«, versucht er zaghaften Widerspruch, und Martin, der auf dem behängten Stuhl sitzt, langt hinter sich und wirft das Kleidungsstück mit Schwung über den Tisch.

»Holt euch zwei Stühle und setzt Euch doch zu uns«, lenkt Fredi ein und grinst. »Wir beißen ja nicht.«

»Oh«, sagt der schmächtige Jüngling mit blassem Gesicht, »das ist echt nett, aber wir möchten nicht stören. Wir bleiben einfach gleich an dem Tisch da drüben sitzen, statt die Stühle wegzutragen.« Er legt sich die Jacke seiner Freundin über den Arm und geht.

Harry, der eigentlich Harald und mit Nachnamen Staffler heißt, fragt in die Runde: »Habt ihr das gesehen? Wir sind denen wohl nicht fein genug?«

»Wir haben es mitbekommen, wir sind ja nicht blind«, sagt Siegfried, und die anderen nicken zustimmend.

»Mann, ihr habt doch Tomaten auf den Augen«, giftet Harry weiter. »Habt ihr nicht bemerkt, was er am Jackettaufschlag getragen hat?«

»Das Bonbon«, sagt Siggi, mit bürgerlichem Namen Siegfried Simon und Sohn eines im Krieg gebliebenen Mannes, der damals eine schwarze Uniform getragen hatte. Seine Mutter hat irgendwann mal fallen lassen, dass dies wohl das Beste für ihn gewesen sei, denn hätte er überlebt, wäre er von den Russen an die Wand gestellt worden. Und das mit einigem Recht. Mehr hat sie dazu nicht verlauten lassen und

Siggi auch nicht nachgefragt. Es hat ihn nicht interessiert, was sein Alter, an den er sich überhaupt nicht erinnern konnte, im Krieg so getrieben hatte. Außerdem: Worin sollte der Unterschied bestehen, ob man an der Front oder vor einem Erschießungskommando endet? Tot ist tot.

»Genau«, bekräftigt der neben ihm sitzende Walter. Er hat auch das Parteiabzeichen mit den beiden Händen am Revers gesehen, das gemeinhin nur »Bonbon« genannt wird.

Diese Tatsache scheint Harry in die Nase zu stechen. Er ist, wie jeder hier am Tisch, kein Freund dieses Landes und erst recht nicht jener Partei, die sich zur führenden Kraft erklärt hat. Überall hat sie das Sagen. Für einen Freigeist wie Harry ist das eine unerträgliche Bevormundung. »Wollen wir ihm eine verpassen?«

Kurt, mit Nachnamen Scharow, winkt ab. Nur weil der Bonze auch beim Dorftanz sein Parteiabzeichen trage, müssen man ihm doch nicht gleich ein paar aufs Maul geben.

Walter nickt. Das sei nun wirklich albern. Sich mit irgendwelchen Dorftrotteln zu prügeln, weil man deren Bräute betanzt, mache ja noch irgendwie Sinn. Aber nur wegen eines Bonbons ...?

Inzwischen schiebt der Wirt acht gefüllte Biergläser durch die Luke. Wie selbstverständlich langt der am nächsten zur Durchreiche sitzende Martin nach dem Tablett und setzt es auf dem Tisch ab. Jeder greift sich ein Glas. Bereits auf dem kurzen Weg vom Zapfhahn bis hierher ist die Blume zusammengefallen. Nein, ein Produkt hoher Braukunst ist das Helle wahrlich nicht. Doch es ist das einzige Bier, das gezapft wird. Bunte Brause ist keine Alternative.

»Prost!«, ruft Fredi in die Runde und führt das Glas zum Mund.

Damit ist jedoch das von Harry aufgeworfene Thema nicht unbedingt vom Tisch. Man müsse dem Parteipinsel nicht gleich die Nase blutig hauen, hebt Staffler wieder an, nachdem er das nahezu geleerte Glas auf dem Pappdeckel abgesetzt hat. Draußen am Anger gebe es doch einen schönen Dorfteich.

»Gute Idee«, sagt Walter beifällig. Und Fredi meint: »Na ja, wenn es sich ergibt. Warum nicht.«

Die Musik hebt an. Schon nach wenigen Takten ist die Tanzfläche gefüllt. Eintänzer oder Eisbrecher braucht man hier nicht. Die meisten sind doch einzig deshalb hierher gekommen, um zu tanzen. Warum also warten?

Zu den wenigen, die im weiten Rund sitzen bleiben, gehören die Motorradfahrer aus Görlitz. Sie lassen die zweite Runde auffahren und ihre Blicke über die Tanzenden schweifen. Präziser formuliert: Sie mustern die Tänzerinnen. Nach drei Musikstücken ist gewöhnlich Pause, dann eilen die meisten zu ihren Tischen zurück – in Begleitung des Herrn, der, wie man es in der Tanzschule gelernt hat, sich mit einem Diener von der Dame verabschiedet.

»Ist das spießig«, stöhnt Harry laut und vernehmlich. Er hat sich jedoch bereits ein Mädchen ausgeguckt. Sie ist solo, der Kerl hat sie am Tisch abgeliefert und ist übers Parkett zu seinem Tisch zurückgekehrt. Die Kleine sieht ganz propper aus und scheint ordentlich gebaut. Titten, Taille, Arsch – alles dran und gut in Form. Bei der nächsten Runde wird er sie sich holen.

Die Musik setzt ein, wieder so eine Schnulze aus der volkseigenen Schlagerküche. Eine Sängerin im weiten Kleid stellt sich hinters Ständermikrofon und beginnt zu schluchzen. Von Herz und Schmerz, Liebe und Abschied singt sie und vom Mond, der traurig zuschaut. Doch dafür haben die meisten auf der Tanzfläche kein Ohr.

Bis auf Walter, der einsam an seinem Bier nuckelt, sind inzwischen alle seine Freunde unterwegs. Ab und zu sieht er diesen oder jenen der Kameraden zwischen den Massen. Er weiß, wie der Abend laufen wird. Nicht anders als sonst. Bis spätestens zur Pause haben sich die Paare gefunden. Nach und nach schleppen die Jungs die Mädels an ihren Tisch oder lassen sich an deren Tisch nieder. Sie füllen die Bräute nach und nach ab mit Pfefferminz- oder Eierlikör, was hier als Ausdruck kultivierter Gastlichkeit gilt. Bier und Harte kommen nicht gut.

In der Pause geht man an die frische Luft, denn inzwischen kann man die im Saal schneiden. Der Zigarettenqualm, der als blaue Wolke über den Köpfen schwebt, die unablässig gespeist wird, ist selbst den Rauchern nach zwei Stunden zu viel.

Draußen gibt es dann die ersten Rangeleien zwischen den Rivalen, manche Paare verdrücken sich bereits in die Büsche. Beim letzten Mal, es war in K., kehrte Fredi nach der Pause an ihren Tisch zurück. Grinsend zog er aus seiner Hosentasche kurz einen rosafarbenen Schlüpfer hervor, damit alle die Trophäe bestaunen konnten. Die Jungs wussten, wer ihn bis eben noch getragen hatte.

»Kriegt sie nachher wieder«, meinte Fredi mit kreisendem Becken und drückte seine Schmalztolle fest, »das habe ich versprochen.«

Auch diesmal läuft es genau so ab. In der Pause stehen sie draußen beieinander und rauchen in der nächtlichen Frische. Die Jungs setzen sich auf ihre Jawas, damit allen klar ist, wer sie sind. Die Mädels, die sie sich inzwischen gegriffen haben, ziehen hustend an den ihnen angebotenen Zigaretten, um zu zeigen: Wir gehören dazu. Sie sind 17 oder 18, vielleicht auch jünger, vielleicht auch etwas älter, aber eben blutjung und unbedarft. Wenn sich ein älterer Junge aus der Stadt für sie interessiert, hebt es ihr Selbstbewusstsein. Im gehörigen Abstand stehen die abgemeldeten Jungs, verstohlen schauen sie über die Schulter, doch sie sind noch zu nüchtern, um den ungleichen Kampf zu wagen. Sie bewegen sich in sicherer Entfernung.

Harry stößt sein Mädchen, Rosemarie, plötzlich von sich. Er hat den komischen Vogel mit der Strickjacke von vorhin entdeckt. Allein torkelt er zwischen den dicken Kastanienstämmen, seine Begleiterin ist nicht zu sehen. Entweder ist sie gegangen, weil er besoffen ist, oder er hat gesoffen, weil sie ihn hat sitzen lassen. Vielleicht wartet sie auch nur in der langen Schlange vorm Klo. Es gibt nur zwei. Bei den Männern ist es einfacher. Da gibt es eine geteerte Pissrinne, und die ist einige Meter lang.

»Jungs«, sagt Harry, »da läuft unser Freund. Kommt jemand mit?« Und zu der verhuschten Rosi, die sich den spontanen Entzug der männlichen Gunst nicht erklären kann, sagt er fast entschuldigend, er sei gleich wieder da, er müsse nur etwas Dringendes erledigen. Und zum Beweis, dass er dies ernst meine, drückt Harry flüchtig seine Lippen auf ihre glatte Stirn. Seine Nase drückt dabei in ihr blondes Haar. Es riecht nach Kuhstall.

Fredi folgt ihm, auch Walter und Kurt sind dabei. Sie finden den Traumtänzer mit dem Bonbon an der Jacke rauchend auf einer Bank am Weiher. Wortlos greifen sie ihn an Armen und Beinen, und ehe er schreien kann, fliegt er ins Wasser. Er versinkt im Uferschlamm und schnappt stumm nach Luft. Warum sollte er um Hilfe rufen: Er droht ja nicht zu ertrinken. Die Jugendlichen in der Nähe, die Zeugen des Überfalls geworden sind, feixen vernehmlich. Nicht dass sie dem derart Getauften diese Behandlung gewünscht hätten, ihr Gelächter ist weder höhnisch noch hämisch. Sie vergnügen sich nur an der gebotenen Gaudi. Man muss doch mal Spaß haben dürfen. Niemand hilft ihm ans Ufer. Der begossene Genosse ist allein.

Ohne sich umzuschauen, kehren die Jungs zu ihren Motorrädern und den wartenden Bräuten zurück. Mit wiegenden Schritten, die Hand an der auffälligen Gürtelschnalle. Sie stecken sich lässig eine Zigarette an, und Rosi erkundigt sich neugierig, ob alles erledigt sei, ohne zu wissen oder zu fragen, was »alles« gewesen sein könnte.

»Hm«, sagt Fredi und greift sich das Mädel, das die ganze Zeit schon an seiner Maschine lehnt. Margit ist eigentlich nicht sein Typ, und sie ziert sich auch ein wenig, das hat er schon beim Tanzen bemerkt. Als er seine Hand ihren Rücken hinabgleiten ließ und durch den Kleiderstoff den Daumen hinter den Schlüpfergummi zu schieben versuchte, hatte sie sanft seine Hand beiseite gedrückt. Und auch den zweiten Anlauf im nächsten Tanzblock wehrte sie ab. Als er ihr beim Gang aufs Parkett den ein wenig ausladenden Hintern tätschelte, hatte sie sich umgedreht und ihm einen vorwurfsvollen Blick zugeworfen. So etwas war ihm noch nie passiert. Nie zuvor hatte eine beim ersten Körperkontakt so ablehnend reagiert. Eine neue Erfahrung. Und genau diese spürbare und durchaus selbstbewusste Haltung reizt Fredi, macht ihn geradezu an. Er empfindet es als Herausforderung.

Drinnen setzt die Musik ein, das heißt der Schlagzeuger bearbeitet die Becken, was als Signal zu verstehen ist, dass es weitergeht. Langsam schlendern die Pärchen und Tänzer zurück in den Saal. Einige Fenster stehen noch offen, der leichte Durchzug hat den Zigarettenqualm vertrieben, man kann wieder atmen. Nach und nach werden sie wieder geschlossen, es ist erst März und draußen noch kalt. Die Aktion am Dorfteich ist längst vergessen, der gebadete Pudel nirgends zu sehen. Er wird sich gewiss nach Hause getrollt und trockene Sachen angezogen haben. Ob er noch einmal zurückkommt? Wen interessiert's?

Kurz vor Mitternacht ist Schluss. Im letzten Block werden wie gewöhnlich ganz langsame Titel gespielt, die Paare kriechen ineinander und bewegen sich kaum noch übers Parkett. Wer bis dahin keine oder keinen abbekommen hat, wird allein nach Hause gehen müssen. Fredi hat sich längst anheischig gemacht, Margit nach Hause zu fahren. Sie wohnt drei Dörfer weiter und ist dankbar, nicht laufen zu müssen.

Auch Harry bekommt eine Sozia. Rosi muss in die gleiche Richtung und schwingt sich auf die Jawa. Sie presst sich fest an Harrys Rücken, was dieser mit Genugtuung spürt. Da läuft heute noch was, denkt er. Die anderen vier Jungs gehen leer aus und haben das Nachsehen. Dumm gelaufen, denken Kurt und Walter, Martin und Siggi. Sie werden daheim wohl wieder die Hand nehmen müssen.

Der Tross setzt sich knatternd in Bewegung und verschwindet in der Dunkelheit. Stille senkt sich übers Dorf. Die Landstraße, die sie nehmen, führt durch ein Waldstück. Unvermittelt verlässt Fredi die gepflasterte Straße und biegt in einen Waldweg ein. Die anderen folgen ihm blind. Vielleicht muss er pinkeln.

»Steig ab«, sagt er zu seiner Sozia, und Margit fragt: »Warum?«

»Weil ich absteigen will«, herrscht er sie an.

Sie tut irritiert wie ihr geheißen. Fredi schwingt das rechte Bein über die Sitzbank und bockt die Maschine auf. Die anderen folgen seinem Beispiel, die Motoren verstummen, die Scheinwerfer erlöschen. Es ist still, nur das Knarzen der Bäume im Nachtwind ist zu vernehmen. Schließlich ein Schrei.

»Lass das!« Es ist Margits Stimme. Und noch einmal: »Hör auf, ich will das nicht!«

Dann folgt ein dumpfer Aufprall, etwas Schweres scheint auf den Waldboden gestürzt zu sein. Die Umstehenden ahnen, was da gefallen ist, vielleicht zu Boden gerissen wurde. Und was da jetzt geschieht. Doch niemand sagt etwas.

Harry greift in der Dunkelheit nach Rosi, die möglicherweise gar nicht mitbekommen hat, dass Fredi sich an Margit zu schaffen macht. Zu viel Likör, zu viel Lust hat sie in sich. Sie spürt Harrys Hände unter ihrem Mantel, unter ihrem

Kleid, in ihrem Schritt, und widersetzt sich nicht, als er sie zu Boden drückt und dabei den Slip nach unten zieht. Sie spürt die Tannennadeln, Moos und Äste unter ihrem nackten Hintern und dann auch sein Glied, das in sie eindringt. Es schmerzt zunächst, aber sie beißt die Zähne zusammen, denn sie will es ja. Sie will endlich ihre Jungfernschaft verlieren. Ihre Freundinnen, die es schon hinter sich haben, hatten ihr gesagt, dass es beim ersten Mal wehtue, aber bei den nachfolgenden Malen wäre es besser. Es sei wie die Geschichte vom Schlaraffenland: Man muss sich erst durch einen Berg von Reisbrei fressen, um in die Gegend zu gelangen, wo Milch und Honig fließen. Also sagt sich Rosi: Augen zu und durch.

Staffler ist wenig einfühlsam und rammelt drauflos. Es dauert nicht lange, da spürt Rosi etwas in ihren Unterleib schießen. Aha, so ist das also, sagt sie sich, und quittiert mit Erleichterung, dass Harry seinen Schwanz aus ihr herauszieht. Doch kaum dass er sich erhoben hat, spürt sie schon wieder einen Körper auf sich liegen. Es ist ein anderer Mann. Sie weiß nicht, wer aus der Gruppe das ist, was ihr im Moment auch egal ist. Sie will das nicht und darum den Kerl von sich werfen, sie stößt mit den Armen gegen den massigen Oberkörper über ihr und strampelt mit den Füßen. Schließlich schreit sie, doch eine große, harte Hand verschließt ihr augenblicklich den Mund.

Mit der anderen führt der Kerl sein Ding in sie ein. Rosi stöhnt vor Schmerz auf. Plötzlich ist sie stocknüchtern, der Alkoholschleier, der bis vor wenigen Minuten noch wohlig auf ihrem Hirn lag, hat sich verflüchtigt. Ist zerstoben in Sekunden. Sie weiß, was ihr widerfährt. Ihr Widerstand ist erlahmt, die Kraft schwindet, es bleibt nur Wut. Die Tränen fließen, sie wimmert. Schließlich macht sich ein Dritter über sie her. Sie spürt ihren Unterleib kaum noch, alles tut ihr weh. Sie kann nicht mehr.

Margit geht es nicht anders. Nachdem Fredi sich an ihr vergangen hat, drängt sich der Nächste zwischen ihre Beine. Sie haben sich nicht abgesprochen, und es ist das erste Mal, dass die Clique sich auf diese Weise kollektiv befriedigt. Einzeln schon, aber noch nie gemeinsam. Fredi packt sein bestes Stück in die Hose. So richtig zufrieden ist er nicht. Der Spaß war nur kurz, und eigentlich war es nicht mal einer: Er hat sich nur erleichtert, wie er es gelegentlich daheim unter der Bettdecke tut.

»Game over«, sagt Fredi und bietet den heulenden Weibern generös die Beförderung nach Hause an. Sie weigern sich, diese Offerte anzunehmen und auf die Motorräder zu steigen. »Na schön«, sagt Fredi, »wenn ihr nicht wollt – nicht unser Problem. Müsst ihr eben allein zusehen, wie ihr in euer Bettchen kommt.«

Dann knattern sie davon.

Rosi und Margit schleppen sich wenig später auf der Landstraße dahin. Nicht nur die niedrigen Temperaturen machen sie frösteln. Wenigstens regnet es nicht. Die beiden Frauen kennen sich nicht, sie stammen aus verschiedenen Dörfern. Erst nach einigen Kilometern finden sie ihre Sprache wieder. Scham und Schuldgefühle haben sie lange nebeneinander schweigen lassen.

»Hoffentlich werde ich nicht schwanger«, sagt Rosi plötzlich.

»Davor fürchte ich mich auch.« Einige Meter weiter hebt Margit wieder an: »Was machen wir nun? Gehen wir zur Polizei und zeigen die Schweine an?«

Rosi überlegt. »Besser nicht. Dann wird die Sache öffentlich und die Leute zeigen mit den Fingern auf uns: Seht mal, diese Schlampen!«

»Stimmt«, antwortet Margit. »Es wird doch sofort unterstellt, wir hätten die Kerle verführt und seien selbst daran schuld. Das sagen sie immer: selber schuld.«

»Wir waren ja auch so blöd und sind mitgefahren. Die haben uns doch nicht gezwungen, auf ihre Motorräder zu steigen.«

Margit schlägt sich an die Stirn. »Aber das gab ihnen doch nicht das Recht, gegen unseren erklärten Willen mit ihnen zu schlafen.«

»Na ja«, räumt Rosi kurzatmig ein, »ich wollte den Harry sogar. Ich war bis heute Abend Jungfrau und habe mir gewünscht, es endlich hinter mich zu bringen, verstehst du? Also habe ich mich nicht dagegen gewehrt und ihn machen lassen. Ich konnte doch nicht wissen, dass noch zwei andere nach ihm kommen. Außerdem war ich nicht ganz nüchtern.« Sie seufzt verzweifelt. »Wenn man doch die Zeit zurückdrehen könnte. Ich schäme mich so.«

Margit schweigt. Sie haben schlechte Karten, wie ihr scheint. Und sie versteht ihre Leidensgefährtin. Wenngleich sie selbst ohne eine solche Absicht zum Tanzabend gegangen ist, verspürt sie die gleichen Schuld- und Schamgefühle. Wie soll sie das ihren Eltern erklären? Die würden sie nie wieder allein weggehen lassen. Wobei: Margit ist sich sicher, dass sie in der nächsten Zeit ohnehin nicht mehr ausgehen wird. Die Unbeschwertheit, die Sorglosigkeit angesichts eines Gefühls von absoluter Sicherheit, wie es für sie bis vor wenigen Stunden noch existiert hat, ist verschwunden. Jeden schmachtenden Männerblick, jede Geste oder zweideutige Bemerkung wird sie künftig nicht mehr als harmlos abtun. Automatisch wird sie unterstellen, dass der Mann mehr von ihr will als nur ein Lächeln oder ein freundliches Wort.

Rosi hebt wieder an: »Wenn ich zum Arzt gehe, sagt der bestimmt: Sie mussten doch die Beine nicht spreizen! Welche Chance haben wir zu beweisen, dass wir Opfer sind, keine Mittäter?«

»So gut wie keine«, antwortet Margit.

»Hätten wir uns wehren sollen?«

»Wir haben uns doch gewehrt.«

»Ja, aber nicht mit ganzer Entschiedenheit.«

»Das hätte sie vielleicht noch aggressiver gemacht«, sagt Margit aufgebracht. »Hättest du dich etwa auch noch schlagen lassen wollen? Wenn der Verstand in die Hose rutscht, sind die Kerle doch unberechenbar.« Sie versucht, Rosi zu trösten, obgleich sie doch selbst Trost und Zuspruch benötigt. »Ich kann dir verraten, wie deine Vernehmung bei der Polizei aussehen könnte. Die geht vermutlich so: Sind Sie Jungfrau? – Jetzt nicht mehr. – Nein? Sie sind doch erst 17 Jahre alt. Mit wie vielen Männern hatten Sie schon Sex? – Mit dreien. In jener bewussten Nacht. – Und wer war der Erste? – Er hieß Harry. – Haben Sie sich ihm freiwillig hingegeben? – Ja. – Haben Sie an jenem Abend Alkohol getrunken, obwohl Sie nicht volljährig sind? – Ja. – Trinken Sie oft? – Beim Tanz schon, sonst nicht. – Haben Sie als Kind mit den Nachbarskindern Doktorspiele gespielt? – Ja. – Tragen Sie gern Kleidung, mit der Sie Ihre körperlichen Reize unterstreichen? Enge Röcke, weite Kleider, die im Wind hochfliegen können, Blusen mit weiten Ausschnitten … – Ja. Ich bin eine Frau und mag modische Sachen.« Margit macht eine Pause. »Genau so wird das laufen. Und später dann, wenn es überhaupt zu einer Gerichtsverhandlung kommt, wird sich das wiederholen. Die Verteidiger werden dir, sie werden uns den Schwarzen Peter zuschieben. Ohne es auszusprechen, wird es heißen: moralisch unreif, charakterlich labil, die Kerle aufreizen und klagen, wenn die die verführerische Einladung annehmen. Und auf der anderen Seite: Die Männer werden dies bestätigen und behaupten, es wäre einvernehmlicher Sex gewesen. Du hast gewollt, er hat gewollt – was also ist das Problem? Da steht dann Aussage gegen Aussage. Die Kerle verlassen den Gerichtssaal als unbescholtene Ehrenmänner, wir aber sind beschmutzt von oben bis unten.« Margit urteilt gänzlich abgeklärt und nüchtern.

Rosi, die offenbar aus kirchlichem Hause kommt, sinniert: »Vielleicht ist es ja die uns von Gott zugewiesene Rolle? Wir haben zu leiden und zu bluten, weil wir im Paradies dem Manne den Apfel gereicht haben, die verbotene Frucht der Erkenntnis. So steht es in der Bibel. Mit uns kam der Ungehorsam in die Welt, wir Frauen sind schuld an der Vertreibung aus dem Garten Eden. Wir müssen für Evas Sündenfall büßen! Noch immer.«

»Das ist doch Kokolores, religiöser Blödsinn«, echauffiert sich Margit, »Frauen sind doch nicht dazu bestimmt, sich dem Mann bedingungslos zu unterwerfen und mit sich machen zu lassen, was dem gefällt, nur weil in diesem Märchenbuch so ein Quatsch steht. Hast du schon mal was von Gleichberechtigung gehört? Wir leben doch nicht mehr im Mittelalter!«

Rosi schweigt, auch Margit verstummt. Wortlos laufen die beiden Frauen nebeneinander her. Minutenlang. Ihre Gedanken kreisen nur um das eine Thema. Sie wissen, dass ihr Leben ab heute ein anderes sein wird. Ob sie es wollen oder nicht: Es wird so sein. Auch im Unterbewusstsein, ihrer Einflussnahme und Kontrolle entzogen, findet vieles statt. Gefühle und Empfindungen lassen sich nicht steuern.

Am nächsten Wochenende wollen Fredi und seine Freunde wie gewohnt auf die Dörfer. Walter druckst herum, als sie sich wie gewohnt am Bahnhof treffen. Er sei finanziell angeschlagen, bis zum nächsten Gehaltstag sei es noch eine Weile hin, er habe kaum noch Geld zum Tanken. Klamm bei Kasse sind auch die anderen. Mehr oder weniger.

Harry hat eine Idee. Und ein Messer.

»Was hast du vor?«, fragt Walter.

Harry grinst. »Ihr werdet schon sehn.«

Diesmal fahren sie nach Westen, Richtung Bautzen. Steigen im Dorfkrug ab, hocken im Schankraum und beobachten die Stuten, die in den Saal strömen. Harry hält Ausschau nach jungen Frauen, die ein wenig besser gekleidet sind als die anderen. Bald meint er, eine solche erspäht zu haben. Sie ist pummelig, trägt eine Brille und hat obendrein Pickel, die sie nur schwer mit Puder hat verdecken können. Über ihr ausuferndes Gesäß breitet sich, einem Zelt gleich, ein weites Kleid. Das ist bestimmt nicht von hier, solchen Stoff gibt es nicht in der HO, das sieht Harry sofort. Das gilt auch für die Schuhe. Wenn die Klamotten nicht von der Westverwandtschaft geschickt worden sind, dann garantiert in Westberlin gekauft. Zum üblichen Tauschkurs: eins zu fünf, vielleicht auch eins zu zehn, je nachdem, was die Wechselbudenbesitzer auf der anderen Seite der Grenze für die Westmark gerade verlangten.

Harry schleicht sich an. Dreht mit der Dicken mehrere Runden. Die Kameraden zeigen ihm einen Vogel.

Fredi, der mit Harry pinkeln geht, schüttelt nicht nur seinen letzten Tropfen in die Rinne, sondern auch verächtlich den Kopf. »Sag mal, Alter, hast du Tomaten auf den Augen? Die Trulla ist die mit Abstand Hässlichste auf dem ganzen Tanzboden.«

»Ja, das weiß sie auch«, erklärt Harry. »Deshalb ist sie ja so dankbar, dass ich mich ihrer angenommen habe, sie bezirze.«

»Du willst die doch nicht etwa auch noch pimpern? So weit wird deine Obhutspflicht nicht gehen. Oder?«, fragt Fredi.

Harry macht, nachdem er sein Patengeschenk in der Hose verstaut hat, eine unbestimmte Handbewegung. Ruth sei die einzige Tochter des reichsten Bauern im Nachbarort, zum Hof gehörten mehr als neunzig Hektar Land. Zum größten Teil baue er Hopfen an.

Fredi schaut ungläubig. »Seit wann interessierst du dich für Landwirtschaft?«

»Seit ich weiß, dass wir Geld brauchen.«

»Du willst sie nicht gleich heiraten?« Fredi brüllt die Frage heraus wie einen guten Witz.

»Bist du blöd? Bei der kriege ich nicht mal im Vollrausch einen hoch.«

»Was willst du dann von diesem Nilpferd?«

»Ihre Handtasche.«

»Ist da was drin?«

»Wir werden sehen.«

Mit wiegenden Hüften gehen beide zurück in den Saal. Die Musik spielt bereits, die Tanzfläche ist gefüllt. Harry steuert auf den Tisch zu, an dem nur noch eine Person sitzt: Ruth fließt förmlich auf dem Stuhl auseinander. Ihr Gesicht ist stark gerötet. Als Harry sie zum ersten Tanz aufgefordert hat, war sie noch blass und bleich. Sie sei eben ein heller Typ, hat sie ihm erklärt, als er fragte, ob ihr schlecht sei. Inzwischen hat Ruth eine Flasche Schampus inne, Krimsekt, um genau zu sein, was das Teuerste auf der Getränkekarte ist. Bestellt hat sie die Pulle, und Harry hat immer zügig nachgeschenkt. In ihr Glas, denn er trinkt das Blubberwasser nicht. Davon bekommt er nämlich Sodbrennen. Ruth scheint dafür sehr viel Verständnis zu entwickeln. Sie bestellt eine weitere Flasche. Als der Kellner die leere Pulle gegen die bereits geöffnete neue tauscht und in den trockenen Pappbottich, die ostdeutsche Variante eines Sektkübels, versenkt, kramt die dralle Bauerstochter ihr Portemonnaie hervor und zückt einen Schein. Harry riskiert einen Blick in die Börse und ist keineswegs enttäuscht. Mein lieber Scholli, denkt er, die hat nicht nur viel Holz vor der Hütten, sondern auch eine ganze Menge Moos in der Tasche. So hatte er sich das vorgestellt.

»Willst du ersatzweise einen doppelten Korn?«, erkundigt sich Ruth mit einer Zunge, die mindestens so schwer ist wie ihr Busen.

Harry hebt abwehrend beide Hände, er müsse ja noch fahren und sie unversehrt nach Hause bringen. Dabei lässt er seine Rechte nach unten fallen, und zufällig trifft diese auf die Handtasche, in der die Geldbörse steckt. Ruth muss das gemerkt haben und zieht sie gleich fester an sich.

»Oh«, sagt Harry und überspielt die Situation, »mich interessiert doch nur dein Bestes«, und greift an eine ihrer massigen Brüste.

Ruth juchzt auf, stößt aber dennoch seine Hand beiseite und tadelt ihn gespielt vorwurfsvoll: »Wenn das jemand sieht!«

»Na wenn schon«, hält Harry dagegen, denn Bedenken, gar Skrupel dieser Art sind ihm gänzlich fremd.

»Kannst du nicht ein wenig warten«, flötet das Flusspferd. In jedem anderen Fall hätten Harry solche Avancen entzückt. Doch Ruth? Das muss nicht sein.

»Wollen wir eine Runde tanzen?«, fragt Harry, doch die Schönheit an seiner Seite mit den beschlagenen Brillengläsern lehnt ab. Da werde doch der Sekt warm. Was natürlich eine zwingende Begründung für ihre Verweigerung ist und eigentlich ein Witz: Die Pulle kam nicht aus dem Kühlfach. So etwas kennt man hier nicht.

Harry gießt nach, er fügt sich in seine Rolle als Mundschenk ohne zu murren, denn seine Mühen, da ist er sich sicher, werden gewiss alsbald belohnt.

Nachdem auch die zweite Flasche geleert ist, will Ruth plötzlich nach Hause. Sie wankt an Harrys Seite nach draußen, dorthin, wo die Motorräder stehen. Er muss sie führen und stützen, damit sie die Richtung hält, und erkundigt sich besorgt, ob sie es allein auf den Rücksitz schaffe.

»Selbstverständlich«, sagt sie und hebt das rechte Bein.

»Warte, warte«, sagt Harry. Doch da ist niemand in der Nähe, den er um Hilfe angehen kann. So wuchtet er allein die Matrone auf den Sozius, fädelt sich dann selbst hinterm Tank ein, sagt: »Festhalten!« und drückt die Maschine nach vorn. Der Ständer schnappt nach hinten. Er tritt den Kickstarter und gibt Gas. Mit durchdrehendem Hinterreifen schießt das Motorrad nach vorn, Sand fliegt hinten weg und Ruth kreischt vor Vergnügen.

Harry weiß, wo er sie abliefern muss. Er fährt ziemlich langsam, denn er grübelt die ganze Zeit, wie er es anstellen muss, an ihre Handtasche zu kommen. Die hängt an einem Trageriemen über Ruths Schulter. Doch ehe ihm etwas Vernünftiges einfällt, brüllt sie in sein Ohr, er solle mal anhalten, sie müsse pinkeln. Er fährt an den Straßenrand, der von Bäumen und Büschen gesäumt ist, und stoppt. Ruth ruckelt herum und schafft es tatsächlich, allein abzusteigen. Harry bockt die Maschine auf und sieht, wie seine Mitfahrerin in den Graben stürzt. Kopfüber fällt sie in die Vertiefung. Im fahlen Mondlicht sieht er die Tasche liegen, die sich beim Kobolz von ihrer Schulter verabschiedet hat. Blitzschnell greift er nach ihr, öffnet die Verriegelung, zieht die Geldbörse hervor, verschließt den Beutel wieder und schiebt sich das Portemonnaie in die Tasche. Ruth johlt noch immer. Sie liegt wie ein Käfer auf dem Rücken und kommt nicht hoch.

»Mach hin, hilf mir auf«, befiehlt sie, »ich mach mir sonst noch in die Hosen.«

Harry greift ihr unter die massigen Arme und muss seine ganze Kraft aufbieten, um den Koloss aufzurichten. Als der endlich steht, geht er auch schon wieder in die Hocke. Harry hört es rauschen und dreht sich schamhaft zur Seite, obwohl es nichts zu sehen gibt. Es rauscht und plätschert, als würden nicht zwei Flaschen Krimsekt entsorgt, sondern mindestens vier. Unglaublich, denkt er und fürchtet, nach der Erleichterung einen weiteren Auftrag erledigen zu müssen. O Herr, das bitte nicht, fleht er zum Himmel.

Doch Ruths nächster Befehl beschränkt sich darauf, ihr aus dem Graben und wieder aufs Motorrad zu helfen. Er reicht ihr, nachdem sie nach einigem Stöhnen auf der Rückbank Platz genommen hat, die Handtasche.

»Die hast du verloren, als du gestürzt bist.« Wortlos streift sie den Lederriemen über den Kopf.

Wenige Minuten später erreichen sie das Gehöft, in dem Ruth bei den Eltern wohnt. Harry sieht den Bauernhof nur von der Straßenseite aus und ahnt die Dimension des Anwesens. Die Dicke wuchtet sich vom Sozius. Sie sagt nur »Tschüss« und trollt sich, ist zu müde für jede andere Regung oder Ansage. Darüber ist Harry nicht unfroh. Er hätte ungern das Versprechen abgegeben, dass man sich mal wieder sehen könnte.

Er gibt Gas und wendet.

Auf dem Tanzboden geht es dem Ende zu. Triumphierend kehrt Harry an den Tisch der Freunde zurück, wo er bereits erwartet wird. Fredi und die anderen hatten kopfschüttelnd den Aufbruch des Schwerlasttransports verfolgt. Nun zieht Harry die Trophäe aus der Jacke und legt zugleich den Zeigefinger der rechten Hand auf seine Lippen. Schweigend beobachten die Kameraden, wie er einen Schein nach dem anderen aus dem Portemonnaie hervorzieht. Ein Fuffi, noch ein Fuffi, ein dritter und schließlich noch ein Pfund. Was, 170 Mark? Ungläubige Blicke richten sich auf die vier Banknoten auf dem Tisch. Siggi meint, dafür müsse er ganze zwei Wochen arbeiten.

»Mag sein. Aber damit«, Fredi tippt auf die Scheine auf dem Tisch, »sind die nächsten beiden Wochenenden für alle bezahlt.« Anerkennend schlägt er Harry auf die Schulter und steckt das Geld ein. Er ist der Häuptling, er verwaltet die Kasse. Fredi sagt auch, dass Harry die geleerte Börse unauffällig unter den Tisch werfen solle, an der das Nilpferd den ganzen Abend gehockt hat. Es müsse so aussehen, als sei ihr Portemonnaie aus der Umhängetasche gefallen. Irgendeiner würde es schon finden, spätestens morgen beim Ausfegen. Und wenn die Dicke auf der Suche nach der vermissten Geldbörse in den nächsten Tagen hier im Dorfkrug aufkreuze, würde man sie ihr übergeben, aber keine Aussagen machen können, wo das vermisste Geld geblieben ist. »Und die Planschkuh wird annehmen, dass sich die Putzfrau oder der Wirt das Geld eingesteckt hat. Nur beweisen kann sie es nicht.« Fredi grinst zufrieden. Er weiß genau, wie es laufen wird.

Am Sonntag darauf lassen die jungen Männer erneut die Sau raus und die Kuh fliegen. Zunächst donnern sie wieder durch die Stadt und geben den Bürgerschreck, und unten an der Neiße bemächtigen sie sich einer Fahne, die dort im Frühlingswind flattert. Ein Dumme-Jungen-Streich, ohne politischen Sinn und Verstand.

Kurt ist auf einen Mauervorsprung gestiegen, wollte vielleicht nur zeigen, wie sportlich er ist. Dort oben ergriff er den Zipfel des Banners, und, ratsch, war es ab. Er schwenkte den Stofffetzen, die Jungs applaudierten, doch Fredi kommandiert ihn nach unten.

»Und nun«, fragt er, »was willst du damit machen? Am 1. Mai die Fahne raushängen? Dir eine Badehose daraus nähen oder einen Anzug?« Ihm schmeckt Kurts Flaggendiebstahl erkennbar nicht, denn wenn ihn einer dabei gesehen hat, sind sie garantiert alle Mode. Der Staatsmacht sind ihre Symbole heilig. Kurt rafft kleinlaut das Banner zusammen und stopft es in eine an der Straße stehende Mülltonne.

Dann wieder geht es hinaus auf die Dörfer. Fredi hat die Taschen voller Geld und ist durstig wie alle seine Freunde. Tatendurstig. Und natürlich auch im Wortsinne. Mit der geklauten Kohle werden sie weit kommen. Das Glas Bier kostet überall 40, die Bockwurst 80 Pfennig, und die Weiber sind gratis. Sie angeln sich diese nach dem Erlkönigprinzip: Und bist du nicht willig, so brauch' ich Gewalt. Und teilen alles brüderlich.

Die gemeinsame Erfahrung vor zwei Wochen hat Fredi,

Kurt, Harry, Walter, Siggi und Martin nicht nur enger zusammengeschweißt, sondern auch bewirkt, dass diese folgenlose Grenzüberschreitung ihre Hemmschwelle noch weiter gesenkt hat. Was kann schon groß passieren, wenn man nach dem Dorfbums sich Mädels auf den Sozius lädt und abseits des Weges flachlegt? Keine wird zur Polizei gehen und offenbaren, freiwillig zu einem fremde Kerl aufs Motorrad gestiegen zu sein, um sich anschließend von ihm und seinen Freunden durchbumsen zu lassen. Dieses Flittchen, würde es vorwurfsvoll heißen. Würden sie dann überhaupt noch einen Lebenspartner finden? Wer würde schon eine derart Gefallene heiraten? Eine Befleckte, eine Unreine, eine Nutte. Von den Mädels, die sie an den Bushaltestellen aufgeladen haben, ist doch auch keine zur Polizei gerannt. Die wussten doch genau, sie würden sich mit einer Anzeige ins eigene Knie schießen. Die Jungs sind sich sicher: Die werden alle die Klappe halten und schweigen.

Und damit liegen sie nicht falsch.

In R. ist Frühlingsfest. Sie stellen wie üblich ihre Motorräder ab und marschieren in den Biergarten. Sie fläzen sich an einen langen Tisch und lassen eine erste Runde kommen, eine zweite auch, denn die Kapelle beginnt erst 18 Uhr zu spielen und bläst zur Jagd aufs Frischfleisch. Bis dahin ist noch eine Weile Zeit.

Fredi berichtet von seinem Ärger daheim und Harry von den neuesten Nachrichten aus Übersee. Chubby Checker ist nach drei Wochen von Platz eins verdrängt worden. Neue Nummer eins ist der King of Rock'n'Roll. Elvis hat Chubby beerbt. Wow!

Die Jungs beten die US-Charts rauf und runter: Jerry Lee Lewis, Ricky Nelson und Jimmy Dean ... Selbst auf der Rückseite der Erde – von Amerika aus gesehen befindet sich Görlitz an der Neiße genau dort – kommt die Plattenbotschaft aus Übersee an. Die hiesige Politpropaganda spricht von Kulturimperialismus, der sich weltweit ausbreite und als Gleitmittel für bürgerlich-kapitalistische Ideologie diene, weshalb entschieden dagegen angekämpft werden müsse. Der Welle von Rock und Pop aus dem Westen stemmen sich aktuell mehr als viertausend Amateurtanzkapellen entgegen, mit Fred Frohberg und Helga Brauer, Peter Wieland und Bärbel Wachholz zieht die DDR in die Kulturschlacht. Wie lustig.

Aber auch drüben stößt Rock'n'Roll auf Ablehnung. Die Alten geißeln den neuen Sound, der vornehmlich von britischen und US-amerikanischen Soldatensendern wie BFN und AFN gespielt wird, als Neger- oder Hottentotten-Musik, nennen die Rock-'n'-Roll-Fans »Wilde« und »Halbstarke«. Auch Röhrenjeans, Caprihosen, Lederjacken und längere Haare bei Männern, die modischen Accessoires, werden kritisiert. Der Unmut darüber ist gesamtdeutsch, wie eben die Zustimmung bei den jugendlichen gesamtdeutsch ist. Es ist die andere Musik und das provozierende Auftreten der Musiker, die auf der Bühne alles geben. Sie schwitzen und sie arbeiten mit dem gesamten Körper – ganz im Gegensatz zu den Schlagersängern, die in der Regel sich wie Opernstars in Szene setzen, steif hinterm Mikro stehen und die Arme mit pathetischen Gesten bewegen. Im Westen wettert die etablierte Bürgerlichkeit, im Osten verabschiedet die Partei »Zehn Gebote der sozialistischen Moral und Ethik«.

Die Welt schreibt am 18. August 1956: »Man nennt sie Halbstarke. Sie machen Krawall und stören die öffentliche Ordnung. Sie rotten sich zusammen und begehen nicht selten kriminelle Delikte. In Berlin und München und jetzt auch in Hannover haben sie die Bevölkerung beunruhigt. Und immer stärker erhebt sich in der Öffentlichkeit der Ruf, Maßnahmen gegen sie zu ergreifen.« Im gleichen Monat empört sich die *Süddeutsche Zeitung*: »Banden von Halbwüchsigen belagern das Ostseebad Timmendorfer Strand, erregen öffentliches Ärgernis, belästigen Badegäste und machen Protestmärsche durch die Straßen. Jugendliche Mopedgangs stürmen Weinorte in den Nebentälern des Rheins und verprügeln Polizisten. Totenkopfbanden und ihre Konkurrenz führen Straßenkämpfe in Nordberlin (*gemeint ist natürlich der Norden Westberlins – E. S.*). In gewissen Straßen aller deutschen Großstädte, vor gewissen Kinos, Lokalen, Wohnsiedlungen, stehen nach Einbruch der Dunkelheit Gestalten in Lederjacken, Halbwüchsige, die jeden Vorübergehenden anpöbeln, Mädchen belästigen.« Der Westberliner *Tagesspiegel* mokiert sich über »Teenager, Rowdies und Motorradbanden«, die auf dem Weg ins eigene Verderben sind. *Die Welt* kommentiert im Juni 1959: »Wer jemals Zweifel darüber hegte, dass die jungen Leute (oder doch ein erheblicher Teil von ihnen) heute missratener seien als die jungen Generationen früherer Epochen, und wer dann einen der sogenannten Halbstarken-Filme gesehen hat, wirft alle Zweifel über Bord. Er schüttelt sich. Er ist entsetzt. Er guckt auf der Straße jeden Menschen unter achtzehn Jahren nur noch mit Misstrauen an. Achtung, gleich kann ein Messer einrasten.« Und auch das Herumfahren mit Mopeds und Motorrädern ruft heftige Reaktionen des (westdeutschen) Staates hervor. Im Juni 1956 weist Bayerns Innenminister Geislhöringer die Polizei an, den Jugendlichen den Führerschein zu entziehen, »wenn das Fahren offensichtlich nicht der Erreichung eines Verkehrsziels, sondern lediglich der Unterhaltung dient und dadurch andere belästigt werden, wie beim Fahren rings um Häuserblocks«.

Von all dem wissen die Jungs um Fredi wenig. Aber sie reden sich dennoch die Köpfe heiß und kühlen sie mit Bier. Von ihrem Tisch aus sehen sie, wie ein Volkspolizist um ihre Motorräder herumschleicht, diese begutachtet und dann zu ihnen hinüberblickt. Gemächlich setzt er sich in Bewegung

Richtung Tisch. Vorschriftsmäßig baut er sich vor ihnen auf, führt die Hand zur Dienstmütze und sagt: »Oberwachtmeister Zippel, ich bin der zuständige ABV.«

»Schön für Sie«, sagt Walter, »was haben Sie auf dem Herzen, Herr Abschnittsbevollmächtigter?« Dafür bekommt er unterm Tisch einen Tritt gegen das Schienbein. Augenblicklich verstummt er, sein Gesicht verzieht sich zu einem schmerzhaften Grinsen.

»Genosse Abschnittsbevollmächtigter. Wenn schon, denn schon«, sagt der ABV gelassen. Er ist offenkundig kein verbiesterter Bulle und eine Frohnatur. Gottlob, denkt Fredi und zieht seinen Fuß zurück.

»Sind Sie die Fahrer dieser Kräder?«

»Ja, wenn Sie die Jawas meinen«, antwortet Fredi.

»Meine ich. Sie wissen schon, dass in der Deutschen Demokratischen Republik absolutes Alkoholverbot gilt? Null Promille. Bürger Krad-Fahrer: Ich sehe, Sie trinken Bier.«

Harry sagt: »Das trifft absolut zu, Genosse ABV.«

»Sie haben aber nicht etwa die Absicht, sich anschließend aufs Motorrad zu setzen? In Ihrem Zustand.«

»Nun, wie ist denn unsere Zustand?«, meldet sich Walter zu Wort und bekommt erneut Fredis Schuh zu spüren.

»Ich würde sagen: Sie sind nicht mehr ganz nüchtern.«

Harry gibt den Vernünftigen: Da habe der ABV ganz gewiss recht, und sie seien sich ihrer Verantwortung für den Straßenverkehr auch bewusst. Ebenso aber wüssten sie, dass der Alkohol im Körper abgebaut würde. Ein Bier in der Stunde, danach wäre man wieder auf Null. Das Bier hier sei derart dünn, dass dafür bereits eine halbe Stunde genüge. Harry lacht.

Der Volkspolizist bleibt ernst. »Wenn Sie erst in zwei Stunden aufbrechen und nichts mehr trinken, habe ich nichts dagegen. Wenn ich Sie aber erwischen sollte, dass Sie angetrunken auf Ihre Motorräder steigen, dann hetze ich Ihnen die

Verkehrspolizei auf den Hals. Versprochen. Einen schönen Abend noch.«

»Ihnen auch, Genosse Zippel«, ruft Fredi dem Mann in Knobelbechern und Stiefelhosen hinterher. »Ich werde auf die Jungs aufpassen.«

Als der ABV außer Hörweite ist, herrscht Fredi Walter an: »Bist du bescheuert, den Bullen zu provozieren? Wir müssen doch nicht auf uns aufmerksam machen. Immer schön unterm Radar bleiben.«

Kurt mault: »Heißt das nun, dass wir heute nichts mehr trinken dürfen?«

»Das heißt es wohl«, sagt Harry.

»Du glaubst doch nicht im Ernst, dass der sich jetzt fünf Stunden auf die Lauer legt, um zu beobachten, was wir machen?«, fragt Kurt weiter.

Fredi beendet mit einer Handbewegung die Debatte. »Von jetzt an kein Bier mehr. Es sei denn, wir wechseln das Lokal nach einer Stunde und trinken woanders weiter. Ohne Beobachtung eines Bullen.«

Nein, das will die Gruppe nun auch nicht, weil die Jungs bereits die ersten Zuckerschnitten aus der Ferne beäugt haben.

»Mann«, sagt Kurt, »da sind aber ein paar leckere Mäuschen dabei. Wo kommen die denn alle her?«

Dann setzt die Musik ein, die Paare eilen auf die Tanzfläche in der Mitte des Biergartens. Die Jungs sind auf Selters umgestiegen. In Sichtweite umrundet tatsächlich der ABV das Areal. Weiträumig, aber wahrnehmbar. Wasser schmeckt nicht angenehm, zumal wenn mit Kohlesäure versetzt. Von den Nachbartischen kommen mitleidige Blicke. Manche heben demonstrativ ihr Bierglas in die Höhe und prosten Fredi & Co zu. Zum Schaden gesellt sich nun auch noch der Spott.

Die Jungs flüchten sich in die Arme der von ihnen ins Visier genommenen Sahneschnitten und mit diesen auf den Tanzboden. Bald tropft der Schweiß von den Schmalzlocken, und am liebsten würden sie sich der Ringelsocken entledigen und barfuß gehen, denn es ist sehr warm. Trotzdem genehmigen sie sich keine Marsch- und Tanzerleichterung, die Socken bleiben am Fuß, und bei den angerauten Hemden wird nur noch ein weiterer Knopf geöffnet. Die Klamotten sind ein Statement: Ohne Jeans, kariertes Hemd und Ringelsocken wären sie nackt und ohne erkennbares Glaubensbekenntnis. Denn darum geht es: Sie wollen zeigen, dass sie unangepasst und anders als alle anderen sind. Sie tragen nicht Fasson und keine FDJ-Blusen, statt der üblichen Gurken Creepers wie Elvis: Schuhe mit dicken, weichen Kreppsohlen. Die gibt es nur drüben, die volkseigene Schuhproduktion stellt sie mangels Kautschuk nicht her. Allerdings gibt es auch in Westberlin keine azurblauen Creepers, wie Elvis sie besingt: »Don't you step on my blue suede shoes«.

Die Kapelle schrammelt sich mehr recht als schlecht durch die Notenblätter, die Melodien hacken, falsche Töne sorgen für Dissonanzen, das Zusammenspiel funktioniert nicht. Die Tanzenden stört das nicht. Sie sind ja nicht wegen eines Konzerts gekommen, sondern um mit Gleichaltrigen Spaß zu haben. Die Woche mit Schule oder Ausbildung, mit Arbeit oder Studium war hart. Da halten es die Christen wie die Atheisten mit der Bibel: »Sechs Tage sollst du arbeiten; am siebenten Tage sollst du feiern«.

Fredi hat sich eine Schlanke geangelt, die allein wegen ihres offenen schulterlangen Haars auffällt. Die meisten Mädchen tragen Dutt oder Kaltwelle, kurze Haare oder Pferdeschwanz. Sie habe, wie sie erzählt, in Dresden zu studieren begonnen. An der Hochschule für Verkehrswesen wolle sie ihren Ingenieur machen, wisse aber noch nicht, worauf sie sich spezialisieren wird. Bahn, Post, Schifffahrt, Straßenverkehr – alles sei möglich, ruft sie Fredi lachend beim Tanzen zu. Und was er so treibe, er solle mal von sich berichten. Fredi sagt, da gebe es nicht viel zu erzählen. Er arbeite auf dem Bau und habe eine Jawa. Dass er eine Tochter hat und noch bei seinen Eltern lebt, verschweigt er.

Eigentlich ist ihm Gabi über. Zu schlau und zu selbstbewusst. Er bevorzugt die schlichter Gestrickten, die ihn allein wegen seines Aussehens und seines Motorrades anhimmeln, die ohne große Verrenkungen und Fisimatenten erst auf den Sozius und dann in die Horizontale zu kriegen sind. Leichte Beute eben.

Doch Gabi zieht ihn an. Sie hat etwas Rebellisches an sich, ist unangepasst und hat eine spitze Zunge. Und natürlich: Sie sieht wirklich gut aus. Mit einer solchen Braut kann man sich schmücken, mit ihr angeben. Wie verirrt sich so eine auf einen Dorfbums?

»Ich bin hier geboren«, sagt sie lächelnd, als ihr Fredi eben diese Frage stellt.

»Aber du wohnst nicht hier?«

»Wie man's nimmt. Ich habe in Dresden eine Studentenbude und besuche nur am Wochenende meine Eltern.«

»Und was machen die?«

»Wir haben einen Hof und sind jetzt in der Genossenschaft«, erzählt sie. Es habe zwar lange gedauert, ehe ihr Vater den Schritt vom Ich zum Wir gegangen ist, doch langsam begreife auch er, dass er als Einzelbauer nur die Perspektive hat, sich zu Tode zu schuften. In der LPG verteile sich die Arbeit auf viele Hände, da könne er auch mal Urlaub machen. Das sei wegen des Viehs vorher nie möglich gewesen: Die Kühe mussten gemolken, die Schweine gefüttert und die Pferde bewegt werden.

Gabi dreht Pirouetten, mal links herum, mal rechts herum, und wickelt sich in Fredis Arme. Das ist ja fast Rock'n'Roll, denkt er. Nur das eben die Musik dazu nicht passt.

»Wir tanzen keinen Lipsi und nicht nach Alo Koll, wir sind für Bill Haley und tanzen Rock'n'Roll«, reagiert er auf das

Gedudel, das aus dem Lautsprecher dringt. »Heute tanzen alle jungen Leute im Lipsi-Schritt …«

Gabi sagt nichts dazu, lächelt und zeigt ihre perlweißen Zähne, die von vollen, erdbeerroten Lippen gerahmt werden. Mein Gott, was für ein Mund! Fredi möchte ihn küssen, doch er fürchtet, dafür umgehend eine gefeuert zu bekommen. Jeder Schritt ist bei Gabi bestimmt einer zu weit, sofern sie ihn nicht selbst geht. Aber er will diese Frau, koste es, was es wolle. Gabi macht vor ihm einen Knicks, als die Musik endet und die Pause angekündigt wird, und klatscht wie alle Umstehenden in die Hände.

»Trinken wir was?«, erkundigt er sich vorsichtig und hofft, sich Gabi auf diese Weise irgendwie gefügiger, formbarer, gewogener zu machen.

»Selters?«, lacht sie, denn sie hat inzwischen von den Ambitionen des ABV gehört, der um den Landgasthof schleicht. »Nein, danke. Und der Blaustengler, den sie hier als Weißwein anbieten, ist nicht nur trocken, sondern sauer. Selbst Essigsäure schmeckt da besser. Und etwas anderes mag ich nicht.«

Was ist trockener Wein? Fredi grübelt. Davon hat er noch nie gehört. Wer trinkt in seiner Umgebung schon Wein? Er nicht. Er kennt nur Bier und Schnaps in den Farben Braun und Weiß, also Weinbrand oder Wodka. Das genügt. Soll er Gabi fragen, was trockener Wein ist? Staubt der beim Eingießen wie ein Acker, über den eine Egge nach langer regenloser Zeit zieht? Nein, besser nicht, diese Blöße mag er sich nicht geben. »Na dann nicht«, sagt er, »rauchen wir stattdessen eine.«

»O ja«, sagt sie, denn Rauchen gilt als Ausweis von Emanzipation, und Gabi ist emanzipiert. »Welche hast du?«

»Effsechs«, sagt Fredi, worauf Gabi heiter mit dem Spruch reagiert: »Was ist der Unterschied zwischen F6 und Wasser? – Wasser hat keine Balken.«

»Na ja, so viele Stängel sind nun wirklich nicht im Tabak. Und du?«

Gabi holt aus ihrem Handtäschchen eine flache, gelbe Schachtel Orient. Zehn Stück für zwei Mark vierzig, oval, ohne Filter, Feinschnitt.

Fredi pfeift durch die Zähne. »Haben dir deine Eltern das Erbe ausgezahlt?«

»Die leiste ich mir auch nur an Fest- und Feiertagen«, sagt Gabi und steckt sich das Goldmundstück zwischen ihre zuckersüßen Lippen, nachdem sie die Zigarette mehrere Male auf die Schachtel gestoßen hat. Fredi lässt sein Feuerzeug aufschnappen und hält ihr die Flamme vors Gesicht. Danach zündet er sich seine Zigarette an. Er weiß, was sich gehört. Auch wenn er nie Knigge gelesen oder einen Benimmkurs oder die Tanzstunde besucht hat. Dort sollen ja auch Verhaltensregeln vermittelt werden, wie man erzählt.

Der Abend geht dahin. Doch je privater ihr Gespräch wird, desto stärker macht sich in Fredi das Gefühl breit, dass aus den beiden weder heute Abend noch überhaupt etwas werden könnte. Gabi spielt in einer anderen Liga. Ist klüger als er und hat sich mit diesem Staat eingelassen. Ist sogar FDJ-Sekretär in ihrer Seminargruppe, wie sie erzählt, er noch nicht einmal im FDGB. Er will in keinen politischen Verein, nicht denken und tun müssen, was andere vorgeben. Fredi will seine Freiheit nicht einer Organisation hingeben, er heiratet nichts und niemanden. Basta.

Aber trotz seines Gespürs, dass sie nicht zusammenpassen, besteht er darauf, sie nach Hause zu bringen. Gabi lehnt zunächst ab, doch ihr Nein ist eher von mäßigem Erfolg, wobei sie zugegebenermaßen nicht besonders nachdrücklich ihre Ablehnung erklärt. Es klingt wie ein »Nein, aber«, wenn sie sagt, das sei doch nicht nötig, zumal der elterliche Hof unweit von hier, am Dorfende, läge. Fredi beharrt jedoch darauf, sie mit dem Motorrad dorthin zu bringen.

Er blinzelt seinen Jungs zu, als er gemeinsam mit Gabi zu den Motorrädern geht. Sie sind sich nicht schlüssig, wie dies zu deuten ist. Sollen sie ihm nachfahren oder hier warten? Oder will er damit stolz zeigen, was für einen heißen Feger er abschleppt, und sie neidisch machen?

Die Gäste des Frühlingsfestes verlaufen sich rasch. Die meisten scheinen aus der Gemeinde oder aus den Nachbardörfern gekommen zu sein, denn links und rechts der Dorfstraße, die die Hauptstraße des Ortes ist, sind viele junge Leute unterwegs. Es ist ziemlich finster, es gibt entweder keine Straßenleuchten oder die Gemeinde hat kein Geld und spart Strom. Der Krieg ist fünfzehn Jahre vorbei, es muss eigentlich nicht mehr verdunkelt werden ...

Die Jawa rollt übers Kopfsteinpflaster, laut und vernehmlich, denn um diese Stunde ist kaum ein Fahrzeug unterwegs. Trotz des Festes. Man ist per pedes oder per Pedale unterwegs. Gabi klopft Fredi auf die Schulter, als sich das Motorrad dem Dorfausgang nähert. Er solle an der nächsten Kreuzung nach rechts abbiegen, dann wären es nur noch hundert Meter. Doch als sie die Kreuzung erreichen, gibt Fredi Gas und fährt geradeaus. Gabi findet das zunächst lustig und meint, er habe sie nicht verstanden. Deshalb knufft sie ihn in die Seite und ruft in den Fahrwind: »Du bist vorbeigefahren. Wir hätten rechts rein gemusst.«

Fredi reagiert nicht.

»Bist du taub?«, ruft Gabi laut und fordernd, »dreh um!«

Doch Fredi stellt sich stur und fährt noch schneller. Ihn scheint nicht zu stören, dass seine Sozia auf seinem Rücken herumtrommelt wie vorhin der Schlagzeuger auf der Pauke. Weiter, weiter rast er und verlangsamt erst, als die Straße in ein Waldstück führt und im Scheinwerferkegel die Einmündung eines Weges auftaucht. Da hinein steuert er die Jawa. Das Fahrzeug schlingert in der ausgefahrenen Spur, die die Gespanne der Forstarbeiter hinterlassen haben. Gabi schlägt noch immer auf ihn ein, schreit, ruft, brüllt. Und als Fredi die Maschine stoppt, ist sie schneller von der Sitzbank als er und läuft weg. Doch Fredi hat längere Beine. Schon nach wenigen Metern hat er die junge Frau eingeholt und reißt sie zu Boden. Sie strampelt und schlägt wild um sich, als er sie unter seinem Körper begräbt. Und sie schreit laut um Hilfe. Doch wer soll sie hier hören? Um Mitternacht.

Fredi, der noch vor wenigen Minuten von dieser Frau nahezu fasziniert war, ist nicht mehr bei sich. Vergessen der Flirt, das Gebalze, die Nettigkeiten von vorhin. Für ihn ist sie jetzt nur noch ein Gegenstand, ein Objekt zur Befriedigung. Er versucht ihr mit der Linken den Slip herunterzuziehen, muss aber immer wieder beide Hände benutzen, um die Frau zu bändigen, die sich mit aller Kraft wehrt. Da fällt ihm ein, dass er in der Tasche das Springmesser hat. Er greift danach, drückt auf den Kopf. Die Klinge klappt augenblicklich heraus und wird sofort arretiert. Gabi schreit schmerzhaft auf, als sie die Spitze an ihrem Hals verspürt. »Keinen Mucks mehr, du Votze, sonst bist du tot!«, keift Fredi, und er scheint das ernst zu meinen, denn Gabi glaubt, dass der Stahl bereits ihre Haut durchdringt und sie dem Kerl ohnmächtig ausgeliefert ist.

Hilflos streckt sie alle viere von sich, sie kapituliert. Der scheint wirklich zu allem fähig, auch zum Äußersten. Sie lässt es geschehen, sagt auch nichts mehr, denn diese Genugtuung will sie ihm nicht auch noch geben, dass sie heult und wimmert und sich winzig macht. Dem geht es doch wie allen Schweinen auf zwei Beinen nur um Macht, um Beherrschen, um Demütigung. Der braucht Frauen nicht nur als Samenbecken, sondern um sich an ihnen aufzurichten, um sich selbst groß und stark zu fühlen. O du Zwerg, denkt Gabi, um nicht unter dem Dreckskerl zu zerbrechen. Wenn du fertig bist und dein Pulver verschossen ist, kommt meine Stunde – sofern ich diese Minuten überstehe.

Fredi braucht nicht lange, um zu kommen. Er stöhnt kurz auf. Gabi spürt, wie das Ejakulat in sie einschießt, sie bleibt stumm. Ihr Kopf liegt auf der Seite. Der Waldboden riecht nach Vergängnis und Moder, nach verrottetem Laub und taunassem Moos, die nächtliche Kühle dringt in den entblößten Unterleib. Fredi richtet sich auf. Das war's. Die Lust ist vergangen, der Trieb befriedigt. Er wendet sich ab. Nicht aus Scham, sondern weil es erledigt ist. Stumm stampft er zurück zum Motorrad, das wegen des weichen Untergrundes umgestürzt ist. Er richtet die Jawa auf und kontrolliert sorgfältig, ob dabei etwas kaputtgegangen ist. Die Maschine ist nach rechts gekippt, links ist der Rückspiegel. Der blieb dadurch heil. Er wischt die Erde vom Gasgriff, der sich in den Waldbogen gebohrt hat. Mehr ist da nicht. Mann, ist er froh. Die Frau interessiert ihn nicht mehr. Er tritt den Kickstarter, schaltet den Scheinwerfer an, tadellos. Vorsichtig wendet er die Maschine und fährt zur Straße zurück.

Für Gabi hat er keinen Blick übrig, als er an ihr vorbeirollt.

Die Anzeige schlägt ein wie eine Bombe. Oberleutnant Koch hat sie aufgenommen. Eine junge Frau, Studentin in Dresden, hat sie im Volkspolizeikreisamt aufgegeben. Sie sei gestern Abend von einem jungen Mann zum Beischlaf gezwungen worden. Der Akt wäre gegen ihren Willen vollzogen worden, indem er ihr ein Messer an die Kehle gehalten habe. Der Kriminalpolizist notierte alle Angaben, auch die Personenbeschreibung. Jawa unterstrich er mehrere Male.

Die Meldung geht sofort »nach oben«. Also nach »ganz oben«. Die Kreisleitung der Partei wird informiert, die Kreisdienststelle der Staatssicherheit bekommt eine Information. Die Staatsanwaltschaft sowieso. Der Grund für diese eher unübliche Maßnahme: Den Dienststellen lagen seit einiger Zeit Hinweise vor, dass junge Frauen von einer Gruppe Jugendlicher auf Motorrädern belästigt würden. Es waren nicht mehr als Gerüchte, nicht eine von den angeblich oder tatsächlich Behelligten hatte sich vertrauensvoll an die Staatsorgane gewandt. Offensichtlich zog die Angst ihre Kreise, doch es gab keine Belege oder Beweise, denen die Polizei hätte nachgehen können oder müssen. Wo kein Kläger, da kein Richter, sagt der Volksmund.

Diese Anzeige könnte etwas mit den Gerüchten zu tun haben, die die Obrigkeit schon seit ein paar Monaten beschäftigt. Insbesondere schien sie auch mit einigen Auswüchsen unter Jugendlichen zu korrespondieren, die die politische Führung des Landes und ihre Gliederungen beunruhigte. Die amerikanische Subkultur war erst über den Großen Teich nach Westdeutschland geschwappt, und von dort dringt sie nun auch in die DDR vor. Die Wellen im Äther prallen trotz Störsender nicht an der Grenze ab, und Westberlin ist eine offene Stadt: Zu Fuß oder mit 20 Pfennig kommt man mit S-, U- und Straßenbahn hinüber und herüber. Von der sogenannten Frontstadt nimmt alles Übel seinen Weg in den Osten des Landes. Bis runter nach Görlitz. Der ideologische Einfluss, das zeigen die Analysen der Genossen, ist beachtlich. Und die Organe studieren aufmerksam die Westpresse, lesen die Berichte von randalierenden Halbstarken, von kriminellen Rowdys.

Haben wir es hier, so fragt der 1. Sekretär der SED-Kreisleitung ganz prinzipiell, mit den Ausflüssen imperialistischer Unkultur zu tun? Und er fordert die Untersuchungsorgane auf, so schnell wie möglich aufzuklären. In dieser Stadt soll keine Frau, kein Bürger, der dem friedlichen Aufbauwerk nachgeht, belästigt und bedroht werden.

Auf einer eilig einberufenen Dienstberatung erinnert er die Vertreter der zuständigen Dienststellen an den vor wenigen Wochen gefassten Beschluss des Staatsrates über die weitere Entwicklung der sozialistischen Rechtspflege: »Der Übergang vom Kapitalismus zum Sozialismus vollzieht sich unter den Bedingungen des Kampfes gegen die zählebigen kapitalistischen Lebens- und Denkgewohnten, die in der Deutschen Demokratischen Republik durch die kapitalistischen und feindlichen Einflüsse von Westdeutschland und Westberlin noch genährt werden«, zitiert der erste Mann und wiederholt: »zählebige kapitalistische Lebens- und Denkgewohnheiten«, um dann fortzufahren: »Dies spiegelt sich auch in der Kriminalität wider und findet seinen Ausdruck in den von feindlichen Agenturen organisierten Verbrechen wie solchen Straftaten, die eine schwere Missachtung der Gesetze der Deutschen Demokratischen Republik darstellen, und in Verletzungen der Gesetzlichkeit, die als einzelne Entgleisung im Verhalten eines Bürgers anzusehen sind.«

Ja, wirft der Kreisstaatsanwalt ein, auch er kenne den Beschluss, in dem es jedoch nicht nur um die Durchsetzung der Gesetzlichkeit und der staatlichen Autorität gehe, sondern auch um die differenzierte Beurteilung der Gesetzesübertreter. »Das persönliche Verhalten der einzelnen Menschen entspricht nicht immer den Normen des sozialistischen Zusammenlebens, weil das Bewusstsein sich nicht einheitlich, geradlinig und gleich schnell entwickelt«, sagt er und warnt davor, jeden Jugendstreich als Angriff auf die Staatsmacht zu interpretieren.

»Und wenn uns die Jugend aus dem Ruder läuft?«, fragt der Mann von der Staatssicherheit und richtet seinen Blick auf den 1. Sekretär der FDJ-Kreisleitung. Der sagt erst einmal nichts, warum muss gleich der Jugendverband verantwortlich gemacht werden, wenn man noch nicht einmal den oder die Täter hat.

»Genossen«, meldet sich der Chef des VPKA, »ich wäre da auch einmal recht vorsichtig. Wir haben die Personenbeschreibung eines Mannes um die 20, der der Notzucht beschuldigt wird. Wir haben Gerüchte, wonach junge Leute auf

Motorrädern die Stadt unsicher machen sollen. Wir werden jetzt diesen Mann ermitteln, ihn vernehmen und danach, sofern es Ansätze dafür gibt, die Untersuchungen ausdehnen.«

Die Männer am Tisch des Ersten nicken zustimmend. Nur der Kreisstaatsanwalt hebt noch einmal die Hand und fordert, die Ermittlungen rasch zu führen, damit die Justiz zügig urteilen könne. Es dürfe nicht zu viel Zeit zwischen der Tat und dem Gerichtsverfahren verstreichen. Und das aus verschiedenen Gründen. Ein Grund sei zu zeigen, dass die Staatsmacht entschlossen und konsequent handelt. Die Bürger sollen sich sicher und umsorgt fühlen.

Diese Auflassung erreicht auch die Abteilung des Volkspolizeikreisamtes, die mit der Ermittlung beauftragt worden ist. Die Kriminalisten werden instruiert von Major Benno Skrzypczak, der wegen seines Namens hinter vorgehaltener Hand »der Pole« genannt wird, obgleich er keiner ist. Seine Kollegen, die schon längere Zeit mit ihm zusammenarbeiten, rufen ihn nur Skrippi. Skrzypczak ist ein alter Fuchs. Nicht unbedingt an Jahren. Da hat er noch nicht einmal die Mitte des Lebens erreicht. Er ist mit den vielen Flüchtlingen aus dem Osten gekommen, tief aus Schlesien, dort, wo die ehemalige deutsche Provinz nach Kleinpolen überging. Je nach politischem Standort galt er als Umsiedler oder als Vertriebener, denn er hatte mit seiner Mutter erst nach Kriegsende seine Heimat verlassen. Nicht ganz freiwillig. Doch darüber sprach man nicht in dem Land, in welchem er jetzt lebt. Unweit von seinem damaligen Wohnort befand sich die polnische Kleinstadt Oświęcim, die schon in den ersten Tagen des Krieges von der Wehrmacht überrannt worden war. Sie bekam, wie alle besetzten Orte in Polen, schon bald einen deutschen Namen. Was in Auschwitz in deutschem Namen geschehen war, erfuhr Skrzypczak erst später, aber es veranlasste ihn, sich zur Volkspolizei des Staates zu melden, der postuliert hatte: Niemals wieder! Kein Krieg, kein Faschismus, keine Barbarei. Skrzypczak hatte seinen Vater mit polnischen Vorfahren im Krieg verloren, aus dem gleichen Grunde ging er seiner geliebten schlesischen Heimat verlustig, starben einige seiner Freunde als Flakhelfer. Das hatte ihn fürs Leben geprägt.

Skrippi holt seine Kollegen zusammen und ließ sie wissen, was man von ihnen erwartete. Für ihn schien das eine lösbare Aufgabe. »Die Geschädigte hat angegeben, dass der Täter eine rote Jawa fuhr. Und dass seine vermutlichen Freunde ebenfalls mit solchen Krädern unterwegs sind«, sagt er. »Also suchen wir die Halter aller in Görlitz zugelassenen Jawas heraus. Ich denke, deren Zahl dürfte überschaubar sein.«

»Und willst du dann alle mit Postkarte vorladen? Wir bitten Sie, zur Klärung eines Sachverhalts sich im VPKA einzufinden. Da verlieren wir doch Zeit.« Der Einwand klingt berechtigt. Und tatsächlich ist es noch immer Usus, dass Vorladungen zur Polizei mit vorgedruckten Postkarten erfolgen, in denen nur handschriftlich Datum, Uhrzeit und das Zimmer eingetragen werden. Die gleichen Karten benutzt auch die Kreisdienststelle des MfS, die ein Zimmerchen im VPKA für den gleichen Zweck nutzt. Der Angeschriebene findet sich dort in dem Glauben ein, er werde von einem Mitarbeiter des MdI »zur Klärung eines Sachverhalts« erwartet und bemerkt dann, zumeist sehr überrascht, dass ihm ein Mitarbeiter des MfS gegenübersitzt.

Skrzypczak nickt. Stimmt, dadurch gingen ihnen zwei, drei Tage verloren. Säße ihnen nicht die gesamte politische Führung des Kreises im Nacken, die täglich Erfolge berichtet haben will, könnte man wie gewohnt verfahren. Doch unter den obwaltenden Umständen sei Eile geboten. »Sobald wir die Adressen haben, lassen wir die Halter von den Genossen Abschnittbevollmächtigten zuführen. Wir informieren die Geschädigte und lassen die Person von ihr identifizieren, die sich an ihr vergangen hat. Wenn wir ihn haben, haben wir vermutlich auch den Anfang des Fadens. Dann brauchen wir nur noch zu ziehen.«

Es ist keine Arbeit von Stunden, bis die Kfz-Zulassungsstelle alle im Kreis gemeldeten Halter einer Jawa ausfindig gemacht hat. Sie alle führen, natürlich, die im Bezirk Dresden üblichen YX-Kennzeichen. Es handelt sich um vielleicht drei Dutzend Personen, die in den letzten Jahren ein solches Motorrad erworben und auf ihren Namen zugelassen haben. Major Skrzypczak plant deren Vorführung generalstabsmäßig. Die ABV werden informiert, zu welcher Uhrzeit sie die in ihrem Abschnitt wohnenden Jawa-Halter zum VPKA bringen sollen. Vier Kriminalisten werden gleichzeitig die Befragungen vornehmen. Und die Zeugin Gabriele K. wird zufällig durch den Flur laufen, in dem die Männer, einzeln oder mehrere, auf ihre Befragung warten. Wenn sie den mutmaßlichen Täter erkennt, soll sie das anschließend zu Protokoll geben. Dann werde man sich intensiv mit ihm beschäftigen.

»Und wenn nicht? Kann ja sein, dass er nicht dabei ist oder sie sich nicht erinnert?«, sagt einer und macht dabei auf ein Problem aufmerksam: Was, wenn der Gesuchte nicht unter den Vorgeladenen ist? Könnte ja sein, er stammt aus dem Nachbarbezirk, deren Motorradkennzeichen mit ZZ beginnen.

»Nein«, sagt der Major, »die Zeugin hat sich eindeutig auf YX festgelegt. Und ihre Personenbeschreibung war auch sehr präzise: Nietenhosen, kariertes Flanellhemd, Gürtel mit auffälliger Schnalle, die sie sehr schmerzhaft zu spüren bekommen hat, schwarze Lederjacke ...« Skrzypczak räuspert sich. »Ich bitte euch, so viele laufen derart kostümiert nicht rum bei uns.«

»Nur diese Halbstarken«, kommt das Echo. »Von der Sorte gibt es inzwischen in Görlitz auch einige. Die machen den ganzen Scheiß nach, der von drüben kommt.« Allgemeines

Kopfschütteln. Ja, diese Jugend. Die Kerle wollen unbedingt auffallen und anecken.

»Hat schon einer mit Gabriele K. gesprochen? Die studiert doch in Dresden. Sie vor allem muss informiert werden.«

Der Major nickt. Er habe bereits mit der Hochschulleitung telefoniert und diese um eine Freistellung von den Lehrveranstaltungen ersucht: Ihre Studentin K. werde morgen 9 Uhr im VPKA für eine ganz wichtige Zeugenaussage benötigt.

»Die ersten Motorradfahrer werden doch aber erst ab 10 Uhr befragt.«

»Ja, natürlich. Aber ich will mich mit der jungen Frau zuvor in Ruhe unterhalten. Ein wenig Einfühlungsvermögen, Genossen«, mahnt Skrzypczak. »Vergesst bitte nicht: Sie ist Opfer eines Gewaltverbrechens geworden. Das steckt man nicht so einfach weg.«

Pünktlich zur vereinbarten Zeit erscheint Gabriele K. im Volkspolizeikreisamt. Major Skrzypczak begrüßt sie mit ausgesuchter Höflichkeit in seinem Büro. Als Mann kann er nur bedingt nachempfinden, was eine Frau fühlt, wenn sie gegen ihren Willen zum Beischlaf gezwungen wird. Den Begriff »Vergewaltigung« kennt man zu dieser Zeit noch nicht. Er soll erst viel später für diesen Gewaltakt üblich werden. Jetzt spricht man nur von Nötigung zum Beischlaf oder zu ähnlichen sexuellen Handlungen, gemeinhin »Notzucht« genannt. Das Reichsstrafgesetzbuch von 1871, das im Wesentlichen seine Fortsetzung im Strafgesetzbuch fand, kannte nur Verbrechen und Vergehen wider die Sittlichkeit und ahndete und ahndet diese noch immer mit Zuchthausstrafen. Erst sehr viel später wird dieses antiquierte Strafrecht sowohl in der DDR als auch in der BRD reformiert werden. Das StGB der Bundesrepublik definierte im § 177 zunächst den Straftatbestand als »Nötigung einer Frau zu außerehelichem « (weshalb bis heute die Vergewaltigung in der Ehe nicht als solche gilt), später macht man daraus »sexuellen Übergriff; sexuelle Nötigung; Vergewaltigung«. Das StGB der DDR von 1968 fasste im zweiten Abschnitt »Straftaten gegen Freiheit und Würde des Menschen« zusammen. Konkret hieß es dort unter anderem: »§ 121. Vergewaltigung. (1) Wer eine Frau mit Gewalt oder durch Drohung mit gegenwärtiger Gefahr für Leben oder Gesundheit zum außerehelichen Geschlechtsverkehr zwingt oder eine wehrlose oder geisteskranke Frau zum außerehelichen Geschlechtsverkehr missbraucht, wird mit Freiheitsstrafe von einem Jahr bis zu fünf Jahren bestraft. (2) In schweren Fällen wird der Täter mit Freiheitsstrafe von zwei bis zu zehn Jahren bestraft. Ein schwerer Fall liegt vor, wenn 1. die Vergewaltigung von mehreren Tätern gemeinschaftlich oder an einem Mädchen unter sechzehn Jahren begangen wird; 2. durch die Vergewaltigung eine schwere Körperverletzung fahrlässig verursacht wird; 3. der Täter mehrfach eine Straftat nach den §§ 121 oder 122 begangen hat oder wer bereits wegen einer solchen Straftat bestraft ist.«

Major Skrzypczak spricht nun mit der Geschädigten nicht das geltende Strafrecht durch, sondern was man von ihr erwartet. Und da sind sie sich völlig einig: Es geht darum, den Mann zu finden, der sich an ihr vergangen hat, und ihn dafür zu bestrafen. Damit wird die Tat nicht ungeschehen gemacht. Bei einem Diebstahl kann man den Verlust ersetzen, bei einem Verkehrsunfall das Auto reparieren und bei einer Brandstiftung das Haus renovieren. Eine seelische Verletzung hingegen ist irreparabel. Solche Wunden verheilen nie oder nur ganz, ganz langsam.

Gabriele K., zumindest vermittelt sie dem Major diesen Eindruck, ist selbstbewusst und rational. Sie wirkt abgeklärt und fast distanziert, als sei nicht sie, sondern eine Doppelgängerin Opfer des Übergriffs geworden. Aber vielleicht ist das auch nur ein Schutzreflex. Skrzypczak berichtet, was die Polizei plane und wie sich Frau K. verhalten solle. Sie hört sich das unaufgeregt an, nickt ab und an und stellt selten Zwischenfragen. Sie ist mit dem Prozedere einverstanden und fürchtet eine mögliche Begegnung mit dem Täter nicht.

So pilgert sie mehrmals durch den Flur und an den Stühlen vorbei, auf denen mal einer, mal drei, mal zwei Vorgeladene warten, um von den Kriminalisten befragt zu werden. Am Ende des Flures geht es nach links und nach rechts. Sie biegt, wie vereinbart, nach rechts. Dort ist das Büro von Skrzypczak. Sie steckt ihren Kopf durch die Tür und sagt: »Nein, nicht dabei.« Sobald andere die Plätze belegt haben, defiliert sie erneut an der Stuhlreihe vorüber und sucht die Toilette am Ende des Ganges auf, um dann wieder vorbeizumarschieren. Schüttelt sie den Kopf, ruft der Major über den Dienstapparat bei seinen Kollegen an, dass diese die Befragung kurzfassen können, der Gesuchte sei es nicht.

Es geht bereits auf Mittag zu, als in einer Dreiergruppe ein Mann hockt, der sichtlich nervös reagiert, als Gabriele K. an ihm vorbeimarschiert. Sie schaut desinteressiert geradeaus, beachtet ihn scheinbar nicht, schreitet teilnahmslos vorüber. Doch ihr Herz beginnt zu rasen, ihr Blutdruck steigt merklich. Die junge Frau fürchtet, sie könnte sich mit der Gesichtsröte verraten, was aber Unsinn ist: Ob der nun merkt oder nicht, dass sie ihn erkannt hat, macht keinen Unterschied. Erstens kann er nicht abhauen, er kommt nicht aus dem Haus, und zweitens wird seine Identifizierung die Folgen haben, die ihr der Major vorab beschrieben hat: Der Mann wird festgenommen, dem Haftrichter vorgeführt, dieser ordnet Untersuchungshaft an, es folgt ein Gerichtsverfahren mit Verurteilung und Haft. Darauf hat Gabriele K. den Major gefragt, ob er sich sicher sei, dass es zu einer Verurteilung kommen werde, worauf Skrzypczak unmissverständlich zu verstehen gegeben hat, dass die Gesellschaft ein großes Interesse daran habe, solche Menschen hinter Gitter zu wissen.

Diesem Wunsch würden sich die Richter ganz gewiss nicht entgegenstellen.

Das sagte er auch zu ihrer Beruhigung, denn in ihrer Frage schwang durchaus die Sorge mit, dass sie den Täter zwar belasten, aber ein cleverer Verteidiger seinen Mandanten heraushauen könnte. Das wäre gewiss nicht das erste Mal, dass ein Gewalttäter als freier Mann den Gerichtssaal verlässt, um später dann Rache am Opfer zu nehmen, weil es ihn angezeigt hatte.

Das sagte sie nicht, aber Skrzypczak ahnte, was sie beschäftigte.

Gabriele K. hält sich nur kurz in der Toilette auf, die Zeit scheint ihr angemessen, als sie den Porzellangriff an der Kordel zieht und die Tür öffnet. Im Hintergrund rauscht das Wasser vernehmlich im gusseisernen Spülkasten. Sie muss ihren Schritt bremsen, denn am liebsten würde sie ins Büro des Majors eilen, rennen, fliegen, um ihm die Nachricht zu überbringen. Doch sie beherrscht sich, streicht ihren Rock glatt und schreitet gemessenen Schrittes an den Wartenden und den Polizisten vorbei. Inzwischen sitzen nur noch zwei Männer, der dritte wird offenkundig bereits befragt. Sie beobachtet den Kerl aus den Augenwinkeln, der senkt den Blick zu Boden, als würde er dadurch nicht wahrgenommen werden. Es steht außer Zweifel: Es ist dieser Fredi, der am Abend mit ihr getanzt und sich später im Wald auf sie gestürzt hat. Verwechslung ausgeschlossen. Er ist es. Er trägt die gleiche Kluft wie an jenem Abend. Vielleicht hat er keine andere, denkt sie. Vielleicht muss er diese Uniform täglich tragen.

Sie biegt um die Ecke und öffnet die Bürotür. »Er ist es«, ruft sie mit freudig erregter Stimme, nachdem sie die Tür hinter sich geschlossen hat. »Fredi sitzt auf dem Flur.«

»Fredi?«

»Na, der Kerl, weshalb wir die Übung machen.«

Skrzypczaks Finger gleitet die Liste hinunter. »Einen Mann

mit einem solchen Vornamen haben wir hier nicht. Hier steht aber ein Manfred Tschoppe. Könnte er das sein?«

»Bestimmt. Fredi ist vermutlich sein Rufname. Und der kann von Manfred abgeleitet sein.«

»Ich schau mir den mal an«, sagt der Major und erhebt sich.

»Soll ich mitkommen?«

»Auf gar keinen Fall!« Die Ansage ist deutlich. »Sie bleiben erst einmal hier. Oder gehen nach unten in die Betriebskantine was essen. Ist ja Mittagszeit.«

»Glauben Sie im Ernst, dass ich in diesem Augenblick auch nur einen Bissen herunterbekomme?«

Der Major lächelt gequält. »Nein, das glaube ich nicht. Warten Sie hier. Vielleicht brauche ich Sie ja doch noch.«

Fredis 350er Jawa, poliert und gepflegt

Skrzypczak geht ins erste Büro. Inzwischen warten bereits vier Männer auf den Stühlen, einer mit schwarzer Lederjacke darunter. Er nickt ihnen grüßend zu, sagt »Tach« und tritt ein. Am Tisch vor dem Schreibtisch sitzt Leutnant Schenk, ihm gegenüber ein junger Mann Anfang 20, der unsicher den Kopf zu ihm umdreht. »Lassen Sie sich nicht stören«, sagt er, »fahren Sie ruhig fort«. Er umrundet den Schreibtisch und findet sofort, was er sucht. Schenk arbeitet ordentlich. Hinter jenen Namen findet sich ein Häkchen, deren Besitzer bereits befragt worden ist. Der Name »Manfred Tschoppe« ist nicht markiert, jungfräulich die Spalte dahinter. Skrzypczak bezweifelt, dass es nebenan auf den Listen anders aussehen könnte. Der war noch nicht dran, der sitzt draußen.

Er geht um den Tisch, die Liste in der Hand und hält sie dem Kollegen vor, ohne dass der Mann gegenüber sehen kann, was auf diesem Blatt steht. Skrzypczak tippt auf den Namen und flüstert Schenk ins Ohr: »Den will ich. Lass ihn hereinrufen, sobald du mit ihm hier fertig bist.«

Minuten später betritt Fredi das Büro. Er geht normal, ohne Hüftbewegung, und setzt sich an den Tisch. Schenk beginnt mit der Aufnahme der Personalien und notiert sie penibel. Skrzypczak mustert unterdessen den jungen Mann von seinem Platz am Schreibtisch aus und meldet sich erst zu Wort, als sein Kollege die Formalitäten erledigt hat.

»Herr Tschoppe, Sie sind ledig?«

Fredi nickt. Stimmt ja auch.

»Haben Sie eine Freundin?«

Nun überlegt er. Soll er Beate und das Kind erwähnen? Besser nicht. Zumal er gar nicht weiß, was die Bullen von ihm wollen. Draußen auf dem Flur hat er auch nichts erfahren. Sobald die anderen aus dem Zimmer kamen, hat sie der Polizist nach unten geführt, ohne dass sie etwas hätten sagen können. Er hat nicht die geringste Ahnung, was diese Befragung soll, was damit bezweckt wird.

»Nein, augenblicklich nicht«, antwortet er schließlich. Er sei solo.

»Haben Sie einen Spitznamen? Wie nennen Sie ihre Freunde? Ich nehme an, dass Sie, wenn schon keine Freundin, dann mindestens Freunde haben. Wie rufen die Sie?«

Fredi stutzt, zögert einen Moment. »Fredi. Warum wollen Sie das wissen?«

Der Major reagiert nicht. »Sie haben eine Jawa?«

»Eine 350er.«

»Können Sie sich eine solche Maschine überhaupt leisten?«

»Ich arbeite auf dem Bau und habe dafür eisern gespart. Mein Motorrad ist mein Ein und Alles.«

»Und damit fahren Sie gelegentlich über die Dörfer?«

»Gelegentlich.«

»Allein oder mit Freunden?«

»Je nachdem. Mal mit Freunden, mal allein.« Er macht eine Pause. »Ich verstehe diese albernen Fragen nicht. Was wollen Sie eigentlich von mir?« Und an Schenk auf der anderen Seite des Tisch gewandt: »Muss ich darauf antworten?«

»Müssen Sie«, entgegnet der Leutnant. »Er ist mein Chef.«

Fredi reagiert unwirsch: »Aber nicht meiner.«

Unbeeindruckt fährt Skrzypczak fort: »Sie waren am letzten Wochenende mit ihren Freunden in R. zum Frühlingsfest.«

Ah, von daher weht der Wind. Fredi meint nun den Grund zu wissen, warum er hier ist. »Wir haben uns strikt daran gehalten, nachdem der ABV an unserem Tisch war.«

»Woran haben Sie sich gehalten?«

»Na, ans Alkoholverbot. Er hat uns gesehen, als wir ein Bier getrunken haben. Und wir haben ihm versprochen, nur noch Selters zu bestellen. Was wir auch taten, obgleich es uns schwer fiel. Der hat mehrere Stunden darauf gewartet, dass wir unser Versprechen brechen würden. Hat Pech gehabt. Keinen Tropfen Alkohol haben wir getrunken. Ich schwör's.« Theatralisch reckt er zwei Finger der Rechten in die Höhe.

Skrzypczak improvisiert. »Jener ABV hat gesehen, dass Sie nach der Veranstaltung mit einer jungen Frau auf dem Sozius weggefahren und nach einer knappen halben Stunde zu ihren Freunden zurückgekommen sind. Ohne dieses Mädchen.«

Fredi grinst. »Drei Mal dürfen Sie raten warum.«

»Ich will nicht raten«, sagt der Major. »Sagen Sie es mir, wo sie geblieben ist?«

»Mann, ich habe sie nach Hause gefahren, abgesetzt und bin wieder umgekehrt.«

»Und dafür haben Sie eine halbe Stunde gebraucht? Muss eine lange Fahrt gewesen sein.«

»Nein, war's nicht. Mein Gott, waren Sie nie jung? Wir haben zum Abschied ein bisschen geknutscht und rumgemacht.«

»Da ich nie jung war: Was heißt ›rumgemacht‹?«

Fredi verdreht die Augen. »Bisschen gefummelt eben.«

»Hatten Sie sexuellen Kontakt?«

»Wie meinen?« Fredi schaut verunsichert. »Wenn ich einer Frau an die Titten greife: Ist das bereits sexueller Kontakt?«

»Im Prinzip ja.«

»Gut, dann hatte ich sexuellen Kontakt.«

»Und noch ein wenig mehr?«

»Ja. Ich habe ihre beiden Möpse befühlt.« Fredi reagiert belustigt auf die Fragen des Kriminalisten.

Der bleibt gelassen. »Ich frage mal direkt: Hatten Sie auch Geschlechtsverkehr?«

Fredi gibt sich abgeklärt und über den Dingen stehend. »Ziemlich oft schon.«

Nun wird Skrzypczak doch etwas ungehalten. »Ich will nicht wissen, wie viele Frauen Sie hatten, sondern ob Sie speziell mit dieser einen und an jenem Sonntag Verkehr hatten? Ja oder nein?«

»Nein.«

Die Ansage verhallt. Es ist still im Raum.

Skrzypczak beendet das Schweigen. »Sie lügen, Herr Tschoppe!«

»Das müssen Sie mir beweisen.«

»Wir kennen die Frau, sie hat Anzeige erstattet. Wir kennen die ärztlichen Befunde, wir haben die Verletzung an ihrem Hals gesehen, die Sie ihr mit dem Messer zugefügt haben.«

»Das kann sie selber getan haben, kein Problem. Mit jedem simplen Küchenmesser geht das. Und wer weiß, mit wem sie gefickt hat, nachdem ich sie zu Hause abgesetzt habe.«

»Sie haben die junge Frau nie zu Hause abgesetzt. Sie ist nach Hause gelaufen, nachdem Sie sich an ihr vergangen haben.«

»Sagt sie. Die kann ja viel behaupten.« Er macht eine demonstrative Pause. »Das hat man nun davon, wenn man sich großzügig zeigt und so eine Schlampe nach Hause bringt. Das soll mir eine Lehre sein.«

»Mir kommen gleich die Tränen angesichts Ihres Selbstmitleids. Aber vielleicht werden Sie tatsächlich gleich heulen.« Skrzypczak gibt seinem Kollegen ein Zeichen. »Sie ist in meinem Zimmer. Kannst du sie bitte herholen.«

Als Gabriele K. ins Zimmer tritt, dreht sich Tschoppe nicht um. Erst als sie mit Leutnant Schenk auf der anderen Seite des Tisches steht, hebt er kurz den Blick, um gleich wieder den Kopf zu senken.

»Schau mich an, du feiges Schwein. Sieh mir in die Augen!«, ruft die Frau aufgebracht.

»Ich kenne Sie nicht. Wer sind Sie?«, sagt Tschoppe scheinheilig. »Ich habe Sie noch nie in meinem Leben gesehen.«

»Nun halten Sie aber mal die Luft an!« Skrzypczak ist erkennbar angefressen. »Es gibt genügend Zeugen, die bestätigen können, dass diese junge Frau auf Ihre Jawa gestiegen und mit Ihnen davongefahren ist.«

»Und wenn schon. Das beweist ja nicht, dass ich mich an ihr auch vergangen habe.«

»Wer einmal lügt ...«, meldet sich Leutnant Schenk zu Wort. »Erst erklären Sie, dass Sie die Frau nicht kennen, noch nie gesehen haben. Und dann, als wir Ihnen sagen, dass es Zeugen gibt, die sie beide zusammen gesehen haben, geben Sie es zu.«

»Aber Sie werden keine Zeugen bringen können, die gesehen haben wollen, dass ich angeblich die Nutte da gebumst habe.«

»Vorsicht«, ruft Skrzypczak, und das ziemlich laut. »Beleidigen Sie nicht die junge Frau, sonst haben Sie gleich die nächste Klage am Hals. Im Übrigen, ich verhafte Sie wegen des dringenden Verdachts auf Nötigung und Notzucht und nehme Sie in Gewahrsam.«

»Das können Sie nicht machen. Es liegt nichts gegen mich vor, was dies rechtfertigt. Sie können mir gar nichts beweisen.«

Skrzypczak weiß das: hier steht Aussage gegen Aussage. Und dennoch ist er sich sicher, dass Tschoppe, im Unterschied zu seinem Opfer, lügt. Er hat sich an ihr vergangen, da ist sich der Major absolut sicher. »Wir werden bei Ihnen einen Wohnungsdurchsuchung vornehmen. Und Ihr Motorrad beschlagnahmen. Als Beweismittel.«

»Das können Sie nicht machen«, wiederholt Tschoppe nunmehr ein wenig kleinlaut.

»Und ob wir das können.« Skrzypczak gibt sich nach einer Kunstpause väterlich. »Wir müssen aber nicht gleich mit der Kavallerie bei Ihrem Elternhaus anrücken und die ganze Straße aufschrecken. Wir können die Sache auch geräuschlos regeln. Sie sagen, was passiert ist, nennen uns Ihre Freunde, die in R. dabei waren, und die Sache ist geritzt. Außerdem«, Skrzypczak dämpft die Stimme, denn Leutnant Schenk ist mit Gabriele K. noch nicht ganz aus dem Zimmer, »außerdem kann ich gegenüber dem Gericht erklären, dass Sie sich kooperativ verhalten und bei der Aufklärung des Falles mitgeholfen haben.«

»Welches Falles?« Tschoppe ist ein harter Hund. »Es gibt keinen Fall. Die Schlampe beschuldigt mich, ich hätte mich an ihr vergangen. Das habe ich doch gar nicht nötig. Ich habe bisher jede bekommen, die ich haben wollte. Ich muss keine Tussi flachlegen, die tun es von allein. Alle. Da können Sie meine Freunde fragen.«

»Gerne. Wie heißen die? Namen, Adressen.« Skrzypczak hofft nun darauf, unter Tschoppes Freunden einen zu finden, der kalte Füße bekommt und erzählt.

Und in der Tat: Unter denen, die sie noch am selben Tag mit dem Polizeiwagen abholen und intensiv befragen, sind auch welche, die – wie es in diesen Kreisen gemeinhin heißt – »singen«. Allein die Umgebung schüchtert sie derart ein, dass ihnen die Traute zu lügen abhandenkommt. Sie reden frei von der Leber weg, weil sie glauben, sich damit zu entlasten. Denn dass sie mitunter Druck auf die Mädchen ausgeübt haben, als sie diese auf dem Nachhauseweg ins Gebüsch zogen, dass die wenigsten sich ihnen aus freien Stücken hingegeben haben, wenn sie sie bedrängten, ist ihnen keineswegs verborgen geblieben. Und sie haben gewusst, dass sie damit Unrecht begehen. Ja, es habe einen Wettbewerb zwischen ihnen gegeben, über den auch Buch geführt worden sei. Man habe darum nicht aufhören können. Fredi habe jeden Abschuss notiert. Ob er selbst jedoch am vergangenen Sonntag erfolgreich gewesen sei? Das wusste keiner. Fredi habe nichts weiter gesagt, als er zur Gruppe zurückkehrte.

Am 10. April 1961 soll vor dem Görlitzer Kreisgericht die Hauptverhandlung gegen die »Jawa-Bande« beginnen. Die Ermittlungen sind unter Hochdruck gelaufen, zumal die politische Führung des Kreises selbst unter Druck stand. Sie wollte etwas gegen die Unruhe tun, die sich in der Stadt ausbreitete, nachdem Gerüchte die Runde machten, eine

»Bande« treibe ihr Unwesen in Görlitz und Umgebung. Flüsterpropaganda ist nie gut, vor allem wenn im Subtext mitschwingt, dass die Obrigkeit untätig sei und nichts dagegen tue. Also musste ein Erfolg her. Andererseits bot dieser Fall politisches Futter, er besaß ideologisches Potenzial: Hier ließ sich der schädliche Einfluss des Westens auf die Jugend nachweisen. Anders als etwa die Ermittler hatten die Genossen in der Kreisleitung erkannt, dass hier systemübergreifend etwas unter der Jugend passierte. Das, was sich unter dem Begriff »Rock'n'Roll« entwickelte, hatte etwas Rebellisches, etwas Subversives allein dadurch, dass es Bestehendes infrage stellte. Darüber regte sich die Elterngeneration im Westen wie im Osten auf. Und da wie dort wurde polizeilich und juristisch dagegen vorgegangen. Hier nun bekam man die Chance, in Görlitz ein Exempel zu statuieren.

Dessen sind sich die führenden Genossen in Görlitz bewusst, und deshalb drücken sie auf Tempo und fordern Öffentlichkeit. Die Welt muss erfahren, dass sie wissen, was die Glocke geschlagen hat. Das VPKA-Pressekollektiv wird beauftragt, für die Samstagausgabe der *Sächsischen Zeitung* einen längeren Beitrag vorzubereiten, um die Bevölkerung zu informieren. Das Manuskript wandert über verschiedene Tische, schließlich landet es auch auf dem Tisch des 1. Sekretärs der Kreisleitung. Er ist mit dem Resultat zufrieden, nur die Überschrift gefällt ihm nicht. Die ist ihm zu politisch, sie soll besser »menscheln«. Er streicht die Parole durch und schreibt darüber: »Mädchen sind kein Freiwild«. Das ist zwar, für sich betrachtet, eine Binse. Aber im konkreten Falle eine politische Kampfansage, die so zu verstehen ist: Wir sorgen dafür, dass junge Frauen nicht als solches betrachtet werden. Und wer das nicht begreift, den trifft die Härte des Gesetzes. Unterzeile: »Am Montag beginnt die Hauptverhandlung gegen die ›Jawa-Bande‹«.

Mädchen sind kein Freiwild

Am Montag beginnt die Hauptverhandlung gegen die „Jawa-Bande"

Am kommenden Montag beginnt die Hauptverhandlung gegen die Gruppe von Rowdys, die in Görlitz unter dem Namen „Jawa-Bande" bekannt ist. Allabendlich trafen sie sich. Der Ausgangspunkt ihrer Verbrechen waren die Bushaltestellen am Bahnhof in Görlitz. Mädchen, die dort auf den Omnibus zu ihren Heimatorten warteten, wurden sehr höflich angesprochen. Man bot sich an, die Mädchen kostenlos mit dem Krad nach Hause zu fahren. Die Höflichkeit war deshalb geboten, damit die Auserwählten keinen Verdacht schöpften. Der Verlockung entsprechend, schneller zu Hause zu sein, willigte ein großer Teil dieser Mädchen ein. Bereits vorher hatten die Rowdys in den Kreisen Görlitz und Niesky von Bahnverbindungen und Ortschaften abgeschlossene Waldstücke ausgekundschaftet, zu denen sie die ahnungslosen Mädchen brachten.

Nachdem die Mädchen auf das Angebot eingegangen waren, fuhren sie nicht in Richtung des betreffenden Wohnortes, sondern größtenteils in entgegengesetzter Richtung und dazu mit überhöhter Geschwindigkeit. Hierbei schlossen sich dann mit ihren Motorrädern noch zwei oder drei dieser Rowdys an. Die Mädchen durchschauten jetzt das Vorhaben und forderten den Fahrer auf, sofort anzuhalten. Die Rowdys lachten nur darüber. In den besagten Waldstücken ließ man die Mädchen absteigen. Die Rowdys führten dort teilweise mit Gewalt und in einem Falle unter Bedrohung mit einem feststehenden Messer ihre Verbrechen durch. Ein Mädchen sprang während der Fahrt vom Krad, und nur glücklichen Umständen war es zu verdanken daß es sich keine ernsthaften Verletzungen zugezogen hat.

Die Herkunft solcher Auswüchse des Rowdytums ist klar. Es sind Methoden der westlichen Welt, die täglich in Westdeutschland die Besatzer demonstrieren. Es sind Ergebnisse westlicher Schundschmöcker und Schmutzfilme, die die Jugend verrohen und rücksichtslos gegen ihre Mitmenschen machen. Dieses Beispiel zeigt eindeutig, welche Auswirkung Nachgiebigkeit und Oberflächlichkeit in der Erziehung hat. Ohne unsere Jugendlichen zu gängeln, sollten die Eltern und Erziehungsberechtigten den Umgang ihrer Kinder prüfen und auch der Freizeitgestaltung ihr Augenmerk schenken. Konsequent müssen sie gegen die Schundschmöcker und alle anderen westlichen Einflüsse sein.

Auch die acht weiteren Angehörigen dieser Gruppe, die zwar nicht selbst mitgewirkt haben, sollten jetzt das Richtige tun und positiv auf andere Jugendliche mit ähnlichen Eigenschaften einwirken. Wenn sie auch im Verfahren nicht in Erscheinung treten, so war es doch nur eine Frage der Zeit und sie hätte das gleiche Schicksal ereilt.

Entsprechend der Gesellschaftsgefährlichkeit wird auch das Gericht die Erziehungsmaßnahmen festlegen, denn unsere Republik ist kein Tummelplatz für Rowdys. Die vorbildliche Förderung der Jugend bietet allen Jugendlichen die besten Möglichkeiten der Berufsausbildung und der Freizeitgestaltung.

Hier sei auch an die Gruppen von Jugendlichen mit Motorrädern eine Mahnung erteilt, die sich fortgesetzt am Leipziger Platz, in der Landeskronstraße und anderen Stadtteilen treffen. Ihr Verhalten im Straßenverkehr trägt in keiner Weise zur Senkung der Verkehrsunfälle bei, und ihr Benehmen ist auch nicht immer das beste. Wenn sie ihre Fahrkünste zeigen wollen, sollten sie sich dem ADMV oder der GST anschließen und bei Veranstaltungen im Geschicklichkeitsfahren und Bildsuchfahrten ihr Können beweisen. Mögen sie sich Gedanken darüber machen, wie sie unserer Verkehrspolizei helfen können.

VPKA Görlitz, Pressekollektiv

Beitrag aus der Sächsischen Zeitung vom 14. April 1961

Die Abonnenten der *SZ* lesen also in ihrer Wochenendausgabe am 8. April 1961 einen Bericht, der Stoßrichtung, Urteil und Begründung des Urteils bereits vorwegnimmt. Worte und Begriffe sind fein gesetzt, keines ist zu viel und keines zu wenig, wenngleich mitunter die Sprache ein wenig holpert. Das Pressekollektiv ist keine Presseabteilung mit ausgebildeten Journalisten.

»Am kommenden Montag beginnt die Hauptverhandlung gegen die Gruppe von Rowdys, die in Görlitz unter dem Namen ›Jawa-Bande‹ bekannt ist.« Nun, das ist ein wenig übertrieben: Als »Bande« besaß sie gewiss nicht die Prominenz, die ihr jetzt zugeschrieben wird. »Allabendlich trafen sie sich. Der Ausgangspunkt ihrer Verbrechen waren die Bushaltestellen am Bahnhof in Görlitz. Mädchen, die dort auf den Omnibus zu ihren Heimatorten warteten, wurden sehr höflich angesprochen. Man bot ihnen an, die Mädchen kostenlos mit dem Krad nach Hause zu fahren. Die Höflichkeit war deshalb geboten, damit die Auserwählten keinen Verdacht schöpften. Der Verlockung, entsprechend schneller zu Hause zu sein, willigte ein großer Teil dieser Mädchen ein. Bereits vorher hatten die Rowdys in den Kreisen Görlitz und Niesky von Bahnverbindungen und Ortschaften abgeschlossene Waldstücke ausgekundschaftet, zu denen sie die ahnungslosen Mädchen brachten. Nachdem die Mädchen auf das Angebot eingegangen waren, fuhren sie nicht in Richtung des betreffenden Wohnortes, sondern größtenteils in entgegengesetzter Richtung und dazu mit überhöhter Geschwindigkeit. Hierbei schlossen sich dann mit ihren Motorrädern noch zwei oder drei dieser Rowdys an. Die Mädchen durchschauten jetzt das Vorhaben und forderten den Fahrer auf (*mehrere Mädchen, aber nur ein Fahrer? O deutsche Sprache – E. S.*), sofort anzuhalten. Die Rowdys lachten nur darüber. (*Nun wieder Plural – E. S.*) In den besagten Waldstücken ließ man die Mädchen absteigen. Die Rowdys führten dort teilweise mit Gewalt und in einem Falle unter Bedrohung mit einem feststehenden Messer ihre Verbrechen durch. (*Welcher Art »ihre Verbrechen« waren, teilte man jedoch nicht mit. Vielleicht wollte man den zarten Seelen der Leser die Wahrheit nicht zumuten oder auch nur ihre Fantasie anregen? – E. S.*) Ein Mädchen sprang während der Fahrt vom Krad, und nur glücklichen Umständen war es zu verdanken, dass es sich keine ernsthaften Verletzungen zugezogen hat.«

Und nun folgte die Kommentierung, die der Volksmund gern »rotes Schwänzchen« nannte, der aufklärerische Appell: »Die Herkunft solcher Auswüchse des Rowdytums ist klar. Es sind Methoden der westlichen Welt, die täglich in Westdeutschland die Besatzer demonstrieren. (*Wohl wahr, die neue Jugendkultur kam nicht zuletzt durch die amerikanischen und britischen Soldatensender in die Bundesrepublik und sorgte auch dort für Unmut – E. S.*) Es sind Ergebnisse westlicher Schundschmöker und

Schmutzfilme, die die Jugend verrohen und rücksichtslos gegen ihre Mitmenschen machen. Dieses Beispiel (*damit ist wohl die ›Jawa-Bande‹ gemeint – E. S.*) zeigt eindeutig, welche Auswirkung Nachgiebigkeit und Oberflächlichkeit in der Erziehung haben. Ohne unsere Jugendlichen zu gängeln, sollten die Eltern und Erziehungsberechtigten den Umgang ihrer Kinder prüfen und auch deren Freizeitgestaltung ihr Augenmerk schenken. Konsequent müssen sie gegen die Schundschmöker und alle anderen westlichen Einflüsse sein. Auch die acht weiteren Angehörigen dieser Gruppe, die zwar nicht selbst mitgewirkt haben, sollten jetzt das Richtige tun und positiv auf andere Jugendliche mit ähnlichen Eigenschaften einwirken. Wenn sie auch im Verfahren nicht in Erscheinung treten, so war es doch nur eine Frage der Zeit, und sie hätte das gleiche Schicksal ereilt. (*Welches Schicksal? – E. S.*) Entsprechend der Gesellschaftsgefährlichkeit wird auch das Gericht die Erziehungsmaßnahmen festlegen, denn unsere Republik ist kein Tummelplatz für Rowdys. Die vorbildliche Förderung der Jugend bietet allen Jugendlichen die besten Möglichkeiten der Berufsausbildung und der Freizeitgestaltung. Hier sei auch an die Gruppen von Jugendlichen mit Motorrädern eine Mahnung erteilt, die sich fortgesetzt am Leipziger Platz, in der Landeskronenstraße und anderen Stadtteilen treffen. Ihr Verhalten im Straßenverkehr trägt in keiner Weise zur Senkung der Verkehrsunfälle bei, und ihr Benehmen ist auch nicht immer das beste. Wenn sie ihre Fahrkünste zeigen wollen, sollten sie sich dem ADMV oder der GST anschließen und bei Veranstaltungen im Geschicklichkeitsfahren und Bildsuchfahrten ihr Können beweisen. Mögen sie sich Gedanken darüber machen, wie sie unserer Verkehrspolizei helfen können. VPKA Görlitz, Pressekollektiv.«

Was hatte Bayerns Innenminister erklärt? Den Jugendlichen sollte der Führerschein entzogen werden, »wenn das Fahren offensichtlich nicht der Erreichung eines Verkehrsziels, sondern lediglich der Unterhaltung dient und dadurch andere belästigt werden, wie beim Fahren rings um Häuserblocks«. Die Law-and-Order-Vertreter in West und Ost unterscheiden sich keinen Deut. Sie sind deutsch.

So angekündigt, nimmt am Montag, dem 10. April 1961, der Prozess in Görlitzer Kreisgericht seinen Anfang. Die öffentliche Anteilnahme ist beachtlich. Nicht nur wegen der Ankündigung in der Zeitung. Es muss geraume Zeit schon sehr viele Menschen bewegt haben, was da auf den Straßen passiert ist und worüber die Betroffenen so beharrlich geschwiegen haben. Zumindest in den Amtstuben. Unter der Hand machten Nachrichten von Übergriffen wohl doch die Runde.

Am 19. April, einem Mittwoch, berichtet die *Sächsische Zeitung* final über den Prozess. »›Jawa-Bande‹ wurde verurteilt«, lautet die Überschrift, und, wie es eingeblockt in einem Kasten heißt: »Im Namen des Volkes«.

Im Unterschied zum Ankündigungsbeitrag steht hier das »rote Schwänzchen« am Beginn, gleichsam als Präludium, bei den Journalisten »Haube« genannt. Der Autor mit dem Kürzel –ott– fährt ganz großes Geschütz auf: »Im Beschluss des Staatsrates vom 30. Januar 1961 über die weitere Entwicklung der sozialistischen Rechtspflege in der DDR kommt zum Ausdruck, dass Recht und Gesetzlichkeit der Förderung der gesellschaftlichen Entwicklung, der Festigung der sozialistischen Disziplin und Moral dienen und dazu beitragen, dass der Kriminalität immer mehr der Boden entzogen wird. Unter Berücksichtigung dieser Feststellung muss demzufolge die Frage in den Vordergrund treten, wie und unter welchen Umständen die Verbrechen der sechsköpfigen ›Jawa-Bande« heranreifen konnten, über die bereits wiederholt berichtet wurde.

Wenn Goethe feststellte: ›Man könnte erzogene Kinder gebären, wenn die Eltern erzogen wären‹ (*korrekt zitiert: »Man könnt' erzogene Kinder gebären, / Wenn die Eltern erzogen wären«, 1827 – E. S.*), dann hat er den damaligen gesellschaftlichen Bedingungen entsprechend auf die Umweltverhältnisse bei der Erziehung hingewiesen. Unter den Bedingungen des Aufbaus des Sozialismus in einem Teil Deutschlands und der Beeinflussung durch das kapitalistische Ausland – insbesondere Westdeutschland – werden noch eine Reihe anderer Fakten wirksam.

Unter dem Gesichtspunkt überholter kleinbürgerlicher Moral, die keinen Platz für die Gleichberechtigung der Geschlechter hat, wurde der Hauptangeklagte Tschoppe von seinen Eltern (v)erzogen. Die anderen Angeklagten hatten im Ergebnis des faschistischen Raubkrieges nur noch ein Elternteil oder überhaupt keine Eltern mehr. Diese Bedingungen waren zugleich Ursache dafür, dass auf diese Angeklagten in weit stärkerem Maße als bei anderen jungen Menschen das schleichende Gift des Kalten Krieges zur Demoralisierung und Verrohung wirkte, um sie von einem bewussten Aufbau des Sozialismus abzuhalten und sie für Verbrechen willfährig zu machen.

Niethosen und Cowboygürtel als Kinder US-amerikanischer Kultur, pornografische Bilder und ein Messer mit hervorspringender Klinge nach Art der faschistischen Fallschirmjäger – Made in Solingen – beweisen die Gleichheit zwischen dem ›Tausendjährigen Reich‹ und dem Bonner Staat, und Schmöker mit der Aufforderung zum Mord aus Eifersucht sowie Briefe mit der Aufforderung, die DDR illegal zu verlassen, lagen auf dem Richtertisch und waren beredte Zeugen für den ideologischen Ursprung der von den Angeklagten begangenen Verbrechen. Aber auch der Sender Luxemburg – Sender mit ›heißer‹ Musik aus kalter Berechnung – spielte eine Rolle dabei, indem er dem Angeklagten Tschoppe – ebenfalls in kalter Berechnung – dazu diente, ein Mädchen in sein Zimmer zu locken, um auf sein und des Angeklagten

Staffler Konto einen neuen ›Erfolg‹ zu buchen. In faschistischer Manier wurde dann geprahlt, wer die meisten Mädchen ›genommen‹ hatte.

Die Zehn Gebote der sozialistischen Moral und Ethik sowie die Gleichberechtigung der Geschlechter waren den Angeklagten fremd, obwohl sie alle verlobt waren oder ein Mädchen hatten, von dem sie Treue verlangten, selbst jedoch die kleinbürgerliche ›Moralauffassung‹ des sich vor der Ehe ›austoben‹ Müssens, für sich in Anspruch nahmen.

Alle diese Ursachen führten dazu, dass sich die Angeklagten zu vereinbarten Zeiten vor dem Hauptbahnhof in Görlitz trafen und Verbrechen gegen die geschlechtliche Freiheit der Frau begingen, indem sie die Mädchen wider deren Willen zum Zwecke unzüchtiger Handlungen in entlegene Gegenden fuhren. Während es einigen Zeuginnen gelang, unter Aufbietung aller Kräfte oder durch List sich einem nicht gewünschten Geschlechtsverkehr zu entziehen, wurden einige der Mädchen Opfer von Notzuchtverbrechen, wobei in einem Falle die drei Haupttäter der Bande gemeinsam unter Bedrohung mit einem feststehenden Messer ihr geplantes Ziel verwirklichten.

Nur einer der Angeklagten leistete eine einigermaßen aktive gesellschaftliche Arbeit, während die übrigen politisch desinteressiert oder ›Nursportler‹ waren. Alle Angeklagten hatten die Möglichkeit, sich entsprechend ihren Interessen in der GST oder dem ADMV sportlich zu bestätigen. Diese Organisationen sollten sich genauso wie FDGB und FDJ einmal die Frage stellen, ob die Werktätigen zu ihnen oder sie zu den Werktätigen, also auch zu Jugendlichen, wegen deren Mitgliedschaft hingehen müssen. *(??? – E. S.)* Im VEB (K) Bau zum Beispiel ist es nicht aufgefallen, dass der Angeklagte Tschoppe nicht einmal Mitglied des FDGB war.

Das Verfahren gegen die Mitglieder der ›Jawa-Bande‹ bewies eindeutig, dass die genannten Organisationen noch nicht

„Jawa-Bande" wurde verurteilt

Im Namen des Volkes

Im Beschluß des Staatsrates vom 30. Januar 1961 über die weitere Entwicklung der sozialistischen Rechtspflege in der DDR kommt zum Ausdruck, daß Recht und Gesetzlichkeit der Förderung der gesellschaftlichen Entwicklung, der Festigung der sozialistischen Disziplin und Moral dienen und dazu beitragen, daß der Kriminalität immer mehr der Boden entzogen wird.

Unter Berücksichtigung dieser Feststellung muß demzufolge die Frage in den Vordergrund treten, wie und unter welchen Umständen die Verbrechen der sechsköpfigen Jawabande heranreifen konnten, über die bereits wiederholt berichtet wurde.

Wenn Goethe feststellte: „Man könnte erzogene Kinder gebären, wenn die Eltern erzogen wären," dann hat er den damaligen gesellschaftlichen Bedingungen entsprechend auf die Umweltsverhältnisse bei der Erziehung hingewiesen. Unter den Bedingungen des Aufbaus des Sozialismus in einem Teil Deutschlands und der Beeinflussung durch das kapitalistische Ausland – insbesondere Westdeutschland – werden noch eine Reihe anderer Fakten wirksam.

Unter dem Blickpunkt überholter kleinbürgerlicher Moral, die keinen Platz für die Gleichberechtigung der Geschlechter hat, wurde der Hauptangeklagte Tschecke von seinen Eltern (v)erzogen. Die anderen Angeklagten hatten im Ergebnis des faschistischen Raubkrieges nur noch einen Elternteil oder überhaupt keine Eltern mehr. Diese Bedingungen waren zugleich Ursache dafür, daß auf diese Angeklagten in weit stärkerem Maße als bei anderen jungen Menschen das schleichende Gift des kalten Krieges zur Demoralisierung und Verrohung wirkte, um sie von einem bewußten Aufbau des Sozialismus abzuhalten und sie für Verbrechen willfährig zu machen.

Niethosen und Cowboygürtel als Künder US – amerikanischer Kultur, pornographische Bilder und ein Messer mit hervorspringender Klinge nach Art der faschistischen Fallschirmjäger – Made in Sohlingen – beweisen die Gleichheit zwischen dem „Tausendjährigen Reich" und dem Bonner Staat, und Schmöker mit der Aufforderung zum Mord aus Eifersucht sowie Briefe mit der Aufforderung die DDR illegal zu verlassen, lagen auf dem Richtertisch und waren beredte Zeugen für den ideologischen Ursprung der von den Angeklagten begangenen Verbrechen. Aber auch die Sender Luxemburg – Sender mit „heißer" Musik aus kalter Berechnung – spielte eine Rolle dabei, indem er von dem Angeklagten Tschecke – ebenfalls in kalter Berechnung – dazu diente, ein Mädchen mit in sein Zimmer zu locken, um auf sein und des Angeklagten Staffler Konto einen neuen „Erfolg" zu buchen. In faschistischer Manier wurde dann geprahlt, wer die meisten Mädchen „genommen" hatte.

Die zehn Gebote der sozialistischen Moral und Ethik sowie die Gleichberechtigung der Geschlechter waren den Angeklagten fremd, obwohl sie alle verlobt waren oder ein Mädchen hatten, von dem sie Treue verlangten, selbst jedoch die kleinbürgerliche „Moralauffassung" des sich vor der Ehe „austoben" müssens, für sich in Anspruch nahmen.

All diese Ursachen führten dazu, daß sich die Angeklagten zu vereinbarten Zeiten vor dem Hauptbahnhof in Görlitz trafen und Verbrechen gegen die geschlechtliche Freiheit der Frau begingen, indem sie die Mädchen wider deren Willen zum Zwecke unzüchtiger Handlungen in entlegene Gegenden fuhren. Während es einigen Zeuginnen gelang, unter Aufbietung aller Kräfte oder durch List, sich einem nicht gewünschten Geschlechtsverkehr zu entziehen, wurden einige der Mädchen Opfer von Notzuchtverbrechen, wobei in einem Falle die drei Haupttäter der Bande gemeinsam unter Bedrohung mit einem feststehenden Messer ihr geplantes Ziel verwirklichten.

Nur einer der Angeklagten leistete eine einigermaßen aktive gesellschaftliche Arbeit, während die übrigen politisch desinteressiert oder „Nursportler" waren. Alle Angeklagten hatten die Möglichkeit sich entsprechend ihren Interessen in der GST oder dem ADMV sportlich zu betätigen. Diese Organisationen sollten sich genauso wie FDGB und FDJ einmal die Frage stellen, ob die Werktätigen zu ihnen oder sie zu den Werktätigen, also auch zu Jugendlichen, wegen deren Mitgliedschaft hingehen müssen. Im VEB (K) Bau zum Beispiel ist es nicht aufgefallen, daß der Angeklagte Tschecke nicht einmal Mitglied des FDGB war. Das Verfahren gegen die Mitglieder der Jawabande bewies eindeutig, daß die genannten Organisationen noch nicht auf der Höhe der Aufgaben stehen, die ihnen das Kommuniqué über die Jugend stellt, und daß allen Jugendlichen aller Interessengruppen eine Perspektive gibt.

Durch ihre Verbrechen haben sich die Angeklagten von der übrigen Jugend – die bekanntlich schon hervorragende Siege beim Aufbau des Sozialismus errungen hat – distanziert und erhielten als gerechte Strafen:

Gerichtsbericht in der Sächsischen Zeitung, 19. April 1961

auf der Höhe der Aufgaben stehen, die ihnen das Kommuniqué über die Jugend stellt, und das allen Jugendlichen aller Interessengruppen eine Perspektive gibt.

Durch ihre Verbrechen haben sich die Angeklagten von der übrigen Jugend – die bekanntlich schon hervorragende Siege beim Aufbau des Sozialismus errungen hat – distanziert und erhielten als gerechte Strafen:

Tschoppe vier Jahre und sechs Monate Zuchthaus,
Scharow drei Jahre Zuchthaus,
Schneider zwei Jahre und zwei Monate Zuchthaus und
Klemmt, Simon und Staffler je ein Jahr Zuchthaus.«

Der Gerichtsbericht verdient diese Bezeichnung nicht, weil –ott– nicht darüber berichtet, was an den drei Verhandlungstagen erörtert wurde, wie die Angeklagten und deren Verteidiger reagierten und was Staatsanwalt und Richter sagten. Und seine Kurzschlüsse waren verklemmt, weltfremd und dämlich, denn wenn etwa ein junger Mann ein Mädchen auf seine Bude nimmt, dann gewiss nicht, um ihr seine Briefmarken zu zeigen oder weil er »in kalter Berechnung« ihr lediglich Musik von Radio Luxemburg vorspielen will. Der Mann hatte nichts verstanden, drosch nicht nur Phrasen, sondern auch auf alle und jeden ein: auf die Eltern, auf den Klassenfeind sowie auf FDGB und FDJ, auf GST und ADMV. Und stellte doch die entscheidenden Fragen nicht, so sie denn beim Verfahren zu stellen versäumt wurden. Warum beispielsweise konnten monatelang die Jungs ungestraft ihre Kreise ziehen, ohne dass daran Anstoß genommen wurde und ihnen jemand auf die Finger klopfte? Wäre nicht diese tapfere Gabriele K. gewesen, die als erste Anzeige wegen »Notzucht« erstattete und damit die Sache ins Rollen brachte, wären die Täter möglicherweise nie dingfest gemacht worden. Wo waren die Tugendwächter der Stadt, wo die Partei, die sich für alles und jeden verantwortlich fühlte? Hatten sie nicht mindestens ebenso versagt wie die angesprochenen vier Organisationen?

Die Frage nach der Höhe der Strafen muss nicht gestellt werden. Diese scheinen sehr hoch, allerdings gewiss nicht aus der Sicht der Vergewaltigungsopfer. Die Strafen bewegten sich durchaus im zulässigen Rahmen von zwei bis zehn Jahren. Und auch nach dem heute, seit 1998 geltenden Recht heißt es bei Vergewaltigung: »3) Auf Freiheitsstrafe nicht unter drei Jahren ist zu erkennen, wenn der Täter 1. eine Waffe oder ein anderes gefährliches Werkzeug bei sich führt, 2. sonst ein Werkzeug oder Mittel bei sich führt, um den Widerstand einer anderen Person durch Gewalt oder Drohung mit Gewalt zu verhindern oder zu überwinden, oder 3. das Opfer durch die Tat in die Gefahr einer schweren Gesundheitsschädigung bringt.«

Also wenn die »Jawa-Band« fünfzig Jahre später vorm Kadi gestanden hätte, wären sie gewiss nicht billiger davongekommen.

Der Prozess hat noch einen traurigen Nachhall: Beate, die Mutter des Kindes von Manfred Tschoppe, legt wenig später Hand an sich. Sie kann die Schmach nicht ertragen. Dass er sie gelegentlich mit anderen Frauen betrogen hat, hat sie noch hingenommen. Doch als das ganze Ausmaß publik wird, zerbricht sie. Als ihre Eltern sie finden, ist sie bereits tot. Ihr Abschiedsbrief erklärt manches, nicht aber, warum ihre Tochter nun faktisch als Vollwaise aufwachsen muss.

Trinkgeld

»Jeder Bauer erkennt seine Kühe am Gang und ich meine Fahrer am Zustand ihres Führerhauses«, sagt Schorsch. Er muss es wissen. Schorsch ist der Chef der GHG Görlitz, was Großhandelsgesellschaft heißt. Das klingt nicht nur ein wenig übertrieben, es stapelt gehörig hoch, wenn man die Größe und Reichweite des Unternehmens nimmt. Der Großhändler beliefert Einzelhändler, die GHG Görlitz versorgt diverse Adressen im Kreis Görlitz. Sie ist vornehmlich für die OGS unterwegs, und darum sieht es in den Führerhäusern der Fahrzeuge mitunter aus wie Kraut und Rüben. OGS heißt nämlich Großhandel für Obst, Gemüse und Speisekartoffeln.

Mit ihren Fahrzeugen beliefert die Spedition fast jeden Dorfkonsum im Territorium, auf der Route liegen Kaufhallen von Konsum und HO, Bahnhofskneipen und Gaststätten, natürlich auch Ferienheime und Hotels. Der Fuhrpark besteht im Wesentlichen aus betagten Pritschen der Marke Garant, die im benachbarten Zittau gebaut werden. Sie sind klein, wendig und zuverlässig, und Reiner K., der eines dieser Fahrzeuge steuert, ist damit durchaus zufrieden, obgleich er doch früher einen Viertonner gefahren hat, als er noch für den Schlachthof unterwegs gewesen ist. Damals, in seinem früheren Leben. Die Fahrer dort gestalteten das Führerhaus nach ihren Bedürfnissen und Geschmäckern. Der eine stellte Stofftiere an die Frontscheibe, der andere schraubte sich eine Puppe aufs Armaturenbrett. Mancher baute sich einen Familienaltar mit Bildern von Frau und Kindern, dieser oder jener klemmte sich ein Namensschild vors Lenkrad, auf dem zu lesen war: »Heinz«, »Olli« oder einfach nur »Opa«. Reiner K. begnügte sich mit einem Familienfoto, das ihn mit seiner Margot und ihrem gemeinsamen Sohn Bernd zeigte. Denn eigentlich war er ein Familienmensch, auch wenn ihn eine Leidenschaft trieb, die mit der Monogamie prinzipiell kollidierte.

Schorsch macht den Plan für die Routen, er ist auch gleichzeitig so etwas wie der Dispatcher. Natürlich gibt es dafür auch etliche Kolleginnen, die im Büro die Bestellungen sammeln und planmäßig die eingegangene Ware verteilen. Planmäßig muss ironisch gelesen werden, denn oft bekommt die GHG weniger als benötigt und selten das, was vom Einzelhandel bestellt worden ist. Das Obst in »OGS« beschränkt sich in der Regel auf Äpfel aus der einheimischen Produktion und wenige Saisonartikel wie Pflaumen oder Stachelbeeren, im Frühjahr gibt es Rhabarber, im Sommer Wassermelonen aus Bulgarien und manchmal sogar Pfirsiche. Und wenn ein Wunder geschieht, liefert die GHG in der Adventszeit Apfelsinen. Bananen sind ganz was Seltenes, und die werden im Einzelhandel pro Kopf zugeteilt. Praktisch sind die Bestellungen des Einzelhandels Wunschzettel, sie bekommen geliefert, was am OGS-Lager ist. Kartoffeln und Kohl immer, Kohlrabi und Karotten ebenfalls, alles andere, wie es reinkommt.

Man schreibt das Jahr 1967, da ist der Grad der Versorgung ausreichend, keineswegs üppig, aber doch spürbar besser als noch vor fünf oder gar zehn Jahren. Demnächst, ab August, werden alle Werktätigen – auch die Berufskraftfahrer – nur noch von Montag bis Freitag arbeiten, es gilt ab dann in der DDR die gesetzlich fixierte Fünftagewoche. Schichtarbeiter natürlich ausgenommen, da ist der Kalender formal ohne Belang. Allerdings bleiben fortan Ostermontag, Himmelfahrt, der 8. Mai, der Reformationstag sowie der Buß- und Bettag auf der Strecke. Die Nazis hatten die beiden evangelischen Feiertage abgeschafft, weshalb sich die DDR veranlasst sah, sie wieder als arbeitsfreie Tage im Kalender zu etablieren. Doch nun streicht sie diese arbeitsfreien Tage wieder, um auf die durchschnittlichen 43,75 Arbeitsstunden pro Woche zu kommen.

Reiner freut sich auf das lange Wochenende, nur ärgerlich, dass Bernd trotzdem am Samstag in die Schule gehen muss. Doch jetzt sind erst einmal Sommerferien. Der FDGB-Ferienplatz ist bereits zu Jahresbeginn beantragt worden. Ostsee haben sie sich gewünscht, doch da sie bereits vor drei Jahren in Zinnowitz gewesen sind, sind sie nicht schon wieder dran. So die BGLerin. Im Erzgebirge sei es doch auch sehr schön.

Das Fahrzeug ist beladen, die Heckklappe geschlossen, nun fehlt nur noch Siggi, Reiners Beifahrer. Sie sitzen gemeinsam auf dem Bock, seit Reiner K. bei der GHG ist. Siggi hat keine Fahrerlaubnis mehr. Er ist mal besoffen bei einer Verkehrskontrolle erwischt worden. Siggi hat zwar ganz erstaunt behauptet, dass das Restalkohol vom Vortag sein müsse, doch das verbesserte seine missliche Lage keineswegs. Er war wie an jedem Morgen auf dem Hof der GHG in seinen Wagen gestiegen und losgefahren, um seine Liefertour zu machen. Am Stadtrand von Görlitz hatte man ihn gestoppt, vermutlich um seine Papiere und die Ladung zu kontrollieren. Die Fahne flatterte ihm voran, sie war nicht zu überriechen. Die Verkehrspolizisten brachten ihn sofort ins Krankenhaus zur Blutabnahme und bekamen ihren Verdacht schwarz auf weiß bestätigt: 1,8 Promille.

Es folgte das volle Programm. Die Volkspolizei zog seine Fleppen ein, die Konfliktkommission des Betriebes wusch ihm den Kopf und degradierte ihn zum Lagerarbeiter, was weniger Gehalt bedeutete, und da er SED-Mitglied war, erhielt er auch noch eine Rüge für parteischädigendes Verhalten. Wo ein Genosse ist, da ist die Partei, hieß es immer, was auch in solchen Fällen zutraf: Wo ein Genosse Scheiße baute, hatte eben auch die Partei Scheiße gebaut. Das war die logische Konsequenz. Aber immerhin: Siggi war nicht entlassen worden, der Betrieb hielt es wie Sarastro: »In diesen heil'gen Hallen / Kennt man die Rache nicht, / Und ist ein Mensch gefallen, / Führt Liebe ihn zur Pflicht.«

Dies ist natürlich metaphorisch gemeint, ein volkseigener Betrieb ist weder eine heilige Halle noch ein Hort der Liebe. Wobei: in gewisser Weise dann doch. Siggi ist Mitte 30 und geschieden. Reiner K. weiß noch immer nicht, ob ihm die Frau weggelaufen ist, weil er fremdging und trank, oder ob Siggi trinkt und sich durch die Tante-Emma-Läden und Lagerhallen vögelt, weil ihm seine Frau abhandengekommen ist. Die Frage scheint so unentschieden zu sein wie die nach dem Huhn und dem Ei.

Siggi ist ein lebenslustiger Bursche. Unterm Igel blitzen zwei blaue Augen, die immer freundlich lächeln. Er ist eine ausgemachte Frohnatur, immer zu einem Scherz aufgelegt, was die Verkäuferinnen mögen. Und nicht nur diese. Siggi besitzt breite Schultern und schmale Hüften, die habe er sich bei der Fahne hart erarbeitet, sagt er. Drei Jahre Krafttraining haben sichtbare Spuren hinterlassen. Und offenbar arbeitet er noch immer an seinem Körper, dass diese nicht verloren gehen. Umso unverständlicher, dass er gelegentlich abstürzt und sich die Kante gibt. Reiner merkt es am Morgen danach sofort. Dann kann er nur mit geöffneten Fenster fahren.

K.s Arbeitsbeginn bei der GHG und der Entzug von Siggis Fahrerlaubnis sind zeitlich zusammen gefallen, vielleicht hat man Reiner auch deshalb gleich eingestellt, weil mit Siggi ein Fahrer ausgefallen war und sie rasch Ersatz für ihn benötigten. Wobei dies vermutlich Zufall war. An nahezu jedem Betriebstor hing ein Schild: »Suchen ...« Die Wirtschaft wuchs und rief nach Arbeitskräften. Intensivierung war nur ein Fremdwort, der Kurs der Volkswirtschaft lautete Expansion und Erweiterung. K. hatte nicht das erstbeste, aber ein gutes

Angebot angenommen. Die GHG Görlitz zahlte recht ordentlich.

Schon bei den ersten Liefertouren hatte Reiner bemerkt, dass Siggi bekannt war wie ein bunter Hund und von den meisten Frauen, die sie belieferten, gemocht, wenn nicht gar geliebt wurde. Nun war das für Lieferanten nicht ungewöhnlich: Überall auf der Welt freuen sich Menschen, wenn ihnen Bestelltes gebracht wird, auch Verkäuferinnen sahen es so. Nachdem sie beide abgeladen hatten, gab es hier mal einen Kaffee und dort mal ein Fläschchen oder auch zwei, wenn man statt einer Stiege Obst »irrtümlich« zwei ablud. Reiner wurde alsbald in die kleinen Tricks und Schummeleien von Schwund und Minderware eingeweiht, so dass nicht nur für die Lieblingskundinnen, sondern auch etwas für daheim übrig blieb, ohne dass es jemals herausgekommen wäre. Ihre Fantasien schossen ins Kraut wie die Kohlrüben, die sie im Winter vorzugsweise ausfuhren, damit manches unbemerkt unter den Tisch fiel und daheim auf dem Tisch landete.

Ganz am Anfang fiel Reiner auf, dass Siggi entweder manchmal etwas vergessen hatte und darum noch einmal in den Lagerbereich zurückkehren musste, oder dass er gleich mit einiger Verspätung zum Auto zurückkehrte. Wiederholt hatte Reiner hupen müssen, denn andere Kunden warteten schon auf sie. Als einmal das Hupen offenbar ungehört verhallte, war er wütend ausgestiegen und erneut die Stufen zur Rampe hinaufgestiegen. Der Wareneingang befand sich wie überall im hinteren Teil der Kaufhalle und war mit Regalen und Paletten zugestellt. Er hoffte, Siggi dort zu finden, und irrte durch das Labyrinth. Er fand ihn auch. Mit heruntergelassener Hose und einem nackten Arsch, der sich rhythmisch bewegte. Der Grund für Siggis eindeutige Leibesakrobatik saß vor ihm mit gespreizten Beinen auf einer Ablage.

Reiner wandte sich ab, ohne dass er von den beiden bemerkt worden wäre, und kehrte zum Fahrzeug zurück. Ihm war es unangenehm, den Kollegen bei dieser Übung erspäht zu haben, wobei er selbst kein Kostverächter war und nie etwas anbrennen ließ, wie man so sagte. Menschliches war ihm nicht fremd, so etwas schon gar nicht. Doch irgendwie war es ihm peinlich, den Kollegen beim Bumsen beobachtet zu haben. Kurz nur, aber allein der eine Augenblick hatte objektiv die Intimität verletzt und die Sache öffentlich gemacht. Als sich Siggi wenig später fröhlich auf den Beifahrersitz schwang und leicht nach Fisch roch, hatte Reiner geschwiegen. Kein Wort kam über seine Lippen, kein Vorwurf, keine Frotzelei, keine Anspielung. Er tat teilnahmslos und verriet nicht, was ihm unfreiwillig vor Augen gekommen war.

Doch von Stund an wusste er nun, weshalb sich Siggi manchmal verspätete. Und wenn er ehrlich ist: Er neidet es ihm bisweilen sogar. Denn diese Art Beglückung ist ihm nicht nur nicht fremd, sondern gehört zum angenehmen Teil seiner Erinnerungen an die Zeit als Fahrer beim Schlachthof. Das hat auch er alles gehabt. Und obendrein stand er damals noch gut im Saft, da konnte er mehrmals hintereinander. Jetzt hat er mitunter Mühe, bei Margot richtig loszulegen. Und dabei ist er selbst noch keine 30 und keineswegs ausgelutscht. Doch Margot ist nach der Geburt von Bernd aufgegangen wie ein Hefeteig. Die Riesenbrüste, vormals straff und drall, hängen nun als schlaffe Ballons über einem schwammigen Bauch, der in Schenkel übergeht, die dorischen Säulen gleichen. Schwabbelig auch das ausufernde Hinterteil, das einst mit der wunderbar schmalen Taille einer lieblichen Birne glich. Dahin, vorbei.

Nun war Reiner nie so naiv zu glauben, dass Schönheit ewig währt. Doch dass diese bei seiner Margot derart schnell vergehen könnte, hat er nicht angenommen. Vielleicht hätte er damals auf seinen Biologielehrer hören sollen. Dieser hatte, als sie bei der Fortpflanzung waren, der Klasse ein paar Lebensweisheiten mit auf den Weg gegeben. Jungs, sagte er beispielsweise, wenn ihr auf Brautschau geht, macht es wie der Fuchs – der jagt nicht vor der eigenen Höhle, womit er wohl meinte, sich die Liebste nicht unbedingt im gleichen Dorf zu suchen. Denn in einem Dorf war jeder mit jedem verwandt, was, nun ja, genetisch nicht unbedingt von Vorteil war. Da musste man nicht Nazi sein, um diese Tatsache mindestens bedenklich zu finden. Und ein zweiter Lebensspruch des Lehrers lautete: Bevor ihr eure Liebste zum Traualtar führt, schaut euch die künftige Schwiegermutter an. So wie die aussieht, wird eure jetzt gertenschlanke und bildhübsche Braut eines Tages auch ausschauen. Uhu, so der Spitzname ihres Biologielehrers, sollte recht behalten. Reiners Schwiegermutter war schon damals eine Tonne, ein Fass, ein unförmiger Koloss. Er hätte also gewarnt sein können.

Wenn Reiner K. also seinen ehelichen Pflichten nur noch gelegentlich nachkommt, ist es nicht mehr als das: eine Pflicht. Lust ist nicht mehr im Spiel, allenfalls Bequemlichkeit, denn er kann am Sonntagmorgen, wenn er mit einer Morgenlatte erwacht, auf den Fleischberg im Ehebett rollen und sich erleichtern. Margot lässt es mit sich geschehen, ohne sich zu bewegen, und manchmal hat Reiner das Gefühl, dass sie davon überhaupt nichts mitbekommt, nichts mitbekommen will, und ungerührt weiter grunzt. Erwacht sie jedoch, ist's auch nicht anders.

Ach, was waren das damals für glückliche Zeiten, als er durch die Republik fuhr, um mit seinem S4000-1 Fleisch und Wurst zu transportieren. Kühlwagen kannte man damals nicht, im ganzen Ostblock baute man keine. Erst in den 70er Jahren – was damals nicht absehbar war – sollte die DDR Kühlfahrzeuge aus der Bundesrepublik importieren. Die Beziehungen zwischen Ost und West begannen sich zu entspannen, die Fleischkombinate der DDR exportierten Schinken, Wurst und Schweinebraten nach Westeuropa, insbesondere in die Bundesrepublik und nach Westberlin, weshalb für die hygienisch einwandfreie Beförderung Kühltransporter angeschafft werden mussten. Das war damals, Mitte der 60er Jahre, noch Zukunftsmusik. Den Begriff »Kühlkette« kannte man so wenig wie die stringente Forderung, diese auf gar keinen Fall zu unterbrechen, denn dann konnte das »Kühlgut« gleich entsorgt werden.

Reiner fuhr Schweinehälften und Rinderkeulen zur Weiterverarbeitung von Görlitz nach Gera, von der Lausitz an die Küste oder in die Hauptstadt. Die Wege waren weit und der Lkw-Pilot hungrig, und so fand sich im Laufe der Zeit zusammen, was zusammengehörte. In nicht wenigen Orten, die am Wegesrand lagen, unterhielt auch Reiner ein sogenanntes Bratkartoffelverhältnis. In der DDR gab es keine Prostitution, sie war offiziell verboten, doch es lebten auch in diesem Lande Menschen beiderlei Geschlechts mit natürlichen Bedürfnissen, die sie durch partnerschaftliche Bindungen nicht hinreichend befriedigt sahen. Man lernte sich auf Parkplätzen und in den wenigen Raststätten an der Autobahn »zufällig« kennen, aus der einmaligen Begegnung wurde bisweilen Regelmäßigkeit, aus dem Zufall ein Dauerzustand. Eben ein Bratkartoffelverhältnis. Man fuhr, nach Absprache, vor, speiste und verzehrte den Nachtisch, dann fuhr man weiter. Keine Verpflichtungen, keine Erwartungen, nur ehrlicher, ungestümer Sex.

Ab und an geriet Reiner an Professionelle, denn die waren auch unterwegs. Einmal traf er auf eine junge Polin mit hellblonden Zöpfen und kleinen, strammen Brüsten. Sie war taubstumm und konnte nur stammeln und unverständliche Laute von sich geben. Aber sie war bildhübsch und hatte alle möglichen Tricks und Kniffe auf Lager, um vermutlich selbst impotente und ältere Männer auf Touren zu bringen. Ihr Gesicht hatte etwas Engelhaftes. Und Engel sind bekanntlich immer schlank. Hat man jemals auf alten Gemälden einen dicken Engel gesehen? Ihre Figur war sehr grazil und doch weiblich, in ihren Armen vergaß Reiner augenblicklich seine Matrone daheim.

Besonders anziehend fand er eine ungarische Studentin, die ihn auf einem Parkplatz am Stadtrand von Leipzig ansprach. Sie wollte sich ein paar Groschen zum mageren Stipendium dazuverdienen, wie sie ihm mit herrlichem Akzent erklärte. Das Magyaren-Mädchen trug ganz normale Straßenklamotten, war überhaupt nicht aufgebrezelt, weshalb er ihr die Geschichte von der einmaligen Übung sofort abnahm und darum besonders genoss. Sie stiegen die Böschung hinunter und verzogen sich unter eine Brücke, damit sie nicht vom Parkplatz aus gesehen werden konnten. Nach fünfzehn Minuten waren sie fertig und kehrten zum Parkplatz zurück, wo die Studentin gleich zum nächsten Fahrzeug ging, noch ehe er davongefahren war. Da kamen Reiner allerdings Zweifel, ob sie wirklich jene war, die sie vorgab zu sein.

Zu Hause gab es regelmäßig Zoff, weil ihm Margot nach jeder längeren Fahrt vorhielt, er würde fremdgehen und sie betrügen. Sie konnte ihre Unterstellung mit nichts beweisen, und Reiner neigte immer mehr zu der Auffassung, dass Margot von ihrem Klüngel aufgehetzt wurde. Wer weiß, wer ihr damit ständig in den Ohren lag und die ohnehin langweilige Stimmung im Ehebett vergiftete. Objektiv hatte Margot mit ihren Vorhaltungen natürlich recht, aber sie konnte nicht behaupten, dass er ihre Ehe aufs Spiel setzte. Er zog nie den Trauring ab, wenn er unterwegs fickte, und bei den Frauen, die er an der Strecke aufsuchte, also die temporären Liebschaften, hatte er nie Hoffnungen geweckt, er würde für immer bei ihnen einkehren. Die meisten waren ja selbst verheiratet und suchten lediglich Abwechslung und keinen neuen Pascha. Ihm ging es nicht anders, er wollte nicht von einem Käfig in den nächsten hüpfen. Auf seine Weise war er also treu.

So flogen die Jahre dahin wie die Kilometer. Er hatte sich in seinem Leben eingerichtet und fand es gut, wie es war. Es hätte noch ewig so weitergehen können, wenn es nicht jenen verhängnisvollen Herbsttag gegeben hätte, an dem er, wieder einmal, nach Thüringen unterwegs war. Die Ladefläche seines S4000-1 war vollgeknallt mit Fleisch und Wurst, und Roswitha in Crimmitschau, bei der er geplant hatte zu rasten, hatte abgesagt. Ihr Alter sei zu Hause. Er sei in Berlin vom Baugerüst gefallen und habe sich das Bein gebrochen. Jetzt trage er Gips und humple durch die Wohnung. Das Ehebett sei also belegt. Es täte ihr nicht minder leid, aber irgendwann könne ihr Mann wieder hüpfen und er, Reiner, auch wieder in ihr Bett springen, wenn denn ihr Alter erneut auf Montage sei. Bei dieser Zote hatte sie anzüglich in die Hörermuschel gelacht.

Reiner unternahm noch einen zweiten Versuch und rief in Karl-Marx-Stadt an, doch Karla schien nicht daheim zu sein, jedenfalls nahm niemand ab. Da verließ ihn die Lust, und er sagte sich: Ich kann, aber ich muss ja nicht. So sehr stand er nun auch nicht unter Druck, dass ihm die Eier platzten, er war doch keine pubertierende Testosteron-Bombe, die an nichts anderes dachte, als sich zu entschärfen. Reiner K. beschloss, zügig und auf einen Ritt nach Gera zu fahren, 250 Kilometer hin und 250 Kilometer zurück. Das waren mit Abladen und Pausen dazwischen acht bis neun Stunden, ein normaler Arbeitstag.

Weit hinter Görlitz gelangte er auf die Autobahn, die sich aber in einem miserablen Zustand befand und diese Bezeichnung nicht verdiente. Die Strecke war in den 20er Jahren konzipiert und von den Nazis als Reichsautobahn in Angriff genommen worden. Doch da die Strecke offenkundig keine strategische Bedeutung besessen hatte, erst recht nicht nach der erfolgten Okkupation Polens, hatte man sie vernachlässigt. Sie endete bereits bei Weißenberg. Auch die DDR schien wenig Interesse am Ausbau zu haben, die während des Krieges zerstörte Brücke in Bautzen sollte erst 1977 repariert werden. Der Teil wurde von der Anschlussstelle Bautzen-West seit 1955 als Rennstrecke genutzt wie eben auch das Autobahndreieck Dresden-Nord. Das Stück von Weißenberg bis Bautzen-Ost war nur einspurig befahrbar, teilweise mit Granit gepflastert, der höllisch glatt war, wenn es regnete. Die Geschwindigkeit war dort auf maximal 80 Stundenkilometer beschränkt, was K. mit seinem Laster ohnehin nicht erreichte. An manchen Streckenabschnitten ging es sogar runter auf 20 Stundenkilometer. 1977 sollte das Endstück zwischen Bautzen und Weißenberg völlig dichtgemacht werden. Die DDR errichtete auf dieser Piste 66 Hallen, in denen die Staatsreserve an Getreide eingelagert wurde.

Reiner K. quälte sich mit seinem Laster wie alle anderen Fahrzeuge, die aus Görlitz kamen oder nach Görlitz wollten, durch die kleinen Dörfer und Städtchen der Oberlausitz, ehe er bei Dresden auf die Autobahn gelangte. Die A 4 war noch vor Beginn des Krieges von Dresden bis Frankfurt am Main durchgängig angelegt worden, danach hatten die Nazis den Autobahnbau völlig eingestellt.

Reiner gab nun richtig Gas. Inzwischen war längst der Morgen heraufgegraut, doch es wurde nicht richtig hell. Dunkle Wolken hingen am Herbsthimmel, und bestimmt würde es bald zu regnen beginnen, da war er sich sicher. Solches Wetter hasste er. Die Scheinwerfer reichten nicht sehr weit, die Scheibenwischer quietschten, und in den Schlieren brach sich das Licht der entgegenkommenden Fahrzeuge. Man musste sich höllisch konzentrieren, um nicht von der Straße abzukommen.

Der Motor dröhnte unter der Haube und machte, dass das ganze Fahrerhaus vibrierte. Besonders bei Anstiegen wummerte, ratterte und lärmte er, dass die Ohren und der Körper schmerzten. Hätte er einen Beifahrer gehabt, hätte er sich nicht mit ihm unterhalten können, so laut war es in der Kabine. Und dennoch liebte er dieses Auto. Der S4000-1 hatte Kraft und lag gut auf der Straße, mit seiner Sechsliter-Maschine kam der Viertonner auf immerhin 66 PS. Mit denen schaffte der Lkw auf ebener Strecke 75 Sachen. Allerdings soff er auch gehörig: über 17 Liter Diesel auf 100 Kilometer und dazu einen halben Liter Öl. Aber alles in allem: ein feines Wägelchen, sagte sich Reiner K. und legte den 5. Gang ein, als der Anstieg bei Wilsdruff geschafft war und es wieder abwärts ging.

Es waren nicht viele Fahrzeuge unterwegs und kaum eines vor ihm, das er hätte überholen müssen. Die Pkw fuhren alle schneller und die anderen Lkw mit dem gleichen Tempo wie er. Außerdem war deren Zahl überschaubar. Die meisten Transporte fanden noch immer auf der Schiene statt und viele auf dem Wasser. Der Mangel an Transportfahrzeugen hatte auch sein Gutes und war der Umwelt zuträglich, wobei dieses Thema bis auf einige Experten keinen beschäftigte. Noch immer ging es um Mehr, Mehr, Mehr. Die Wirtschaft musste um jeden Preis wachsen. Im Osten redete man der Tonnenideologie das Wort, im Westen dem höheren Profit. Wer mehr Stahl, mehr Zement, mehr Butter, Panzer und Atomraketen produzierte, glaubte, im Wettstreit der Systeme die Nase vorn zu haben und im Kalten Krieg den Sieg davonzutragen.

Diese Milchmädchenrechnung beherrschte das Denken auf beiden Seiten, und die wenigen, die der Meinung waren, dass dieser Massenwettlauf Irrsinn sei, zumal der Mensch nicht vom Brot allein lebt, sondern auch ideelle Bedürfnisse hat, die man befriedigen muss, wurden als Träumer und Idealisten verschrien. Wollten wir nicht ganz anders sein als die da drüben, riefen einige im Osten ihrer Obrigkeit zu. Wenn wir denen alles nachmachen, sie mit ihren eigenen Waffen schlagen wollen, sind wir erstens wie sie und zweitens von vornherein zum Scheitern verurteilt. Die haben nunmal die größeren materiellen Mittel.

Von solchen Diskussionen und Überlegungen bekam Reiner nichts mit. Sie interessierten ihn auch nicht. Er war kein Kopfmensch, sondern ein ganz normaler Bürger, der nicht behelligt werden wollte: weder von oder mit Politik noch von anderer Gehirnakrobatik. Eine Zeitung nahm er nur in die Hand, wenn darin Heringe eingewickelt waren, im Radio hörte er nur Musik, und einen Fernseher besaß er nicht. Wozu? Um den Schwarzen Kanal von Karl-Eduard von Schnitzler zu sehen? Propaganda ging ihm glatt am Arsch vorbei. So wie er dachten viele.

Zur Linken zog die erleuchtete Raststätte vorüber, mit der Reiner K. nicht nur angenehme Erinnerungen verknüpfte. Es war bereits geraume Zeit her, als er aus dem Vogtland gekommen und müde dort eingekehrt war. Er hatte sich einen lauen Kaffee und eine Bockwurst für 80 Pfennig gegönnt, als neben ihm eine Frau Platz nahm, die, dem Alter nach zu urteilen, seine Mutter hätte sein können. Die Blüte ihres Lebens schien jedenfalls schon lange verblüht, und als sie sich später die Hände mit Euterfett einrieb, fand er seine Vermutung bestätigt, dass sie auf einer LPG arbeitete. Nicht nur wegen des Melkfetts, sondern auch wegen der schrundigen Hände, die sie auf diese Weise etwas weicher machen wollte.

Sie sprach ihn an, und nach wenigen Sätzen schon wusste er, worauf sie hinauswollte. Warum nicht, sagte sich Reiner. Er fand, dass er sich nach dem langen Ritt und nach des Tages schwerer Arbeit eine Belohnung verdient hatte. Sie wollte es ihm gleich im Fahrerhaus und auf dem Parkplatz neben der Raststätte besorgen, was einigermaßen ungewöhnlich war. Üblicherweise verließ man die Autobahn, weil man Gefahr lief, insbesondere auf den Transitstrecken von der Polizei kontrolliert zu werden. Nun war es nicht grundsätzlich verboten, es im Führerhaus eines volkseigenen Speditionsfahrzeuges zu treiben, doch angenehm war die Vorstellung nicht, von den Ordnungshütern ausgerechnet bei dieser Verrichtung erwischt zu werden. Reiner hatte keine Ahnung, welche Konsequenzen das haben könnte, da es ihm noch nie widerfahren war, und möglicherweise auch keinem seiner Kollegen, denn nie hatte einer davon berichtet. Aber Bock hatte er darauf jedenfalls nicht.

Doch da es schon ziemlich spät und dunkel war, meinte er, es riskieren zu können, und stieg mit der Frau ins Fahrerhaus. Sie warf den weiten Rock über sich und bot ihm gleich die Hinterfront, die sie nicht einmal entblößen musste, denn sie trug darunter keine Hosen. Weder gefiel ihm diese Einladung noch das Hinterteil als solches, weshalb er meinte, sie müsse ihm erst mal behilflich sein, seine Fahnenstange aufzurichten. Da drehte sie sich um, holte eine Dose aus ihrem Dederonbeutel, schraubte den Deckel auf und lange hinein. Dann rieb sie sich die Hände, dass es schmatzte, langte schließlich in Reiners Hosenstall und begann, dessen Patengeschenk mit den vaselinegetränkten Händen zu bearbeiten.

Offenkundig schien sie sein Geschlechtsteil mit einem Kuheuter zu verwechseln, das auf die Melkmaschine vorbereitet wurde. Der Griff war fest, und sie zog an seinem Ding wie an einer Zitze, die gemolken werden sollte. Er stöhnte auf vor Schmerz, was sie aber als Ausdruck von Lust interpretierte und noch fester zupackte und daran zog. Irgendwann hielt er es nicht mehr aus und schlug mehrmals auf ihren Unterarm, bis sie ihre Übung beendete. Widerwillig zwar, weil sie offenbar um ihr Honorar fürchtete, doch ziemlich abrupt. Ist schon gut, sagte er, verstaute sein schmerzendes Glied in der Unterhose und drückte ihr einen 20-Mark-Schein in die gecremte Hand. Zwei Tage lang zog es ihm im Gemächt, erst langsam schwand der Schmerz.

Daran wollte er nicht denken. Bei jeder Vorbeifahrt aber

drängten sich unweigerlich diese schmerzhaften Minuten in seine Erinnerung. Bilder erschienen vor seinem geistigen Auge. Das war reichlich merkwürdig. Vieles vergaß er ohne Willensanstrengung, das hier nicht. Wie eine Klamotte hatte sich diese Erfahrung in sein Unterbewusstsein gebohrt. Er hätte gern auf dieses Denkmal verzichtet.

Reiners Lkw keuchte die nächste Anhöhe hinauf und rollte dahinter auf einer weiten Biegung wieder hinab. So ging es denn immer weiter unter einem grauen Himmel, der bereits seit geraumer Zeit seine Schleusen geöffnet hatte. Kilometer um Kilometer fraß der S4000-1 in sich hinein, um sie hinter sich wieder auszustoßen. In den Tälern duckten sich kleine Siedlungen, in deren Mitte sich immer ein Kirchturm erhob. Zwischen den Dörfern lagen abgeerntete Felder, mitunter bereits umbrochen und schon wieder bestellt, vermutlich mit Wintergerste, die im September in den Boden kam. Reiner liebte Graupen, die aus der Gerste gemacht wird. Für Graupensuppe mit Knacker ließ er alles andere stehen. Mit Malzkaffee hingegen konnte man ihn jagen, den man ebenfalls aus diesem Getreide gewinnt. Entweder Bohnenkaffee oder Tee, nicht diese Ersatzbrühe. Als Kind und später bei der NVA hatte er mehr als genug davon trinken müssen, das reichte für zwei Leben.

So machte er sich seine Gedanken, als er durch die liebliche, aber verregnete Landschaft rollte. Ein Autoradio hatte der Wagen nicht, es fehlte jegliche Art der Zerstreuung. Das Kopfkino mal ausgenommen. Dort kreisten unablässig die Gedanken, formten Bilder, fügten diese aneinander. Meist waren diese sexuell aufgeladen, wobei nicht klar war, ob es an dem permanenten Vibrieren des Fahrersitzes lag oder an Reiners Naturell. Automatisch schaltete und steuerte er das Fahrzeug, gab Gas oder trat auf die Bremse, wenn die Straße abschüssig wurde oder eine scharfe Kurve machte. Die Aufmerksamkeit sank. Darum hatte er die Person auch fast übersehen, die an der Straße stand und den Arm gehoben hatte. Vor der dunklen Landschaft war sie kaum wahrzunehmen, und die Sachen erschienen schwarz vom Regen. Das Gesicht war unter der Kapuze kaum zu erkennen. Wo war er? Ach, Höhe Ronneburg, er sah die Abraumkegel der Wismut in der Ferne. Von hier waren es nur noch wenige Kilometer bis zu seinem heutigen Ziel.

Er trat auf die Bremse. Die Hydraulik blockierte alle vier Räder, nach etlichen Metern erst kam das Fahrzeug zum Stehen. Er schaute in den Rückspiegel und sah die Person auf das Fahrzeug zulaufen. Dann öffnete sich die Tür auf der Beifahrerseite, ein Kopf erschien. Die Nase ragte gerade mal über den Sitz. Sie gehörte erkennbar einem Mädchen. Ob er nach Gera fahre, fragte der Mund unter der Nase, den er aber nicht sah. Der Satz war thüringisch eingefärbt, eine Einheimische also, dachte Reiner befriedigt. Er nahm ungern Anhalter mit, obgleich es ihm nicht ausdrücklich untersagt war. Doch er hegte ein gewisses Misstrauen gegenüber Fremden, die am Straßenrand den Daumen reckten, vor allem in Grenzbezirken. Und Gera grenzte an Bayern, von hier waren es keine 40 Kilometer bis Hof. Da war er vorsichtig. Man wusste nie, wen man sich da einlud. Reiner wollte keinen Ärger.

Reiner K. hatte kaum Ja gesagt, da schwang die Kindfrau bereits ihre Tasche und dann sich selbst auf den Beifahrersitz. Sie streifte ihre regennasse Kapuze vom Kopf, an den Spitzen des mittellangen Haares hingen Wassertropfen. Sie schüttelte sich wie ein Hund, der aus dem Teich gestiegen war. Die Tropfen flogen durchs Fahrerhaus. Reiner und sie mussten gemeinsam lachen.

»Puh«, sagte das Mädchen, dessen Alter Reiner auf 16 oder 17 Jahre schätzte.

»Wo soll's hingehen, junge Frau?«, erkundigte er sich väterlich.

»Ich habe den Schulbus verpasst«, erklärte sie und schob ihm die Hand entgegen. »Barbara«, sagte sie. »Und wie heißt du?«

Sie strahlte die Unbefangenheit der Jugend aus, war offen und natürlich, wie man es nur in diesem Alter ist. Das würde sich später verlieren, man lernte Misstrauen und Argwohn und ging zu Fremden zunächst grundsätzlich auf Distanz. Barbara öffnete ihre Jacke und schickte sich an, sich des mit Wasser durchtränkten Kleidungsstücks zu entledigen.

»Reiner«, sagte er, doch sie war mit der Jacke beschäftigt und erkundigte sich erst mit einiger Verspätung: »Was?«

Er wiederholte seinen Namen.

»Ach so«, antwortete sie. »Entschuldige, ich bin mit den Gedanken schon bei der Mathearbeit, die wir heute schreiben.«

»Du gehst noch zur Schule?«, gab sich Reiner überrascht. Das war selbstverständlich ein wenig gespielt. Natürlich war die junge Frau ausgewachsen, also erwachsen, das war an ihren schweren Brüsten und ihren Bewegungen zu erkennen.

»Na klar. Oder was meinst du, warum ich sonst den Schulbus hätte nehmen sollen?«

»Den du aber verpasst hast.«

»Genau. Den ich verpasst habe«, echote Barbara.

»Gibt es in Ronneburg keine Schule?«

Reiner traf ein tadelnder Blick. Natürlich gebe es in Ronneburg eine Schule. Eine Polytechnische Oberschule. Sie aber gehe zur Penne in Gera, um Abitur zu machen. In Ronneburg gebe es keine Erweiterte Oberschule.

Darauf erkundigte er sich, in welche Klasse sie gehe, worauf sie sagte: in die zwölfte. Im nächsten Sommer sei finito, dann werde sie mit dem Studium beginnen. Der Studienplatz sei auch schon sicher, sie werde in Jena Geschichte studieren.

Das sei doch eine brotlose Kunst, warf jetzt wieder Reiner

ein, ohne tatsächlich zu wissen, was man nach einem Geschichtsstudium werden könnte. Er wollte das Gespräch einfach am Laufen halten und sagte dies nur, um überhaupt etwas zu sagen.

»Das sehe ich nicht so«, entgegnete Barbara, »man kann als Diplomhistoriker als Geschichtslehrer oder -dozent arbeiten, in die Forschung gehen, an einem Institut oder in einem Museum tätig werden, als Geschichtsredakteur bei einer Zeitung oder als Fachlektor in einem Verlag arbeiten. Da gibt es viele Entwicklungsmöglichkeiten. Ich bin für alles offen«, schloss sie.

Reiner ruderte zurück. »Du hast mich gründlich missverstanden. Ich wollte damit nur sagen, dass dieser Beruf etwas ungewöhnlich ist für ein so adrettes Mädchen wie dich.«

Barbara verzog mokant ihren hübschen Mund. »Willst du damit sagen, dass sich nur alte Männer mit Geschichte befassen sollten?«

»Nein, nein«, beeilte sich Reiner zu versichern, »das wollte ich damit natürlich nicht sagen.«

»Was dann?«, fragte Barbara und gab nicht nach. »Was meinst du denn mit dieser Bemerkung von der ›brotlosen Kunst‹?«

Reiner schwieg. Er spürte, dass er diesem Mädchen nicht gewachsen war. Na ja, Oberschülerin. Er hatte die Schule bereits mit der achten Klasse verlassen. Reiner K. war nicht dumm, aber eben nur mäßig gebildet. Er hatte keine Ahnung, was ein Diplomhistoriker ist und tut, ob die Menschheit das braucht oder nicht. Dessen Arbeit machte aber gewiss nicht satt, allenfalls den, der sie ausübte. Was aber hatten die anderen davon? Würde er das alles hier auskippen, hätte er vermutlich eine ellenlange Diskussion am Halse, wonach er sich nicht sehnte.

Zwischenzeitlich war der Himmel aufgerissen, und es hatte aufgehört zu regnen, weshalb er rechts ran fuhr und den Laster mit der Begründung stoppte, er müsse Öl nachfüllen. Gelogen war das nicht. Doch bis zu seinem Ziel würde es garantiert reichen, was er allerdings verschwieg. Er brauchte eine überzeugende Ausrede, um das Gespräch zu unterbrechen. Und die meinte er mit dieser technischen Pause gefunden zu haben.

Beim Aussteigen bot er Barbara an, ihm dabei zuzuschauen, und die junge Frau sagte: »Warum nicht?« Dann standen sie gemeinsam vor der geöffneten Motorhaube und verfolgten, wie das Öl durch einen Einfüllstutzen goldgelb in den Motorblock gluckerte. Als das getan war, Reiner K. die Kanne wieder an ihrem Platz verstaut und sich die Hände an einem Tuch gesäubert hatte, klappte er die Haube zu und wandte sich dem Mädchen zu.

Er wusste auch nicht, wie ihm in diesem Moment geschah. Barbara stand herausfordernd da, reckte ihm ihre Brüste einladend entgegen, dass er nicht anders konnte, als danach zu greifen. Sie waren rund und warm und füllten seine beiden Hände. Kaum dass er sie umfasst hatte, spürte er Barbaras Hand in seinem Gesicht. Sie hatte ausgeholt und verpasste ihm eine schallende Ohrfeige. Der Schlag wurde von der unmissverständlichen und zugleich selbstbewussten Ansage begleitet: »Lass das!«

Für sie war dieser Übergriff damit erledigt. Sie drehte sich um und schickte sich an, wieder ins Fahrerhaus zu steigen. Doch dazu kam sie nicht. Reiner fühlte sich durch diese Reaktion brüskiert, beleidigt, gedemütigt, wie er später vor Gericht erklärte. Das habe bei ihm alle Sicherungen durchbrennen lassen.

Nachdem Barbara ihm den Rücken zugekehrt hatte, stürzte er sich von hinten auf sie. Er riss sie zu Boden, der nach dem langen Regen aufgeweicht war, sie schrie und schlug um sich. Plötzlich spürte er einen Stich in seinem Oberarm und sah die Nagelschere in ihrer Hand blitzen. Sie musste das spitze

Ding in ihrer Jackentasche gehabt haben, denn woher sonst kam diese Waffe?

Er griff sich an die schmerzende Stelle und ließ von ihr ab. »Bist du bescheuert?«, brüllte er und sah, wie Blut an der Einstichstelle durchs Hemd nach außen trat. Nicht viel, aber immerhin. »Hast du einen Knall?«, wiederholte er nicht mehr ganz so laut und erhob sich.

»Wenn von uns beiden jemand einen Knall hat, dann bist du es«, presste Barbara erregt hervor. »Du bist doch nicht ganz dicht!«

Er reichte ihr die Hand und half ihr auf. »Ich hab's nicht so gemeint«, sagte er entschuldigend.

»Was heißt das denn nun schon wieder?«, wütete Barbara mit allem Recht. »Du wolltest mir an die Wäsche, das war ja wohl eindeutig. Was gibt´s da bitte nicht zu verstehen?« Sie versuchte, sich die Kleidung zu säubern, die durch den Sturz sichtlich beschmutzt worden war.

»Warte«, sagte Reiner und machte sich anheischig, ihr dabei Hilfe zu leisten, die sie jedoch aus verständlichen Gründen zurückwies.

»Das wird noch ein Nachspiel haben«, erklärte sie. »Mein Vater ist bei der Kriminalpolizei.« Dann kletterte sie ins Auto.

Bis Gera wechselten sie kein Wort mehr. Barbara schaute schweigend aus dem Seitenfenster, um ihn nicht ansehen zu müssen, und Reiner K. starrte geradeaus auf die Straße. Er fragte lediglich noch, wo ihre Schule sei, und sie hatte kurz geantwortet, dass er sie auf dem Markt rauslassen solle. Mehr nicht.

Die ganze Zeit arbeitete es in seinem Kopf, ob das eine leere Drohung gewesen sei, um ihn einzuschüchtern, oder ob ihr Vater tatsächlich bei der Polizei arbeitete. Er redete sich ein, dass das Mädchen ihm gewiss nur Angst habe machen wollen, wie man früher auf dem Schulhof den Klassenkameraden zurief, dass man dem großen Bruder Bescheid sagen würde, damit der ihnen die Fresse polierte. Oft gab es weder einen großen noch überhaupt einen Bruder, und die wirkungslose Warnung war bei der nächsten Rauferei schon lange vergessen. Je länger er grübelte, desto überzeugter war er davon, dass dies nichts als heiße Luft war.

Bereits auf dem Weg zurück nach Görlitz war der Zwischenfall vergessen. Umso überraschter war er, als er wenige Tage später Besuch im Betrieb bekam. In Gera war tatsächlich Anzeige erstattet worden. Die Identifizierung des Fahrers stellte für die Polizei kein Problem dar. Die junge Frau hatte sich das polizeiliche Kennzeichen gemerkt und überdies den Namen des übergriffigen Fahrers. Das genügte, um die Görlitzer Kollegen zu informieren, damit sie Reiner K. vorluden.

Er kam mit einem blauen Auge davon. Da er bisher nicht auffällig geworden, nicht vorbestraft war und von seinem Betrieb ein gutes Zeugnis ausgestellt bekam, wurde die Strafe zur Bewährung ausgesetzt. Dass er den Versuch der sexuellen Nötigung abgebrochen hatte, rechnete man ihm nur bedingt an. Das Problem bestand darin, dass das Opfer noch keine 18 und damit minderjährig war. Hätte nur noch gefehlt, dass ihn seine Kollegen »Kinderficker« gerufen hätten. Das taten sie nicht, und dennoch kündigte Reiner. Er ertrug ihre Blicke nicht.

Auch seine Frau Margot machte Terz und trug maßgeblich dazu bei, dass er als Fahrer beim Schlachthof aufhörte. Sie wünschte als Treuebekenntnis, dass er keine Überlandfahrten mehr machte und jeden Abend brav nach Hause kam. Damit glaubte sie, das Risiko zu minimieren, wenngleich sie ihrem Mann abnahm, dass es sich um eine einmalige Entgleisung gehandelt habe, die er sich selbst nicht erklären könne. Er wisse nicht, was ihn da geritten habe. Das stimmte und stimmte auch wieder nicht. Warum er in diesem konkreten Fall die Selbstbeherrschung verloren hatte, die er in vergleichbaren Situationen immer hatte wahren können, blieb ihm in der Tat ein Rätsel. Dass er jedoch zugriff, als sich ihm die geballte Weiblichkeit ins Auge drängte, war ein ihm nicht unbekannter Reflex. Da pflegte bei ihm oft der Verstand in die Hose zu rutschen. Wäre von den Untersuchungsorganen intensiv ermittelt worden, wozu sie aber unter den gegebenen Umständen wenig Grund hatten, wäre ihnen die Promiskuität des Täters aufgefallen, wobei dies allenfalls ein von Medizinern und Richtern benutzter Begriff war. Die Volkspolizei sprach von HWG, das amtliche Kürzel für »häufig wechselnde Geschlechtspartner«. Reiner K. unterhielt, wie ihm, aber eben nicht der Polizei bekannt war, an vielen Orten sexuelle Verhältnisse. Das tat aber in diesem Verfahren nichts zur Sache und hatte niemanden zu interessieren.

So zieht Reiner K., das gebrannte Kind, mit Siggi seit geraumer Zeit seine Kreise. Die beiden fahren Obst, Gemüse und Speisekartoffeln umher, liefern für die GHG Görlitz aus und haben dabei, jeder auf seine Weise, ihren Spaß. Sie lassen den Herrgott wie auch Walter Ulbricht einen guten Mann sein und kümmern sich nur um ihre eigenen Sachen. Und die bestehen im Wesentlichen aus der Befriedigung elementarer Grundbedürfnisse. Zu denen rechnet man auch das Trinkgeld, das man in anderen Teilen der Welt »Bakschisch« nennt. Das klingt besser als Schmiergeld. Hierzulande versteht man es als eine Art Geschenk. Geschenke erhalten bekanntlich die Freundschaft. Und die ist zwischen dem volkseigenen Großhandel und dem Einzelhandel, ob nun privat oder sozialistisch, zwingend erforderlich. Eine Hand wäscht die andere.

Endlich kommt auch Siggi gelaufen. Das Hemd steht offen, es ist sommerlich warm und er schon spät dran. Das weiß er, und darum ist er zumindest auf den letzten Metern schneller geeilt als gemeinhin üblich. Er weiß, dass Reiner auf ihn wartet, ohne ihn fährt der nicht los.

Er wirkt ziemlich angefressen, schaut demonstrativ auf die Uhr und sagt: »Alter, du bist eine Viertelstunde über der Zeit.«

»Ich weiß«, sagt Siggi mit fliegendem Atem. »Das holen wir aber wieder raus. Wir sind ja kein Bus, der nach Fahrplan fährt.«

Reiner murmelt etwas in den nicht vorhandenen Bart. Bärte sind aktuell nicht in Mode, nur der erste Mann im Staate darf einen tragen, und auch der Genosse Lenin fand die Kinnbehaarung schick, doch der ist bereits tot. Na ja, Marx und Engels natürlich auch, und der Generalissimus ebenfalls, weshalb er als vierter Bartträger in das Bild der Klassiker drängte. Doch seit einem reichlichen Jahrzehnt gilt er nicht mehr als Klassiker, und nur noch drei Bartträger zieren die Bucheinbände. Stalinstadt heißt seither Eisenhüttenstadt, und die Magistrale in der Hauptstadt ist nach dem Mann aus Trier und nicht mehr nach dem aus Gori benannt.

Doch all das beschäftigt Reiner nicht, wenn er morgens vor dem Spiegel steht und sich die Wangen schabt. Er will einfach nur gut aussehen. Dann reibt er sich Pitralon die zuvor mit der Klinge bearbeiteten Gesichtspartien, worauf diese noch röter werden, als sie ohnehin schon sind. Es brennt und schmerzt, aber das Zeug verhindert Pickel und Pusteln.

Dann steigt Reiner auf den Bock und steckt den Schlüssel ins Zündschloss. Siggi klettert auf den Beifahrersitz und lässt den überflüssigen Satz fallen, er gehe davon aus, dass alles bereits aufgeladen sei und sie wohl vom Hof rollen könnten. Dieser Satz ist einer zu viel und gleicht dem berühmten Tropfen, der das sprichwörtliche Fass zum Überlaufen bringt.

Reiner explodiert. »Du Arsch«, brüllt er, »ich ackere hier seit einer Stunde und warte nervös, ob du überhaupt kommst, könnte ja sein, dir ist was zugestoßen oder du liegst krank im Bett. Da ist es doch das Mindeste, du entschuldigst dich kleinlaut und hältst dann die Schnauze und schiebst nicht eine solche Welle.«

Die Ursache für den lautstarken Ausbruch ist wohl weniger Siggis Verspätung und dessen Auftritt, sondern Reiners letzte Nacht. Die war nicht sonderlich erfreulich. Oder um es ein wenig genauer zu formulieren: Sie war scheiße. Margot hatte mal wieder gezetert, ihm die üblichen Vorhaltungen gemacht. Er hatte dagegengehalten, ein Wort gab das nächste, dann knallten die Türen, und es flossen die Tränen. Er war nach Mitternacht zu ihr ins Ehebett gekrochen und meinte, sich mit einer anständigen Nummer mit ihr versöhnen zu können. Doch sie hatte ihm lediglich das massige Hinterteil und die kalte Schulter gezeigt. Die Versöhnung war also ausgefallen. Er hatte sich daraufhin demonstrativ ins Wohnzimmer zurückgezogen und auf dem Sofa die Nacht verbracht. Und nun dieser unbeschwerte Auftritt des Hallodris Siggi. Das war einfach zu viel.

Reiner K. weiß, dass er gelegentlich cholerisch reagiert, das hat er von seinem Vater geerbt. Doch der wird mit den Jahren immer ruhiger, weshalb er auch für sich hofft. Wie es scheint, ist er allerdings von dieser altersmilden Phase noch ziemlich weit entfernt. Nach jedem Ausbruch ist er wütend auf sich selbst, weil er sich nicht im Griff hatte. Doch da ist es bereits zu spät, das Kind liegt im Brunnen. Oder das Porzellan ist zerschlagen. Wie man will.

Er dreht den Schlüssel und startet den Motor erneut. Der Zorn ist verraucht, Reiner schäumt meist wie eine Selters nach dem Öffnen: Es zischt, es blubbert, die Perlen steigen nach oben und das Gas rauscht vernehmlich durch den Hals, danach kehrt alsbald Ruhe ein, ab und an perlen noch kleine Bläschen von der Innenwand. Der Wagen rollt vom Hof und ordnet sich in den Morgenverkehr ein.

»Was ist die erste Station?«, erkundigt sich Siggi und fährt sich mit der rechten Hand durchs Haar, das heute Morgen gewiss noch keinen Kamm gesehen hat. Dann polkt er sich den Schlaf aus den Augenwinkeln.

Reiner bemerkt die Morgentoilette seines Kollegen. »Hast du wieder mal auswärts genächtigt?«

Siggi grinst und bleibt die Antwort schuldig. Der Kavalier genießt und schweigt, soll das wohl heißen, was aber ein wenig hochstapelnd ist: Siggi ist weder ein Kavalier noch besonders verschwiegen, wenn es um Frauen geht. Kaum ein Abenteuer behält er für sich. Er gehört zu der Sorte Männer, die ihre eigentliche Befriedigung erst dann erfahren, wenn sie darüber Mitteilung machen. Sie benötigen den anerkennenden Beifall, die bewundernden Blicke, die ihnen sagen, was sie für tolle Hechte sind. Wenn also statt einer Heldensaga nur ein Grinsen kommt, muss also nicht viel passiert sein. Reiner grübelt, ob er in der Wunde – sofern es eine ist – stochern oder besser darüber hinweggehen sollte.

»Es geht zuerst nach R. zu deiner Freundin Tina.«

Reiner hat den linken Blinker gesetzt und fährt vor bis zur Mitte der Kreuzung, auf der ein Verkehrspolizist mit erhobenem Stab steht.

Oh, kommentiert Siggi diese Mitteilung. Freude klingt anders.

»Hast dir wohl nicht die Zähne geputzt?« Reiner sucht auf der Ablage und findet dann eine angebrochene Pfeffi-Stange. »Lutsch das, damit du nicht aus dem Hals riechst wie eine Kuh ausm Arsch.« Er liebt die deutlichen Worte.

Siggi polkt sich zwei der rechteckigen, gepressten weißen Bonbons aus der Umhüllung und legt sie sich wortlos auf die Zunge. Was der alles bemerkt, denkt er und schaut aus dem Fenster.

Natürlich freut er sich auf die Begegnung mit Tina. Allerdings ist es übertrieben zu behaupten, sie sei seine Freundin. Sie steht ihm so nahe oder auch so fern wie die meisten anderen Frauen in den Einrichtungen, die sie bei ihren Liefertouren aufsuchen. Ja, klar, auch sie hat er bereits vernascht. Tina ist eine Süße und obendrein couragiert. Er mag Frauen, die was mit sich und der Welt anzufangen wissen. Sie braucht das Gemüse für ihren Laden und kennt die Waffen, die sie einsetzen kann, um an eine stabile Versorgung zu gelangen.

Beim ersten Mal sind Siggi und Tina noch heftig aneinandergeraten. Das war in der Zeit vor Reiner, als er selbst noch im Besitz einer Fahrerlaubnis gewesen war und hinterm Lenkrad saß. Siggi hatte Tina als neue Chefin des Mitropa-Imbiss angeredet, was ihr sauer aufstieß. Sie leite eine HO-Gaststätte, die sich zufällig im Bahnhof befindet, gab sie verärgert zurück. Die Mitropa genießt keinen guten Ruf, die Beköstigung zwischen zwei Zügen oder auf der Schiene ist nicht unbedingt Ausdruck hoher Gastlichkeit. Da legt man – in diesem Falle die quirlige Tina – gern Wert auf Unterscheidung. Bei ihr tragen die Tische sogar weiße Decken. Bei der Mitropa hingegen kennt man nur Sprelacart.

Siggi hat sich bald davon überzeugen können, dass Tina es ernst meinte mit ihrem Anspruch. Sie hatte Ideale und Visionen, sie wollte es wissen und war überzeugt davon, aus dem ihr übertragenen Unternehmen eine Oase der Gastlichkeit zu machen, die sich von den anderen Einrichtungen in der Stadt unterschied. Das brauchte einen langen Atem und Partner. Siggi von der GHG wurde so einer, und als Reiner kam, auch er.

Sie treffen nach zehn vorm Bahnhof in R. ein und werden bereits erwartet.

»Ihr seid spät dran«, tadelt Tina und schaut auf die Uhr. »Gab´s unterwegs irgendwelche Probleme?«

»Mitnichten«, antwortet Siggi und küsst die Wirtin auf die Wange. Er hat auf der gesamten Fahrt ein Pfeffi nach dem anderen gelutscht und wähnt sich geruchsfrei. Reiner klappt die rückwärtige Planke herunter und wirft die Plane über, dann klettert er auf die Ladefläche. Tina hält bereits die Bestellliste in der Hand, um zu vergleichen, ob alles in der angeforderten Menge dabei ist. Siggi nimmt seinem Kollegen die Stiegen aus der Hand und sagt laut an, um was es sich handelt, und Tina macht auf ihrem Zettel einen Strich. Bald schon stapeln sich die Behältnisse neben der Tür, und irgendwann wird auch die letzte georderte Stiege von Reiner herabgereicht. Tina hakt auch sie ab und ist zufrieden: alles da. Nicht ein Kohlrabi fehlt. Die Kartoffeln sind ein wenig schrumplig, manche bereits matschig, andere sind aber im ganzen Land momentan nicht zu kriegen. Sie alle kommen aus dunklen Lagerhallen, doch so viel Keimstopp man auch auf die Knollen sprüht: sie schrumpeln im Laufe der Monate. Kartoffeln bestehen zu 75 Prozent aus Wasser, das verflüchtigt sich. Besonders schnell, wenn sie zu keimen beginnen. Hinzu kommen noch mechanische Verletzungen bei der Ernte. Wenn die geschädigten Erdäpfel nicht aussortiert werden, fangen sie an zu faulen und stecken ihre Nachbarn an. Kartoffeln sind, was kaum wahrgenommen wird, sehr empfindlich. Und importierte Frühkartoffeln kennt man im Osten Deutschlands nicht. Tina mustert kritisch die Kartoffelsäcke und sieht die feuchten Stellen in der Jute. Das wird sie als erstes machen lassen: die faulenden Knollen aussortieren.

Nachdem die drei das Gemüse in die Lagerkammer neben der Küche getragen haben, lädt Tina zum zweiten Frühstück ein. Fürs Mittagessen ist es noch zu früh, außerdem öffnet die Gaststätte erst 12 Uhr. So nehmen sie denn in der Küche am Personaltisch Platz. Tina brüht Kaffee, natürlich türkisch, legt einige Würste aufs Brett, dazu Butter und Brot. Rustikal, einfach, schmackhaft. Die Wurst kommt nicht aus der Fabrik, sondern vom Fleischer um die Ecke, dito das Brot, das nicht Bauernbrot heißt, wohl aber eines ist: kreisrund, mit dicker brauner Kruste und wie eine ganze Backstube duftend. Ob sie auch Hackepeter habe, erkundigt sich Reiner, und Tina eilt sofort zum Kühlschrank.

Siggi hobelt sich vom Brotlaib, den er sich in die linke Armbeuge geklemmt hat, eine Scheibe ab, schmiert dick goldgelbe

Der Bahnhof in Reichenbach heute: tot

Butter darauf und sticht mit dem Messer in den Klumpen Gehacktes. »Ach«, sagt er genießerisch, nachdem der erste Bissen runtergeschluckt ist, »es gibt doch nichts Köstlicheres als eine Hackepeterstulle.« Dem Urteil schließt sich Reiner uneingeschränkt an. »Vor allem in Tinas Küche.« Er grinst frech zur Gaststätten-Wirtin hinüber.

So schwelgen und schwatzen sie, sich des Luxus nicht bewusst, den man eigentlich genießt. Der heißt Zeit. Sie werden nicht von in Minuten getakteten Routenplänen gehetzt, es gibt keinen Boss, der am Abend den Tachografen ausliest, was nicht nur daran liegt, dass es auch noch keine Fahrtenschreiber gibt, die jeden Kilometer, jeden Stillstand und jede überzogene Pause dokumentieren. Man hat füreinander Zeit, Arbeit ist sozial und nicht Akkord.

»Tina«, sagt Reiner mit vollem Mund, »was macht eigentlich Rita, deine Schwester?«

Da schlägt sich Tina an die Stirn und beginnt zu fluchen. Sie habe vergessen, zu Hause anzurufen und den Eltern mitzuteilen, dass sie heute nicht kommen könne. darum sollten sie Rita schicken, um die Abfälle zu holen. Das hat sich eingebürgert: Was in der Küche in der Tonne landet, fressen die Schweine. Nahezu jeder hier hält sich Vieh, kaum eine Familie, selbst wenn sie auf der LPG arbeitet, ist ohne Sau. Als Resteverwerter und als Wurst- und Fleischlieferant für den Winter.

Sobald das Jahr sich dem Ende neigt, beginnt überall auf den Höfen die Abstecherei, Schlachtefest geheißen. Nahezu die ganze Familie ist daran beteiligt. Und natürlich ein professioneller Schlächter. Das Tier bekommt mit dem Bolzenschussgerät den Schädel zertrümmert, dann wird die Kehle durchtrennt und das Blut in einem Eimer aufgefangen – das benötigt man später für die Blutwurst. Dabei muss es ständig gerührt werden, um zu verhindern, dass es gerinnt. Keine angenehme Übung für Menschen mit schwachen Nerven, denen der warme, süßliche Geruch von Blut auf den Magen schlägt. Danach wird die Sau mit heißem Wasser übergossen und rasiert – mit scharfen Kegeln entfernt man die Borsten. Danach wird die Haut vom Körper getrennt und zur VEAB in der Kreisstadt gebracht.

Der volkseigene Erfassungs- und Aufkaufbetrieb erwirbt von privat alles, was im Garten und im Stall anfällt, auch Tierhäute, die dann der Lederproduktion zugeführt werden. Von Lindenblüten bis Seidenraupenkokons wird alles genommen, dafür gibt es entweder Bares oder Bezugsscheine für Kleie oder Bettwäsche. Tina kennt einige, die sich mit den Maulbeerbäumen auf dem Kirchhof – Seidenraupen fressen nur Blätter von Maulbeerbäumen – die Aussteuer für ihre Kinder erwirtschaftet haben.

Nachdem die Sau enthäutet und enthauptet ist, wird sie auf die Leiter gezogen und der Bauch aufgetrennt. Danach wird das tote Tier kunstvoll ausgenommen. Inzwischen ist auch der Fleischbeschauer erschienen, der Proben unterm Mikroskop nach Trichinen untersucht. Ist das Fleisch frei von diesen winzigen Fadenwürmern, erteilt er schriftlich die Freigabe zur weiteren Verarbeitung. Spul- und Bandwürmer, die sich mitunter in den Gedärmen der Tiere befinden, interessieren ihn nicht. Das tun allenfalls die Hühner, die sie sofort aufpicken, wenn beim Spülen der Därme die weißen Fäden auf den Hofboden fallen.

Tina schießt vom Stuhl hoch und will zum Telefon in der Gaststube eilen, doch Siggi hält sie am Arm fest. »Wir können doch die Tonne zu deinen Eltern bringen.« Und an Reiner gewandt: »Oder was meinst du?«

Nun, Reiner meint nichts, denn Tinas Eltern wohnen in G., wo sie ohnehin hinmüssen. Doch er ahnt den tieferen Sinn von Siggis harmloser Frage.

»Du kannst ja so lange hierbleiben und auf Tina aufpassen, ich bin dann gegen Mittag wieder zurück.«

»Gute Idee«, kommentiert sein Beifahrer den Vorschlag, und das ist gewiss nicht gelogen. Die Einladung zum Schäferstündchen findet auch bei Tinas Beifall, die aber dennoch die Eltern anruft. Die informieren sie, dass Rita bereits mit dem Rad nach R. unterwegs sei, sie müsste bald eintreffen. Tina habe, was sie wohl schon wieder vergessen hätte, ihnen in der vergangenen Woche jene Tage mitgeteilt, an denen sie, wechselweise mit der Köchin, die Futterreste aus der Küche bringen würde. Und da sie heute Abend zum Englisch-Sprachkurs nach Dresden müsse, würde sie also nicht kommen.

»Stimmt«, entgegnet Tina, die völlig vergessen hatte, dass bereits alles geregelt war. Sie ist ein Organisationstalent. Und die neigen in ihrem Eifer zur Perfektion mitunter dazu, manches zu vergessen oder nach der Methode zu organisieren: zweifach genäht hält doppelt.

»Vielleicht wäre es darum hilfreich«, sagt die Mutter am Telefon, »wenn der Fahrer gleich aufbrechen würde. Dann könnte er Rita unterwegs abfangen, und sie müsste sich nicht auf den langen Weg machen.«

»Hm«, sagt Tina, »er fährt gleich los.« Sie kehrt in die Küche zurück. »Tut mir leid, Reiner«, sagt sie, und dabei verzieht sie betrübt ihr hübsches Gesicht, »Rita kommt bereits mit dem Rad. Mutter meint, du könntest sie gleich einladen, wenn du ihr begegnest.«

»Und wenn nicht?«

»Du weißt doch, wo wir wohnen.« Vorsichtshalber beschreibt Tina ihm noch mal die An- und Durchfahrt von G., wo sich das elterliche Anwesen befindet.

Reiner nickt. »Und wo ist die Tonne, die ich dann fahren soll?«

»Vermutlich da, wo sie immer steht«, sagt Siggi, der sich in den Räumlichkeiten von Tinas Tempel bestens auskennt. Gemeinsam wuchten sie schließlich die unangenehm riechende »Speckitonne« mit Küchenabfällen und Speiseresten auf die Ladefläche des Lieferfahrzeugs. Unmöglich, so ein Ding mit dem Rad befördern zu wollen. Reiner verriegelt die Planke und sagt nur Tschüss. Tina und Siggi verziehen sich umgehend ins Haus. Viel Zeit bleibt ihnen nicht. Die Köchin kommt bald, und vielleicht auch Rita, denn es ist nicht sicher, dass sich Reiner und sie begegnen und er ihr Rad und sie selbst mit nach G. zurücknimmt. Also heißt es eilen.

Die Landstraße nach G. ist die kürzeste Verbindung. Reiner K. hätte auch die besser ausgebaute nördliche Route Richtung M. nehmen können, doch die ist erheblich länger. Also macht er sich auf die vielleicht acht Kilometer lange Strecke, die durch Felder und kleinere Waldflecken führt, immer in Sichtweite des Bahndamms der Strecke Dresden-Görlitz. Der nächste Bahnhof hinter R. befindet sich in G., dort steigt Tina zu oder aus. Dass sie mit der Bahn auch die Küchenabfälle befördert, glaubt Reiner nicht. Wie also kriegt sie den Schweinefraß nach Hause? Na, das kann ihm auch egal sein, denkt er sich und gibt Gas.

Auf der abgelegenen Landstraße kommt ihm kaum ein Fahrzeug entgegen. Die wenigen Berufskraftfahrer, die ihm begegnen, kennt er. Man hebt grüßend die Hand, dann ist das Fahrzeug auch schon vorüber. Eine Radfahrerin hingegen trifft er nicht. Dann passiert er auch schon das gelbe Ortsschild von G., fährt am Dorfkonsum vorbei, wo er ein paar Stiegen Gemüse abliefern soll, es jedoch nicht tut. Das kann er später machen, mit Siggi. Erstens ist er nicht scharf auf die Frage: Wo ist denn dein Beifahrer?, und zweitens ist er zu bequem: Warum sollte er für Siggi arbeiten, während der pimpert?

Ohne Mühe findet er das Anwesen. Er stoppt vor dem Bauernhof, und kaum dass der Motor verstummt ist, steht auch schon Tinas Mutter vor dem Tor. Reiner klettert aus dem Fahrerhaus, sagt »Tach« und öffnet die rückwärtige Planke. Er solle die Tonne gleich hinterm Tor abstellen, sagt die Frau mit den grauen Haaren und den lebhaften Augen, die Reiner bereits von Tina kennt. Die Ähnlichkeit ist nicht zu übersehen. Rita habe er wohl nicht getroffen, erkundigt sie sich, und Reiner schüttelt den Kopf. Nee, ihm sei kein Radfahrer begegnet. Dass die Frau ihn duzt, obgleich man sich kaum kennt, ist normal. Hier reden sich alle mit Du an. Das steife Sie ist so gut wie verschwunden, wie eben in kurzer Zeit auch andere lockere Umgangsformen Einzug gehalten haben. Akademische und sonstige Titel zum Beispiel werden kaum mehr in der Anrede benutzt. »Herr Doktor« ist allenfalls der, der berufswegen einen weißen Kittel trägt. Der akademische Grad steht nur noch auf den Visitenkarten, doch auch diese sind kaum in Gebrauch. Man findet es albern, jemandem ein Kärtchen mit seiner Adresse in die Hand zu drücken. Wozu? Der Umgang miteinander ist lockerer geworden, weshalb es inzwischen auch als völlig normal gilt, sich an der Ostsee nackt ins Wasser zu stürzen. FKK ist die Regel, Badehose die Ausnahme.

Nachdem Reiner die Tonne abgeliefert hat, macht er sich wieder auf den Rückweg nach R. Er verabschiedet sich mit einem Kopfnicken. Im Rückspiegel sieht er die Frau im Hof verschwinden. Er startet, legt den Gang ein und gibt Gas.

Nach kaum einer Viertelstunde erreicht er den Bahnhof in R. Am Eingang zur Gaststätte lehnt ein Rad. In diesem Land schließt niemand mehr ein Fahrrad ab, nachdem die Russen sich selbst in ihre Kasernen eingesperrt haben. Damals, nach dem Krieg, sind Räder beliebte Beute gewesen. Es wurde geklaut, was das Zeug hielt. Nicht nur Räder, die aber besonders gern, es war das einzige Transportmittel für jedermann, nachdem der Nahverkehr zusammengebrochen war. Und es klauten nicht nur die Soldaten der Besatzungsmacht, sondern auch die Deutschen machten lange Finger. Das legte sich aber bald, nachdem Sitte und Anstand zurückgekehrt waren und die neue Ordnung streng dafür sorgte, dass die Bürger sich sicher fühlen konnten. Fahrräder verschwanden nie. Man lehnte das Rad morgens an den Zaun und konnte sicher sein, dass es dort auch noch am Abend stand.

Reiner hupt kurz zum Zeichen seiner Ankunft und springt auf die Straße.

Drinnen wirbelt Tina mit der Köchin bereits in der Küche, aufmerksam beobachtet von Siggi und Rita, die am Tisch hinter einer giftgrünen Brause sitzt. Waldmeister, was sonst.

»Schon da?«, erkundigt sich Siggi scheinbar überrascht. In seinem Zweiwortsatz schwingt ein Ton tiefen Unbefriedigtseins mit. Reiner ahnt den Grund. Entweder kam die Köchin oder die Schwester zu früh. Pech gehabt, denkt er schadenfroh, und setzt sich mit an den Tisch.

»Kannst du mich schnell nach Hause fahren?«, bittet Rita, und Tina, die das mitbekommen hat, bekräftigt den Wunsch ihrer Schwester. »Sie schafft es sonst nicht mehr zu ihrem Zirkelnachmittag.«

»Was für ein Zirkelnachmittag?«, fragt Reiner.

»Ich bin bei den Ornithologen«, antwortet Rita.

»Orniwas?« Siggi scheint das Wort noch nie gehört zu haben.

»Bei den Vogelkundlern.«

Reiner grinst. »Und was vögelt ihr da?«

Die Frage trägt ihm einen missbilligenden Blick der 16-Jährigen ein. Sie beobachteten und bestimmten die Vögel in ihrer Umgebung. Und sie bauten auch Vogelhäuschen, erklärt sie. Heute würde ihre Schularbeitsgemeinschaft Nistkästen für Singvögel bauen. Da möchte sie nicht zu spät kommen, es könnte ihr als Drückebergerei ausgelegt werden, was sie erstens nicht wolle und was zweitens unzutreffend sei. »Also, fährst du mich rum?«, fragt sie den Lkw-Fahrer.

»Kann ich wenigstens noch etwas trinken?« Reiner reagiert etwas ungehalten. Ist er denn der Kutscher für alle und jeden? Und was bekommt er für solcherart Dienstleistung? Tinas freundliches Lächeln, einen lauen Händedruck? Siggi nagelt sie und hat seinen Spaß, er aber geht immer leer aus. Reiner findet das ungerecht und wirft Siggi einen bösen Blick zu, den der aber nicht wahrnimmt. Siggi hat nur Augen für Tina, die an den Kochtöpfen hantiert. Sie hat ja wirklich eine beachtliche Figur, allein ihr Arsch ist ein Gedicht. Nicht zu rund, nicht zu klein, kein Gramm zu viel und keins zu wenig. Da möchte auch er gern einmal Hand anlegen. Doch so lange Siggi dort Eigentumsrechte beansprucht, hat er keine Chance. Wieso bekommt ausgerechnet der immer die schärfsten Weiber? Zumindest empfindet Reiner es so, dass er stets den Kürzeren zieht. Er nimmt einen Schluck Bier, das ihm Tina gezapft hat. Sie weiß so gut wie er, dass Alkohol am Steuer verboten ist. Sie wissen aber auch, dass das Helle ziemlich dünn ist und der darin enthaltene Alkohol eigentlich schon verflogen ist, ehe er die Leber erreicht. Und wer kontrolliert schon um diese Zeit auf der Landstraße zwischen R. und G.?

»Wollen wir?« Rita drängelt. Reiner schlürft den letzten Tropfen aus dem Bierglas, dann erhebt auch er sich. Sie verabschiedet sich von ihrer Schwester mit einem Küsschen auf die Wange und schwirrt hinaus, Reiner folgt ihr. Er ist sich sicher, dass wenig später Siggi mit Tina im Keller verschwinden wird, die alte Sau.

Er nimmt Ritas Rad und wirft es über die Planke auf die Ladefläche. Ob es nicht ein wenig vorsichtiger gehe, sagt sie vorwurfsvoll, das sei noch Friedensware. Friedensware heißt alles, was vor 1939 produziert worden ist. Während des Krieges ist an allen Zutaten gespart worden, Materialien durch billige Stoffe ersetzt. Was in den 40er und frühen 50er Jahren hergestellt worden ist, gilt darum grundsätzlich als minderwertig. Und das zuvor Produzierte als hochwertig, was besonders pfleglich zu behandeln ist.

Reiner knurrt etwas Unverständliches und klettert ins Führerhaus. Rita nimmt wie selbstverständlich auf dem Beifahrersitz Platz und schüttelt sich die Haare, die lang und blond auf ihre Schultern fallen. Keck reckt sie ihre Nase, nicht minder keck recken sich spitz ihre Brüste unter dem Pulli. Kein BH, das sieht Reiner sofort. Sie muss auch noch keinen tragen. In ein paar Jahren ... O Margot, denkt er.

»Bist du noch nicht fertig mit der Schule?«, beginnt Reiner das Gespräch, um nicht wie ein Schweigemönch nur auf die Straße zu starren.

»Nee, ab September geht's weiter. Elfte Klasse. Ich will doch Abitur machen und dann studieren.«

Reiner pfeift durch die Zähne. »Studieren, soso. Was willst du denn studieren?«

»Weiß ich noch nicht.«

»Aber du wirst doch schon bestimmte Vorstellungen

»Garant« der GHG Görlitz, mit dem Reiner K. liefert

haben? Was Technisches. Oder was Medizinisches.« Mehr fällt ihm nicht ein. Ingenieur oder Arzt. Was kann man sonst noch studieren? Er hat keine Ahnung, das ist ihm eine fremde Welt, weit weg. Er will sie auch nicht erkunden.

Rita rollt mit den Augen. »Vielleicht was mit Kybernetik.«

Reiner schweigt. Was ist das nun schon wieder für ein neumodischer Scheiß? Nie davon gehört.

Seine Beifahrerin interpretiert die Pause richtig. »Na ja«, beginnt sie und deutet mit diesem Einstieg an, dass die Sache nicht ganz leicht zu verstehen ist. »Im engeren Sinne geht es um Kommunikation, um die Steuerung maschineller und elektronischer Systeme, im weiteren um die Steuerung der gesamten Volkswirtschaft und der Gesellschaft.«

»Hä? Ich verstehe nur Bahnhof.«

»Ist schon gut. Ich sagte doch, dass die Sache ein wenig kompliziert ist.« Das klingt in Reiners Ohren ein wenig herablassend. Er schluckt die altkluge Belehrung hinunter.

»Und was Praktisches, also was mit Tieren, wie hieß das gleich, dieses Ornidingsbums?« Reiner versucht, den Dialog auf ein ihm verständlicheres Terrain zu ziehen.

Rita lacht. Sie zeigt ihre perlweißen Zähne, die stehen alle fein in Reih und Glied, makellos ihr Gebiss wie ihr Lachen. Unverkrampft, hell und rein. Dazu wippen die Brüste im Takt. Reiner registriert das Auf und Ab mit Verzückung.

»Du meinst Ornithologie? Ich glaube, dafür gibt es keine spezielle Studienrichtung. Wahrscheinlich muss man dafür Biologie belegen und sich dann qualifizieren. Keine Ahnung, ich habe mich dafür nie interessiert.«

»Aber du bist doch in einer solchen Arbeitsgemeinschaft, wie du vorhin gesagt hast.«

»Warst du nicht mal in der AG Junge Brandschutzhelfer und bist trotzdem nicht Feuerwehrmann geworden?«, entgegnet die Beifahrerin mit einigem Witz und muss selbst über die Analogie lachen.

»Ich war nie junger Brandschutzhelfer.«

»Mann, das war doch nur ein Beispiel. In welcher Schularbeitsgemeinschaft warst du denn?« Die Frage ist berechtigt: Es gibt an allen Schulen Arbeitsgemeinschaften, kaum einer kann sich den pädagogisch wertvollen Freizeitangeboten entziehen.

»Ich?«

»Ist sonst noch wer an Bord?«

»Ich glaube, ich war mal eine Zeitlang bei den Jungen Historikern. Wir haben das Leben von Wilhelm Pieck erforscht. Unsere Schule war nach ihm benannt.«

Rita bläst die Wangen auf. Was gebe es da zu erforschen? Über den ehemaligen Präsidenten sind Biografien erschienen, Reden und Aufsätze von ihm, Bildbände und so weiter. Das muss doch verdammt langweilig gewesen sein.

Deshalb sei er auch bald abgehauen, entgegnet Reiner. Immer nur irgendwelche Stellen für die Wandzeitung abzupinseln oder Beiträge für die Zeitung zu schreiben, was man zu seinem Geburtstag oder irgendwelchen anderen Jubiläen machte, habe ihn wahrlich nicht interessiert. Die anderen aber auch nicht. Deshalb sei die AG auch irgendwann eingeschlafen.

Reiner K. hängt dem Gedanken nach. Mein Gott, wie viele Jahre liegt das nun schon zurück?

Der Wagen erreicht ein kleines Waldstück kurz vorm Ortseingang. Von hier geht der Schleichweg zum Bahnhof, auf den Reiner unvermittelt den Wagen lenkt. Verwundert schaut ihn Rita an. Sie wolle nicht zum Bahnhof, sagt sie, sondern nach Hause.

Genau darum gehe es, sagt er, diese Dienstleistung koste, wenn schon keine Entlohnung, dann zumindest ein Trinkgeld. Und dabei strahlt er das Mädchen auf dem Beifahrersitz treuherzig an, als wäre diese Forderung das Normalste von der Welt.

Rita reagiert ahnungslos. »Was für ein Trinkgeld? Wir sind doch hier nicht in einer Kneipe!« Und greift nach dem Türgriff, als der Wagen stoppt. »Das ist mir zu blöd.«

Ehe sie aus dem Fahrzeug gesprungen ist, hat es Reiner bereits verlassen. Er läuft am Motorblock vorbei und greift Rita. Er umarmt sie, er drückt sie. Keineswegs aggressiv. Geschehe es weniger heftig, könnte man es liebevoll nennen. Er umschlingt sie aber, versucht gar, seine Lippen auf ihren Mund zu drücken, was auf starke Gegenwehr stößt.

»Lass mich!«, stößt Rita hervor. »Was soll das?« Noch immer glaubt sie, dass die Sache eine Art Spiel ist, nichts Ernsthaftes.

»Ich will mein Trinkgeld«, ruft Reiner, halb lachend, halb verwundert. Er scheint ebenfalls die Reaktion nicht sonderlich ernst zu nehmen, glaubt, dass dies nur ein Hinhalten ist, das übliche Spreizen, um das Begehren noch zu erhöhen. Denn wer sich gleich hingibt, gilt als versaut und frei von Anstand.

Er langt nach ihrem Busen, diesen kleinen, spitzen Tittchen, schiebt rasch die Hand unter den Pulli und findet seine Vermutung bestätigt. Er spürt nichts als nackte, straffe, glatte Haut.

Jetzt wird Rita laut, denn ihr ist bewusst: Das ist kein Spaß, der Kerl meint es ernst. Sie schreit »Hilfe!« und schlägt ihm ihre Fingernägel ins Gesicht, sie kratzt über die Wangen und hinterlässt blutige Spuren. »Hilfe!« Doch Reiner K. lässt nicht von ihr ab. Im Gegenteil: Je stärker sich Rita wehrt, um sich tritt, schreit, desto fordernder und aggressiver wird er. Er reißt sie zu Boden, drückt ihr die Hand auf den Mund, damit die Hilferufe verstummen. Mit der anderen Hand versucht er, ihre Arme zu bändigen. Er ist über die Kraft erstaunt, die sich ihm entgegenstemmt, damit hat er nicht gerechnet. Nicht mit dieser Vehemenz. Bis vor wenigen Augenblicken noch hat er geglaubt, leichtes Spiel zu haben. Sie würde sich ein wenig zieren, die üblichen Sperenzchen machen, um dann doch die Beine zu spreizen. Hat er angenommen. Allerdings liefert Rita keine Gründe für diese Vermutung, Reiner ist wieder einmal Opfer seiner Selbstsuggestion geworden. Er hat geglaubt, dass sie es ebenfalls wollte, was er noch immer will.

Mehr denn je und jetzt erst recht! Er kann doch nicht auf halbem Wege stehenbleiben, sich erfolglos zurückziehen, die Rechnung unbezahlt lassen? Er hat Rita gefahren, den Kutscher für sie gemacht, dafür kann er eine angemessene Entschädigung verlangen. Und was kostet sie das schon, zumal sie doch daran auch ihren Spaß haben wird? Reiner K. ist davon überzeugt, dass das, was ihm Freude und Genugtuung bereitet, auch von einer Frau so erlebt wird. Seine Fantasie reicht nicht hin, um sich vorzustellen, dass genau das Gegenteil der Fall sein kann. Wenn der Verstand in den Schwanz rutscht, sind Logik und Vernunft verabschiedet.

Reiner kämpft mit der schreienden Rita, die nicht nur ihre Fingernägel, sondern auch ihre Zähne einsetzt. Sie beißt ihm in die Hand, als er kurzzeitig den Griff lockert. Ihre Vorderzähne durchbohren die Haut an der Handkante, sie spürt den Knochen und hört jetzt ihn vor Schmerz aufschreien. Dann brüllt sie erneut »Hilfe, Hilfe!« und hofft auf Erlösung: Entweder dass Reiner K. von ihr ablässt oder dass Menschen, die ihre verzweifelten Rufe vernehmen, ihr zu Hilfe eilen. Der Kampf ist nur kurz, doch für Rita dehnen sich die Sekunden zu Minuten, zu Stunden. Sie merkt, dass ihre Kräfte zu schwinden beginnen. Das, so fürchtet sie, könnte von dem auf ihr liegenden Idioten irrtümlich als Kapitulation verstanden werden, als Hingabe gar. Diesem falschen Eindruck muss sie entschieden entgegenwirken, also mobilisiert sie ihre Kräfte erneut, strampelt, rudert mit den Armen, schreit.

Unweit von diesem Ort, an dem sich Reiner vergeblich müht, sein Trinkgeld einzutreiben, befindet sich Carl Löbner. Der Rentner ist mit seiner Sense und seinem Handwagen unterwegs: Er mäht im Straßengraben Futter für seine Karnickel. An jedem zweiten Tag macht er das, und die Straßenmeisterei hat nichts dagegen, denn dann muss sie es nicht selber machen. Es genügt ihnen bereits, die Obstbäume betreuen zu müssen, die die Land- und Fernstraßen säumen. Langsam kommen die Bäume in die Jahre, die Äpfel und Birnen, die Jahr um Jahr reifen, werden immer kleiner. Und es gibt kaum noch Menschen, die danach langen. In den ersten Jahren nach dem Krieg haben sie das Obst vom Baum geholt, noch bevor es reif war. Der Hunger trieb sie zum Mundraub. Inzwischen hat sich auch das geändert. Nur noch wenige zieht es hinaus, um Äpfel und Birnen zu pflücken. Allenfalls die Kleinbauern und Siedler, die sich Schweine oder Ziegen halten, sammeln das Fallobst ein.

Löbner stellt die Sense auf und langt nach seinem Wetzstein, der in einem kleinen, mit Wasser gefüllten Kumpf steckt. Bevor er zum Wetzen des Blattes ansetzt, hält er inne.

Hat da etwa jemand gerufen oder täuschen ihn inzwischen die Sinne? Er ist jenseits der 70 und nicht mehr der Jüngste. Augen, Ohren, Geschmack, nichts funktioniert mehr so richtig. Das Einzige, was sich mit dem Alter verbessert, scheint der Geruchssinn zu sein. Alles scheint ihm intensiver zu riechen. Frisch geschnittenes Gras zum Beispiel. Da fühlt er sich an seine Kindheit erinnert, wenn der Vater mit der Sense seine Bahnen auf der Wiese zog. Der Geruch lockte die Vögel an, wobei es wohl weniger der Geruch als vielmehr der Hunger war. Zwischen den nunmehr stoppelkurzen Grasbüscheln waren Würmer und Schnecken leichte Beute. Amseln, Drosseln, Stare, Zaunkönige, Heckenbraunellen, Kleiber, Baumläufer, Rotkehlchen und Spechte, all die Weichfutterfresser ließen sich hinter dem Vater nieder, manchmal stakste sogar ein Storch hinterdrein. Die winzigen Rasenflächen, die Löbner im Straßengraben rasiert, sind keine sonderlich einladende Tafel. Doch ab und an lässt sich doch dieser oder jener Vogel nieder, und er sieht es mit Freude und Wohlgefallen. Und atmet tief ein.

Löbner setzt den Wetzstein an, der an der Spitze schon ziemlich abgeschliffen ist. Auf beiden Seiten weist er tiefe Einbuchtungen auf. Das kommt von der Art des Wetzens: Vorn und hinten im raschen Wechsel gleitet der Stein am Blatt entlang, ratschratsch, und immer aus dem Handgelenk. Dazu bedarf es der Übung, ehe man diese Technik beherrscht. Anfänglich ist es langsam gegangen und manchmal auch ins Fleisch, denn eine gut gedengelte Sense ist scharf wie ein Rasiermesser.

Löbner stoppt wieder und lässt die Hand mit dem Wetzstein sinken. Hat da jemand »Hilfe!« gerufen? Sollte er sich vorhin doch nicht verhört haben? Der Rentner spitzt die Ohren, auch sein Hund tut dies. Er richtet die Lauscher auf und hebt merklich den Kopf. Da, da war es wieder. Ganz deutlich war es zu hören: »Hilfe! Hilfe!« Die Rufe kommen aus dem kleinen Waldstück, keine zweihundert Meter von hier.

Er stellt die Sense vorsichtig an den Baum und eilt in die Richtung, aus der der Hilferuf gekommen ist. Der Hund läuft voraus, er dreht sich aber regelmäßig um, ob sein Herr ihm auch folgt. Erst als der ihm mit der Hand ein Zeichnen gibt, rast der Schäferhund los. Sekunden später ist er hinter den Bäumen verschwunden und schlägt an. Löbner beschleunigt seine Schritte, aber ein alter Mann ist nun mal kein D-Zug. Der Hund bellt, Löbner hört lautes Geschrei, mindestens zwei Stimmen sind zu vernehmen.

Dann bricht auch er ins Unterholz, durch die Bäume sieht er die Umrisse eines Lastwagens. Löbner folgt dem Bellen seines Hundes, es ist ganz in der Nähe. Dann sieht er ihn auch. Der Hund sitzt, wie es ihm beigebracht worden ist, bei Fuß, und schlägt nur an, wenn sich der Mann, der sich inzwischen erhoben hat, zu bewegen droht. Er muss fürchten, dass der Hund sofort auf ihn schießt und sich verbeißt, machte er sich vom Acker.

Vor ihm, auf dem Boden, liegt ein Mädchen. Und Löbner ahnt mehr als er sieht, dass zwischen diesen beiden Personen etwas Unangenehmes, Widerwärtiges geschehen sein muss, sonst hätte die junge Frau nicht um Hilfe gerufen und würde jetzt nicht von Heulkrämpfen geschüttelt werden. Beim Nähertreten erkennt Löbner sie sofort.

»Mensch, Rita, was ist passiert?«, ruft der Alte zu ihr hinüber.

Der Hund knurrt, der Mann hat sich bewegt.

Rita erhebt sich, umarmt Löbner, weint, dankt. Die Anspannung löst sich. »Der Kerl wollte mir an die Wäsche.«

Löbner mustert kritisch die Kleidung, es sieht nicht so aus, als ob das Äußerste passiert ist. »Kennst du ihn?«

»Ja, leider«, antwortet Rita.

»Dann ist ja alles klar, dann können wir ihn ziehen lassen«, sagt Löbner. Und an den Fremden gewandt: »Hau ab, du Dreckskerl, die Polizei wird sich bei dir melden. Da kannst du sicher sein.« Sofort erhebt sich der Schäferhund, als sich Reiner zum Fahrzeug begibt. »Platz«, kommandiert Löbner. Der Hund gehorcht aufs Wort.

»Mein Rad ...« Rita weist auf die Ladefläche. Reiner K. hebt es vom Wagen und lehnt es wortlos an einen Baum. Dann steigt er ein. Der Lkw wendet und kehrt zur Landstraße zurück.

Das Schicksal nimmt seinen Lauf. Anzeige, Ermittlung, Vernehmung, Prozess.

Wenige Monate später verurteilt die Strafkammer des Kreisgerichts Görlitz-Land Reiner K. wegen »versuchter Notzucht« zu zwei Jahren Zuchthaus. Im Verfahren kommt natürlich auch das frühere Verfahren zur Sprache. Der Richter führt in der Begründung an, dass Reiner K. »einer von den wenigen« sei, »die noch immer glauben, jede Frau als Freiwild betrachten zu können«. Ach, es geht ja nicht ums Betrachten, sondern um die Handlungen, die Männer mit dieser Haltung verüben.

Der Gerichtsberichterstatter der *Sächsischen Zeitung* Hawe – ob er wirklich so heißt oder ob es sich um ein Akronym handelt, gebildet vielleicht aus Hans Weber oder so, ist nicht herauszufinden – stellt seinen Beitrag unter die sehr sachliche Überschrift »›Trinkgeld‹ mit Gewalt zu erzwingen versucht«. Damit macht er sich die Lesart des Täters zu eigen, weil Reiner K. meinte, einen Anspruch auf ein Trinkgeld, von dessen Charakter er sehr präzise Vorstellungen besaß, mit Nachdruck geltend machen zu müssen.

Der Beweis für sein gewaltsames Vorgehen war rasch erbracht, die Indizien waren eindeutig, wie es eben Zeugen gab. Reiner K. bestritt auch nicht die Vorwürfe. Das ersparte dem

„Trinkgeld" mit Gewalt zu erzwingen versucht

Von unserem Gerichtsberichterstatter Hawe

Wenn ich über die vor dem Kreisgericht Görlitz-Land durchgeführte Verhandlung gegen den 29jährigen Kraftfahrer ████ wegen versuchter Notzucht berichte, geht es mir nicht nur um diese unehrenhafte Tat allein. Es geht nämlich auch darum, daß wahrscheinlich vom Betrieb zuwenig die durchgeführten Fahrten, der Betriebsstoffverbrauch, die gefahrenen Kilometer und die geleisteten Überstunden kontrolliert wurden. Das besser zu tun, würde der Rentabilität des Betriebes mehr dienen. Wenn ein Kraftfahrer diesen Dingen ehrlich gegenüber steht, braucht er deshalb auch nicht ungefällig zu sein. Natürlich darf seine Gefälligkeit nicht so ausarten, daß man schon vorher mit einer unzweideutigen Art „Trinkgeld" eine Frau in Gewissensnot bringt und, wenn das „Trinkgeld" nicht freiwillig „gezahlt" wird, dies mit Gewalt zu erzwingen sucht.

████ ist verheiratet und Vater. Er ist wegen unsittlichen Dingen schon vorbestraft. Der Angeklagte hatte eines Tages den Auftrag, von seinem Betrieb Obst und Gemüse in Verkaufsstellen des Kreisgebietes zu liefern. Als er mit dem LKW von Sohland zurück nach Reichenbach kam, wurde in der Bahnhofsgaststätte Rast gemacht, weil besonders der Beifahrer mit der Serviererin gut bekannt war. Im Verlauf eines Gesprächs bat die Serviererin den Angeklagten, auf der Fahrt nach Gersdorf einige Küchenabfälle mitzunehmen. Um nun dem Beifahrer einen längeren Aufenthalt in der Gaststätte zu ermöglichen, fuhr ████ alleine los. Er lieferte die Abfälle ab, doch die eigentliche Lieferung nach Gersdorf, Obst und Gemüse, brachte er wieder zurück.

In der Zwischenzeit war die Schwester der Serviererin in Reichenbach eingetroffen, um die Abfälle zu holen. ████ mußte ja noch einmal nach Gersdorf, und so wurde er gebeten, die Schwester mit zurückzunehmen. Sofort stellte er an die Serviererin die Frage betreffs des „Trinkgeldes", die mit einem Achselzucken beantwortet wurde. Nochmals wurde sofort die Fahrt ohne Beifahrer, jedoch mit dem Mädchen angetreten. Als ████ ein Waldstück durchfahren hatte, hielt er an, forderte das Mädchen unter fadenscheiniger Begründung auf auszusteigen, und forderte das „Trinkgeld", das er, da sich das Mädchen energisch gegen seine Angriffe wehrte, mit Gewalt erzwingen wollte. Auf einen Hilferuf hin hielt er dem Mädchen den Mund zu. Sie brachte ihm einige Kratzwunden im Gesicht bei, die bei der Beweisaufnahme eine wichtige Rolle spielten. Ein etwas weiter vom Ort abwohnender Bürger hatte die Angstrufe des Mädchens wahrgenommen und war mit seinem Hund zu Hilfe geeilt.

Derartige Handlungen gefährden die Ordnung und Sicherheit und lösen bei unseren Bürgern, ganz besonders bei unseren Frauen, mit Recht Empörung aus. Diese Vergehen sind also im hohen Grade gesellschaftsgefährlich. Der Angeklagte ist einer von den wenigen, die noch immer glauben, jede Frau als Freiwild betrachten zu können. Die Strafkammer des Kreisgerichts Görlitz-Land verurteilte den Angeklagten ████ zu 2 Jahren Zuchthaus.

Gerichtsbericht in der Sächsischen Zeitung

Opfer schlimme Momente, wie sie oft andere vergewaltigte Frauen ertragen mussten und noch müssen.

Hawe schlägt in seinem Bericht einen großen Bogen von der »unehrenhaften Tat« bis zur Mitverantwortung der GHG Görlitz, bei der Reiner K. beschäftigt ist. Der Betrieb sei »wahrscheinlich« seiner Kontrollpflicht »zu wenig« nachgekommen. Würde er »die durchgeführten Fahrten, den Betriebsstoffverbrauch, die gefahrenen Kilometer und die geleisteten Überstunden« besser kontrollieren, wäre das »der Rentabilität des Betriebes« dienlich. Prinzipiell ist das richtig, doch Überlegungen dazu gehörten in den Wirtschaftsteil der Zeitung und nicht in einen Gerichtsbericht. Wäre Reiner K. bei einer schärferen Buchhaltung über Betriebsstoffe etwa nicht zum Notzuchttäter geworden?

»Natürlich darf seine Gefälligkeit« – gemeint ist die Hilfe von Kraftfahrern allgemein – »nicht so ausarten, dass man schon vorher mit einer unzweideutigen Art ›Trinkgeld‹ eine Frau in Gewissensnot bringt und, wenn das ›Trinkgeld‹ nicht freiwillig ›gezahlt‹ wird, dies mit Gewalt zu erzwingen sucht.«

Dunkel und verworren ist des Gerichtsreporters Sinn.

Nehmen wir mal an, dass der Autor nur mit der deutschen Sprache ein wenig auf Kriegsfuß stand und nicht auch mit den Moralvorstellungen. Darum sollten wir Hawe den Schluss nachsehen, der an Harmlosigkeit kaum zu überbieten ist. »Derartige Handlungen gefährden die Ordnung und Sicherheit und lösen bei unseren Bürgern, ganz besonders bei unseren Frauen, mit Recht Empörung aus.«

Unsere Bürger, unsere Frauen? Wem waren sie untertan und wem gehörten sie?

Hawe – o weh!

Inhalt

224 Seiten,
broschiert
12,99 €
ISBN
978-3-360-02194-6

eBook 7,99 €
ISBN
978-3-360-50085-4

Eveline Schulze
Vaters Pistole
Authentische Kriminalfälle

Erst erschoss sie den Hund, dann die Tochter und schließlich sich selbst. Die Titelgeschichte des neuen Buches der Autorin aus Görlitz mit authentischen Kriminalfällen aus der Region ist mehr als nur ein Eifersuchtsdrama. Sie greift zurück bis ins Dritte Reich … Von unheilvollen Familienbanden und milieugeprägten Tätern erzählen auch die beiden anderen Geschichten des Buches, in denen die Autorin wieder einmal faktische Genauigkeit und spannendes Erzählen vereint.

224 Seiten,
broschiert
12,99 €
ISBN
978-3-360-01314-9

eBook 9,99 €
ISBN
978-3-360-50134-9

Eveline Schulze
Die Tote auf den Gleisen
Authentische Kriminalfälle

Am Morgen findet ein Streckenläufer der Reichsbahn eine Frau tot auf den Gleisen. Trotz winterlicher Temperaturen trägt sie weder Mantel noch Jacke. Die Kriminalpolizei ermittelt, dass es sich um die 20-jährige Ruth F. handelt, Studentin an der Arbeiter- und Bauernfakultät in Görlitz. Man geht von einem Selbstmord aus. Auch in den beiden anderen Fällen geht es spannend zu: Ein junger Mann glaubt 1990, den Mord an seiner Freundin vertuschen zu können. Und Ende der 60er Jahre jagt die K in Görlitz einen Vergewaltiger, der es auf Frauen mit Brille abgesehen hat. Minutiös rekonstruiert Eveline Schulze aus Unterlagen und Zeugenberichten den Tathergang und begibt sich auf spannende Tätersuche.

das-neue-berlin.de

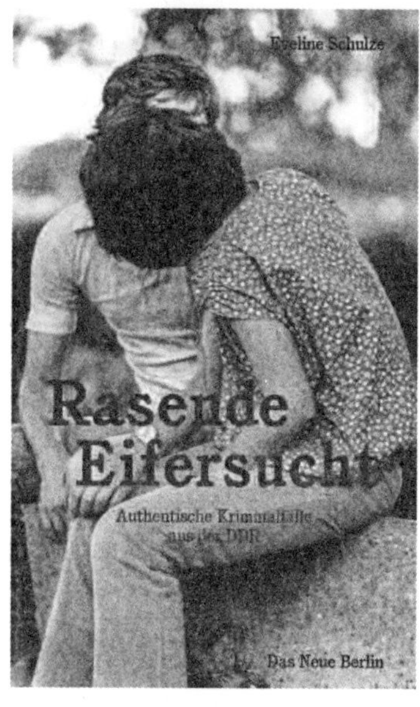

224 Seiten,
broschiert
15,00 €
ISBN
978-3-360-01380-4

eBook 9,99 €
ISBN
978-3-360-50187-5

Eveline Schulze

Rasende Eifersucht

Authentische Kriminalfälle aus der DDR

In den sechziger Jahren ist das Görlitzer Geschäft für Kinderwagen eine gute Adresse für werdende Eltern. Dass der freundliche Inhaber noch ein anderes Geschäft betreibt, ahnt niemand. Als er auffliegt, sind die Bürger schockiert: Über Jahre hat er einen Kinderporno-Ring am Laufen gehalten. Er wird zu einer langjährigen Zuchthausstrafe verurteilt. – Ein erstaunlich mildes Urteil hingegen erhält eine Frau aus Olbersdorf, die ihren Mann getötet hat. Der Fall führt zurück in die Nachkriegsjahre … Eveline Schulze rekonstruiert drei Kriminalfälle aus DDR-Zeiten und stellt Täterprofile und die Ermittlungsarbeit dar.

das-neue-berlin.de

als e-Book
erhältlich
368 Seiten
12,00 €
ISBN
978-3-360-50175-2

Bildnachweis:
Archiv Schulze, Robert Allertz (S. 55, 61, 75, 80, 86),
Matthias Weigert (S. 144), Janine Bauer (S. 288)

Das Neue Berlin – eine Marke der
Eulenspiegel Verlagsgruppe Buchverlage GmbH

ISBN 978-3-360-02759-7

1. Auflage 2023

Umschlaggestaltung: Buchgut, Berlin;
Umschlagmotiv © Jo-Anne McArthur/Unsplashn

Printed in the EU

www.eulenspiegel.com